新能源汽车关键技术研发系列

新能源汽车电机驱动技术

王志福　翟　丽　编著

机械工业出版社

本书全面梳理了车用驱动电机及其控制的理论和应用，首先详细介绍了驱动电机在电动汽车中起到的作用，分析了基本的电磁关系；然后在此基础上，从车辆行驶需求角度进行车用电机的参数匹配，并且详细讲解了典型的车用电机驱动系统，包括异步驱动电机系统、永磁同步电机系统和开关磁阻电机系统的基本原理和典型控制算法；最后结合车用电机驱动系统的技术特性，对电机系统的电磁兼容和转矩脉动，以及系统试验进行了深入分析。

本书可供新能源汽车及电机相关行业的研发人员参考，也可供车辆工程专业的研究生使用。

图书在版编目（CIP）数据

新能源汽车电机驱动技术／王志福，翟丽编著.
北京：机械工业出版社，2024.7. -- （新能源汽车关键技术研发系列）. -- ISBN 978 - 7 - 111 - 76529 - 5

Ⅰ. U469.720.3

中国国家版本馆 CIP 数据核字第 20248073GC 号

机械工业出版社（北京市百万庄大街 22 号　邮政编码 100037）
策划编辑：何士娟　　　　　　责任编辑：何士娟　王　婕
责任校对：郑　婕　张亚楠　　封面设计：张　静
责任印制：单爱军
北京虎彩文化传播有限公司印刷
2024 年 12 月第 1 版第 1 次印刷
184mm×260mm · 12.25 印张 · 301 千字
标准书号：ISBN 978-7-111-76529-5
定价：128.00 元

电话服务　　　　　　　　　　网络服务
客服电话：010-88361066　　　机　工　官　网：www.cmpbook.com
　　　　　010-88379833　　　机　工　官　博：weibo.com/cmp1952
　　　　　010-68326294　　　金　书　网：www.golden-book.com
封底无防伪标均为盗版　　　　机工教育服务网：www.cmpedu.com

前　言

在当前百年未有之大变局的时代，以电动化为典型技术的发展促进了全球汽车行业的深刻变化，电动汽车已经成为我国汽车行业发展的根本，对于促进我国汽车行业由大到强、走出国门迈向全球有着至关重要的作用，"发展新能源汽车是我国从汽车大国迈向汽车强国的必由之路。"我国在新能源汽车领域以持续的科技创新引领，带动产业高质量转型升级，培育高素质人才成长，催生高水平开放市场，形成了具有全球影响力的新质生产力。

在我国，以电动汽车为典型代表的新能源汽车在 2024 年的渗透率已经超过了 50%，我国新能源汽车保有量已经超过了 2000 万辆，同时随着渗透率的不断提升，其保有量也将持续快速上升，电动汽车的发展对于环境友好、降低碳排放有着重大意义。

随着全球以石油和煤炭为主的传统资源日益紧张，为应对局部冲突带来的能源供给的不确定性，同时也为了应对日趋严重的大气环境污染和温室效应，以节能、环保、安全为目标的电动汽车近 20 年来得到迅猛发展与应用。作为电动汽车关键技术之一的电机驱动技术，其水平高低直接影响着电动汽车的整车性能。研究适合于电动汽车的车用驱动电机及其驱动技术，已成为电动汽车研究领域近年来的热点内容之一。

目前，已经有较多的关于电动汽车技术和驱动电机控制技术方面的著作，另外，还有大量的学术论文在讨论电机驱动系统的最新的技术发展。但是由于电动汽车驱动电机系统的多样性和多学科交叉性，需要有一本较为全面的书籍，从基本原理和技术应用方面提供全面的知识体系。

本书着眼于研究生教育，尤其是对于车辆工程专业的学生，较为全面地梳理了车用驱动电机的知识要素。首先对于驱动电机在电动汽车中起到的作用做了详细介绍，有利于读者理解和掌握车用驱动电机系统与工业电机系统的本质区别，为后续的学习打下良好的基础。对于基本的电磁关系，本书也给出了典型分析，从而为学习构建了完整的知识结构体系。在以上基础上，本书从车辆行驶需求角度进行了车用电机的参数匹配，这也是区别于现有的只讲电机系统的书籍的一个重要的方面，通过该部分的学习能够更加深刻理解电机驱动系统在车辆中的作用和意义。本书对于典型的车用电机驱动系统，包括异步驱动电机系统、永磁同步电机系统和开关磁阻电机系统，从基本原理到典型控制算法逐一进行了讲解。读者在使用本书的时候也可以根据自身学习和工作需要，挑选自己感兴趣的章节单独学习，而不需要全部学习。最后，本书作者结合车用电机驱动系统的技术特性，对电机系统的电磁兼容和转矩脉动以及系统试验也进行了深入分析。

本书作者所在的科研团队长期以来一直从事电动汽车电机及驱动的设计、分析及相关研究，对国内外电动汽车电机及驱动的发展及最新动态均保持着密切关注。希望通过我们的努力，能够为国内相关从业者、科研机构带来方便，为我国电动汽车行业发展贡献出一份绵薄之力。

由于作者学识和能力有限，书中内容难免会出现不能准确反映车用电机驱动系统的根本特点，敬请有关专家和读者给予批评指正。

作　者

目 录

第 一 章

导　论

车用电机驱动系统的发展历程

　　现代电动汽车是在现代控制理论、电力电子技术、现代化学理论等基础上发展起来的，它是以化学电池、燃料电池、飞轮储能装置、超级电容等为动力源，全部或部分由电动机驱动，集中了机、电、化等各个学科领域中的高新技术，是汽车、电力拖动、功率电子、自动控制、化学能源、计算机、新能源、新材料等工程技术中最新技术成果的集成产物。

　　电机驱动系统作为电动汽车核心技术之一，在电动汽车上起到了驱动车辆前进并且能够回收制动能量的作用。在纯电动汽车和燃料电池汽车上，电机驱动系统作为车辆的唯一的驱动力来源，提供了车辆行驶全部的驱动力，保证车辆的行驶动力学、平顺性等性能，其作用相当于传统汽车的发动机系统。但是，由于电机驱动系统能够工作在回馈制动状态，所以该系统还具备了传统发动机系统所无法实现的能量回馈功能，即电机驱动系统在车辆制动时，能够将车辆的动能通过驱动系统的发电特性转换为电能存储到车载电源系统中；在混合动力汽车中，电机驱动系统的作用根据混合型式的不同，其作用也略有差别，主要包括动力供应、平衡发动机功率和回馈能量三种。

　　目前常用的驱动系统主要有两类：直流电机驱动系统和交流电机驱动系统。直流电机驱动系统即由直流电源供给电机的驱动系统，交流电机驱动系统即由交流电源供给电机的驱动系统。目前常用的电驱动系统有四种：

　　1）直流电机驱动系统。电机控制器一般采用脉宽调制（PWM）斩波控制方式。

　　2）交流感应电机驱动系统。电机控制器采用 PWM 方式实现高压电流到三相交流的电源变换，采用变频调速方式实现电机调速，采用矢量控制或直接转矩控制策略实现电机转矩控制的快速响应。

　　3）永磁同步电机驱动系统。包括正弦波永磁同步电机及其控制系统和矩形波无刷直流电机及其控制系统。

　　4）开关磁阻电机驱动系统。转子无永磁体或绕组设计，控制方式类似步进电机控制。

　　早期的电动汽车都采用直流电机驱动系统，但直流电机的换向器和电刷需定期维护。随着技术的发展，许多先进的电机驱动技术显示出优于直流电机的性能，它们在高效率、高功率密度、有效的再生能量回馈、坚固性、可靠性和免维护性等方面具有明显的优势。

　　从车用驱动电机的发展来看，有刷直流电机、感应电机与有刷磁铁电机商品化历史最长，产品更新换代不断，迄今还在应用。20 世纪 80 年代以前，电动汽车主要采用直流电机作为动力源，如法国雪铁龙 SAXO 电动轿车和日本大发 HIJET 电动面包车，因直流电机具有起步加速牵引力大、控制系统简单的优点，故得到广泛的应用。随着电子技术和自动控制技术的发展以及电动汽车技术要求的提高，80 年代后，表面永磁同步电机开始进入商品化，90 年代以来，开关磁阻电机、内置式永磁同步电机以及最新的同步磁阻电机相继进入市场，各种新型电机在电动汽车与混合动力汽车上获得广泛应用。目前在中国，交流异步感应电机主要应用于大型的新能源商用车、特别是新能源客车，开关磁阻电机的实际装配应用较少，永磁同步电机主要应用于新能源乘用车。

第二节　车用电机驱动系统组成与工作要求

一、车用电机驱动系统组成

车用电机驱动系统主要由驱动电机、电控单元、功率变换器、机械传动装置及车轮等部分构成。电机驱动系统的功用是将存储在蓄电池中的电能高效地转化为车轮的动能进而推进汽车行驶，并能够在汽车减速制动或者下坡时，实现再生制动。

驱动电机的作用是将电源的电能转化为机械能，通过传动装置驱动或直接驱动车轮。早期，电动汽车上广泛采用直流串励电动机，这种电动机具有"软"的机械特性，与汽车的行驶特性非常适应。但直流电动机由于存在换向火花、比功率较小、效率较低、维护保养工作量大等缺点，随着电动机技术和电动机控制技术的发展，正在逐渐被直流无刷电动机、永磁同步电动机、开关磁阻电动机和交流异步电动机所取代。

电控单元即电动机调速控制装置，是为电动汽车的变速和方向变换等设置的，其作用是控制电动机的电压或电流，完成电动机的驱动转矩和旋转方向的控制。在早期的电动汽车上，直流电动机的调速采用串接电阻或改变电动机磁场线圈的匝数来实现。因其调速是有级的，且会产生附加的能量消耗或使电动机的结构复杂，现在已很少采用。目前，电动汽车上应用较广泛的是晶闸管斩波调速，通过均匀地改变直流电动机的端电压，控制电动机的电流，来实现电动机的无级调速，在电力电子技术的不断发展中，它也逐渐被其他电力晶体管（如 GTO，BTR，IGBT，MOSFET 等）斩波调速装置所取代。从技术的发展来看，伴随着新型驱动电机的应用，电动汽车的调速控制转变为直流逆变技术的应用，正成为必然的趋势。在驱动电机的转向变换控制中，直流电动机依靠接触器改变电枢或磁场的电流方向，实现电动机的转向变换，这使得控制电路复杂、可靠性降低。当采用交流异步电动机驱动时，电动机转向的改变只需变换磁场三相电流的相序，即可使控制电路简化。此外，采用交流电动机及其变频调速控制技术，使电动汽车的制动能量回收控制更加方便，控制电路更加简单。

电动汽车用功率变换器可用于 DC/DC 变换和 DC/AC 变换。DC/DC 变换器又称直流斩波器，用于直流电动机驱动系统。两象限直流斩波器能把蓄电池的直流电压变换为可变的直流电压，并能将再生制动能量进行反向变换。DC/AC 变换器通常称作逆变器，用于交流电动机驱动系统，它将蓄电池的直流电变换为频率和电压均可调的交流电。电动汽车一般只使用电压输入式逆变器，因为其结构简单且又能进行双向能量变换。

电动汽车传动装置的作用是将电动机的驱动转矩传给汽车的驱动轴。因为电动机可以带负载起动，所以电动汽车上无需传统内燃机汽车的离合器。并且驱动电动机的转向可以通过电路控制实现，因此，电动汽车无需内燃机汽车变速器中的倒档。当采用电动机无级调速控制时，电动汽车可以省去传统汽车的变速器。在采用电动轮驱动时，电动汽车也可以省去传统内燃机汽车传动系统的差速器。

二、车用电机驱动系统的工作要求

电机是电动汽车驱动系统的核心部件，其性能的好坏直接影响电动汽车驱动系统的性能，如电动汽车的最高车速、加速性能以及爬坡性能等。另外，车用驱动电机在充分满足汽车的运行功能的同时，还应满足行驶时的舒适性、适应环境的性能和一次充电的续驶里程等性能。相比普通工业用电机，车用驱动电机有更为严格的技术规范，车用电机驱动系统的主要性能要求如下：

1）体积小、质量小。减小有限的车载空间，特别是总质量的减小。电机采用铝合金外壳以降低电机的质量。各种控制装置的质量和冷却系统的质量等也要求尽可能小。

2）在整个运行范围内的高效率。一次充电续驶里程长，特别是行驶方式频繁改变时，低负荷运行也应该具有较高的效率。

3）低转速大转矩特性及宽范围内的恒功率特性。即使没有变速器，电机本身也应满足所需要的转矩特性，以获得起动、加速、行驶、减速、制动等所需的功率与转矩。电机具有自动调速功能，因此可以减轻驾驶员的操纵强度，提高驾驶的舒适度，并且能够达到与内燃机汽车加速踏板同样的控制响应。

4）高可靠性。在任何情况下都应确保具有高度的安全性。

5）低价格。要想得到普及，降低价格是必经之路。

6）高电压。在允许的范围内尽可能采用高电压，可以减小电机的尺寸和导线等装备的尺寸，特别是可以降低逆变器的成本，各种动力电池组和电机的工作电压可达到 300V 以上，对电气系统安全性和控制系统的安全性，都必须符合相关车辆电气控制的安全性能标准和规定。

7）高转速。高转速电机的体积较小，质量较小，有利于降低装车的装备质量。

同时，电机还要求耐温和耐潮性能强，运行时噪声低，能够在较恶劣的环境下长时间工作，结构简单，适合大批量生产，使用维修方便等特性。

第三节　车用电机驱动系统的类型与结构

由于现代电机的低转速高转矩和高转速恒功率的工作范围可以通过电子控制来获得，电动汽车的驱动系统设计变得更加灵活多样，可采用单电机或多电机驱动，可选用或不用变速器，可选用或不用差速器，可选用轴式电机或轮边电机等。

电动汽车的结构布置各式各样、比较灵活，概括起来分为电动机中央驱动和电动轮驱动两种形式。电动机中央驱动形式借用了内燃机汽车的布置方案，将内燃机换成电动机及其相关器件，用一台电动机驱动左右两侧车轮。该方案的操作方式与内燃机汽车相同，技术成熟、安全可靠，但笨重、效率低。电动轮驱动形式的机械传动装置的体积与质量较电动机中央驱动形式的大大减小，效率显著提高，代价是增加了控制系统的复杂程度与成本。但随着电子技术与控制理论的发展，这些代价将会逐步降低，因此该方案有很好的应用前途。图1-1给出了与这两种形式相对应的一些具体结构形式。

图1-1a为电动机中央驱动形式，直接借用了内燃机汽车的驱动方案，由发动机前置前驱发展而来，主要由电动机（M）、离合器（C）、变速器和差速器（D）组成。用电驱动装置替代了内燃机，通过离合器将电动机动力与驱动轮进行连接或动力切断，变速器提供不同的传动比以变更转速–功率（转矩）曲线匹配载荷的需求，差速器实现转弯时两车轮不同车速的行驶。

图1-1b为电动机中央驱动形式，由电动机、固定速比减速器和差速器等构成。这种驱动系统利用了电动机在大范围转速变化中具有恒功率的特性，采用固定速比减速器，由于没有离合器和变速器，因此可以减小机械传动装置的体积和质量。

图1-1c为另一种电动机中央驱动形式，它与前轮驱动、横向前置发动机的燃油汽车的布置形式相似，将电动机、固定速比减速器和差速器集成一体，两根半轴连接两个驱动车轮，这种布置形式在小型电动汽车上应用最普遍。

图1-1d为双电动机电动轮驱动方式，机械差速器被两个牵引电动机所代替，两个电动机分别驱动各自车轮，转弯时通过电子差速控制以不同车速行驶，省掉了机械差速器。

图1-1e为轮毂电动机驱动方式，电动机和固定速比的行星齿轮减速器安装在车轮里面，没有传动轴和差速器，从而简化了传动系统。但是这种方式需要两个或四个电动机，其控制电路也比较复杂，这种驱动方式在重型电动汽车上有较广泛的应用。

图1-1f为另一种轮毂电动机驱动方式，舍弃电动机与驱动轮之间的机械传动装置，采用低速外转子电动机直接驱动车轮，电动机转速控制等价于轮速控制，要求电动机在加速、起动时具有高转矩特性。

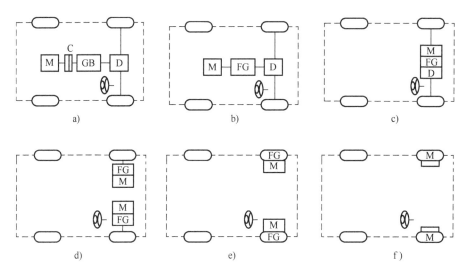

图1-1 电动汽车的结构形式

第四节 **车用电机驱动系统国内发展现状与趋势**

一、国内发展现状

我国的电动汽车发展起步较晚，但发展较为迅速。20 世纪 60 年代，我国在电动汽车方面的研究还局限在汽车零部件的研发和使用，并未投入大量的财政支持。20 世纪末，电动汽车被认为具有极好的发展前景，我国的"八五""九五"项目中也有电动汽车的相关研究，随后电动汽车的科研攻关加速。进入 21 世纪，我国的电动汽车研究进入了全新的阶段，并且其发展也非常迅速。2004 年，我国发布了《汽车产业发展政策》，其中特别强调对电动汽车和混合动力汽车的支持。2007 年，我国发布了《新能源汽车生产准入管理规则》，对新能源汽车进行了明确定义和管理规范，也对企业的生产资格、产品的管理等做出了具体规范。2014 年，国务院办公厅发布《关于加快新能源汽车推广应用的指导意见》，主要是为了促进电动汽车的加速推广和应用。在政府的大力支持下，2016 年，我国的电动汽车销量超越了美国，夺得全球电动汽车销量的冠军。为了进一步抓住产业转型的机遇，我国在新能源汽车产业中积极探索改变现状的机会，并不断推进产业升级。

截至 2023 年底，我国新能源汽车保有量达 2041 万辆，占汽车保有量的 6.07%，其中 2023 年新注册登记 743 万辆，同比增长 38.76%。随着全球范围内对新能源汽车需求的增长，我国相继出台了《新能源汽车产业发展规划（2021—2035 年)》《智能网联汽车技术路线图 2.0》等一系列产业扶持政策，见表 1-1，大力推动智能电动汽车产业发展，提高我国在国际市场上的竞争力，巩固我国在该领域占据的先发优势。同时智能电动汽车涉及高级驾驶辅助技术、先进控制系统等领域科技创新，有助于推动汽车产业高质量发展，实现我国由汽车大国向汽车强国的转变。

表 1-1　新能源汽车产业扶持政策

发布时间	政策名称
2017 年 9 月	《乘用车企业平均燃料消耗量与新能源汽车积分并行管理办法》
2020 年 5 月	《免征车辆购置税的新能源汽车车型目录》
2020 年 11 月	《新能源汽车产业发展规划（2021—2035 年)》
2020 年 12 月	《关于进一步完善新能源汽车推广应用财政补贴政策的通知》
2023 年 6 月	《关于延续和优化新能源汽车车辆购置税减免政策的公告》

二、国内发展趋势

受到车辆空间限制和使用环境的约束，汽车要求电机驱动系统有更高的性能，耐受环境温度范围更高（冷却液入口温度 >105℃)，能经受高强度的振动以及成本更低等。为满足以上严格甚至苛刻的要求，新能源汽车电机驱动系统的发展趋势可以总结为以永磁同步电机为核心的技术转型，结合数字化控制系统的应用和高度集成化的设计理念，从而不断提升电机的功率密度、效率和耐用性。随着技术的持续突破，中国电动汽车的电机驱动系统将在性能、成本和适应性方面取得更大进展。

　　永磁同步电机和交流异步电机是在电动汽车上应用最多的两种电机。永磁同步电机具有功率密度高、效率高、能耗低、高起动转矩、起动时间较短等优势；但缺点在于成本高、高温引发退磁现象等。从近几年配套乘用车不同类型电机市场占比走势来看，永磁同步电机市场占比提升明显，从 2017 年的 70.97% 提升到了 2020 年的 97.36%，见表 1-2，永磁同步电机成为绝对主力。市场的变化与近几年电动汽车产品结构有较大关系，前期小微型车在市场占主导，为了降低成本，小微型车多配备交流异步电机；而随着扶优扶强政策的推出，紧凑型及更大的车型开始占主导，为保证整车动力性，配套永磁同步电机的车型也越来越多。

表 1-2　新能源乘用车驱动系统电机类型市场占比

时间	永磁同步电机	异步电机
2019 年	96.52%	2.9%
2020 年	97.36%	2.1%

　　数字化驱动系统是电机技术的重要发展方向。现代电机控制系统依赖于复杂的数字化算法，如矢量控制、直接转矩控制等。这些控制技术能够更好地优化电机的动态响应，提升效率，并确保电机在各种工况下都能稳定、高效地运行。通过数字化控制系统的应用，电动汽车的动力输出更加平稳，能量利用率显著提高，电机也能自适应调整输出以应对不同的驾驶需求。

　　集成化是当前电驱动系统设计的另一关键趋势。集成化设计不仅能够节省空间、降低重量，还能减少系统内部的能量损耗。目前市场上已发布的多合一电驱动系统有三合一（代表企业：比亚迪、北汽）、四合一（广汽新能源）、六合一（江淮汽车）、七合一（长安、华为）、八合一（比亚迪），目前比较主流的做法是将电机、控制器和减速器深度集成，形成三合一电驱方案，见表 1-3。系统集成优势明显，通过共用壳体、连接件等可以有效地减小电驱动系统的体积、降低系统总质量，达到轻量化、节约成本等目的。电驱动系统的各个部件通过整合，整体结构更为紧凑，安装尺寸和所占体积得到进一步缩减，系统功率密度得到有效提升，成本也有所降低。但同时也面临一些技术挑战，例如：需要考虑系统整体散热，通过优化冷却系统、介质以及流量等关键因素保证各零部件处于正常工作温度区间；需要考虑高转速带来的 NVH 挑战，轴承、EMC 复杂性提高，以及跨零部件开发协同难度增加等。

表 1-3　三合一电驱动系统应用

企业	产品	性能
比亚迪		NEDC 综合效率可达 88%，最高效率超过 92%，功率密度达到 1.9kW·h/kg，成本降低了 1/3

（续）

企业	产品	性能
北汽		系统效率达到91%，减重超过20%，性能提升了25%
广汽		最大输出功率、最大系统输出转矩分别提升至150kW、390N·m，而重量只有87kg

第五节　车用电机驱动系统国外发展现状与趋势

一、国外发展现状

（一）日本

日本相关企业和研究主要开发混合动力汽车，近几年来在批量生产的日本电动汽车车型上以采用永磁同步电机为主流，其主要优点是效率比交流感应电机高，体积小，但价格较贵。同时日本在电驱动系统集成化研究方面，尤其是混合动力总体驱动技术方面取得了显著的成效。表1-4是日本主要汽车公司的主要的电动汽车电驱动系统相关指标。

表1-4　日本主要电动汽车用电驱动系统及其指标

车名	电机种类	峰值功率/kW	最大转矩/N·m	电动汽车类型	初售年份
日产 Leaf Plus	永磁同步电机	160	340	纯电动汽车	2019
本田 Honda e	永磁同步电机	100	315	纯电动汽车	2020
马自达 MX-30	永磁同步电机	107	271	纯电动汽车	2020
丰田 bZ4X	永磁同步电机	150	266	纯电动汽车	2022
斯巴鲁 Solterra	永磁同步电机	160	336	燃料电池汽车	2022

在电机驱动结构上，丰田公司将行星变速机构、电动机、发电机以及发动机进行了一体化结构设计，在有限的空间内完成了整个系统的设计与布置，如图1-2所示。

在控制系统设计上，丰田公司将驱动电机控制器和发电机控制器系统进行了整合设计，采用了共母线技术，如图1-3所示。同时，为了提高整车电能的利用率，该系统可根据需要将电动机和发电机的电源电压进行无级升压，由一般情况下的DC201.6V最大升至DC650V。这意味着小电流可提高大的电力供给，发挥高输出电动机的性能，提高系统整体的效率。为了能够为整车进行可靠的低压供电，该系统中同时集成了一个将HV蓄电池和发电机发出的201.6V直流电流减压至12V的DC/DC变换系统，以供车辆的辅助设备、电子部件ECU作为电源使用。

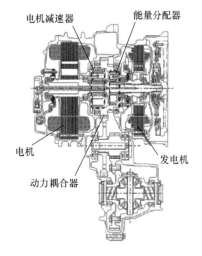

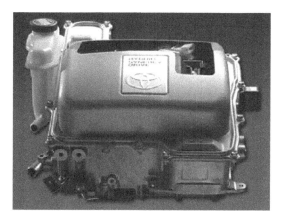

图 1-2　Prius 集成化电机与减速器驱动系统　　　　图 1-3　Prius 集成化逆变器系统

（二）欧美

近年来美、欧开发的电动汽车多采用交流感应电机，其主要优点是价格较低，性能可靠；缺点是起动转矩小。同时欧美在轮毂电驱动、集成化电驱动方面也进行了卓有成效的设计研究工作。

英国的 Protean Electric 公司、加拿大的 TM4 公司、法国米其林公司等纷纷加入轮毂电机驱动技术的竞争中。在直驱式轮毂电机的研发中，Protean 轮毂电机的结构与工作方式比较先进。这套轮毂电机可以提供 75kW 峰值功率，整备质量为 34kg，最高可回收 85% 制动能量。每个轮毂电机都有独立的控制电力电子器件并封装集成为一体，通过与整车控制器实时通信实现分布式驱动控制。该系列电机已

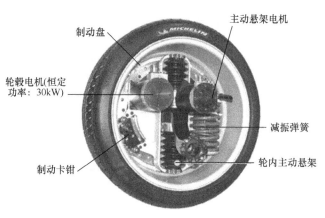

图 1-4　米其林公司的主动轮技术

经应用在福特 F - 150、沃尔沃 C30 以及广汽传祺等电动汽车上。2019 年，Protean 发布了一款全新概念产品 Protean360 +，这款产品在原本轮毂电机概念上做延伸，将悬架、转向单元、车轮、电机及制动装置等部分集成为一个整体单元。Protean 360 + 中的轮毂电机为该公司生产的 ProteanDrive Pd18 永磁同步电机，安装在 18in（1in = 2.54cm）轮圈内部。整套系统中还集成逆变器、液冷系统，其最大功率为 80kW，峰值转矩为 1250N·m。法国米其林公司提出了主动车轮技术，将轮毂电机与主动悬架集成在车轮内，如图 1-4 所示。轮内装有两个电机：一个额定功率 30kW 的永磁无刷电机与轮毂上的齿圈啮合，用来驱动车轮；另一个电机用于控制主动悬架，提高了车辆的舒适性和操控稳定性。

车轮独立驱动的优点是简化传动系统，布置方便；由于每个电机可以单独控制，能实现车轮驱动力的单独调节和施加横摆力矩控制，容易实现车辆底盘系统的电子控制，改善车辆驱动性能和行驶性能。但轮毂电机驱动系统会使车轮质量过大，对整车动力性能造成影响，还可能带来其他问题，如电机散热、防水、防尘难度大等。

从驱动系统的实际应用中，因为仍以传统的集中驱动方式作为主流，而永磁电机由于其优点突出，在日本纯电动汽车与混合动力车上得到更多应用。而从成本角度来看，采用集中驱动可以尽可能沿用基型车的车身和悬架而降低成本，往往比采用轮毂电机驱动系统成本低。而 iMiEV 纯电动车采用传统的集中驱动系统，即通过减速器、差速器、驱动轴把电机输出转矩传递到左右车轮，驱动车辆行驶。

二、国外发展趋势

国外目前应用于电动车辆上的电机类型分布情况统计数据见表 1-5，在国外电动汽车驱动系统中，永磁电机驱动系统占有绝对的优势，比例高达 87%。由此可见，永磁电机驱动系统是电动汽车电机驱动系统的主要发展趋势。

表 1-5　国外车载驱动电机类型

感应异步电机 （品种/百分比）	永磁电机（品种/百分比）		磁阻电机 （品种/百分比）
	PMSM	BLDC	
3/13%	16/69.6%	4/17.4%	0/0%

与国内发展趋势一致，国外电动汽车用电机驱动系统技术发展趋势同样可以归纳为永磁化、数字化和集成化。与此同时，基于宽禁带半导体材料的功率器件，正逐步取代传统硅（Si）基功率器件。从功率器件的发展方面来看，硅产品历经三十年左右的发展，出现了一个技术瓶颈，就是高温、高压、高频时损耗较大，需要寻找更好的器件来替代。2003 年，美国 Cree 公司率先推出 SiC 产品，但当时市场上并没有很大的反响。2010 年以后，业界开始对 SiC 产品真正关心，一些厂家推出了相关产品。SiC 功率器件因其高耐压、低损耗、高效率等特性，一直被视为"理想器件"而备受期待。然而，相对于以往的 Si 材质器件，SiC 功率器件在性能与成本间的平衡以及其对高工艺的需求，将成为 SiC 功率器件能否真正普及的关键。

相对于 Si 材料的电力电子器件，SiC 材料电力电子器件具有以下显著优势：

1）SiC 电力电子器件具有更低的导通电阻。在击穿电压较低（约 50V）时，SiC 功率器件的比导通电阻仅有 $1.12\mu\Omega$，是 Si 同类器件的约 1/100。在击穿电压较高（约 5kV）时，比导通电阻增大到 $29.5m\Omega$，却是 Si 同类器件的约 1/300。

2）SiC 电力电子器件具有更高的击穿电压。这是因为碳化硅器件的击穿电场高。

3）SiC 电力电子器件的工作频率更高。SiC 的饱和电子漂移速率更快，是 Si 的 2 倍。因而 SiC 电力电子器件的开关速度更快，开关损耗更低，在中大功率应用场合，有望实现 Si 功率器件难以达到的更高开关频率（≥20kHz）。

4）SiC 电力电子器件具有更低的结 - 壳热阻。由于 SiC 的热导率是 Si 的 3 倍以上，因而制成的电力电子器件的散热性更好，器件的温度上升更慢。

5）SiC 电力电子器件能够在更高的温度下工作。SiC 的禁带宽度是 Si 的 2 倍以上，SiC

电力电子器件的极限工作温度有望达到600℃以上，远高于Si器件的115℃，从而器件的冷却系统可大为简化。

6）SiC电力电子器件抗辐射能力极强。辐射不会导致SiC的电气性能出现明显的衰减，因而在航空领域应用基于SiC电力电子器件的功率变换器可以减轻辐射屏蔽设备的重量，提高系统的性能。

尽管与Si功率器件相比，SiC电力电子器件具有诸多优势，但目前仍存在不少限制其广泛应用的不利因素，主要有：

1）产量低，成本高。由于SiC存在微管缺陷，难以生产尺寸较大的SiC晶圆，因而SiC晶圆的成本较高，相应地，SiC电力电子器件的价格也远高于Si功率器件。

2）器件类型和规格有限。目前，成功实现商业化的SiC功率器件包括SBD、BJT、JFET和MOSFET，且这些器件的功率处理能力较小，型号较少。而广泛应用于大功率场合的IG-BT和GTO等器件尚处于实验室开发和测试阶段。

3）缺乏高温封装技术。尽管采用SiC材料制造的管芯能够承受很高的工作温度，但目前的封装技术主要针对Si功率器件，大多低于175℃。封装外壳的工作温度限制了SiC功率器件高温性能的发挥。

参 考 文 献

[1] 中国汽车工程学会. 节能与新能源汽车技术路线图2.0 [M]. 北京：机械工业出版社，2020.

[2] 王志福，张承宁，等. 电动汽车电驱动理论与设计 [M]. 2版. 北京：机械工业出版社，2017.

[3] 何洪文，熊瑞，等. 电动汽车原理与构造 [M]. 2版. 北京：机械工业出版社，2018.

第二章

基础知识

第一节 电机的内涵

电机（Electric machinery）是一种机电能量转换装置，是指依据电磁感应定律实现电能转换或传递的一种电磁装置。电机分为电动机、发电机两种类型，电动机的主要作用是产生驱动转矩，提供机械正常运行所需的动力，在电路中的文字符号为 M；发电机的主要作用是将输入的机械能转变为电能，在电路中的文字符号为 G。本章所述电机均为旋转电动机。

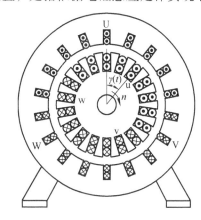

图 2-1 电机简化模型

图 2-1 为电机简化模型，"·"代表电流从纸面流出，"×"代表电流流入纸面。图中外围固定圆筒称为"定子"——即固定不动的部分，中心圆柱体称为"转子"——即旋转部分。定子和转子都由磁心、绝缘材料、绕组或永磁体组成，并通过定子与转子之间的气隙进行磁路交互。转子安装在支撑轴与轴承上，通过联轴器或带轮等连接机械负载，实现动力的输出；定子绕组（或永磁体）产生磁场，实现能量传递。

一、电机的分类

电机可根据多种方式进行分类：

1）按工作电源种类可分为直流电机和交流电机，直流电机包括无刷直流电机和有刷直流电机；交流电机包括单相电机和三相电机。

2）按励磁电流性质可分为永磁体励磁和励磁绕组电流励磁，电流励磁又可以分为直流励磁和交流励磁。若励磁电流为直流，磁路中的磁通是恒定的，不随时间而变化，这种磁路称为直流磁路，直流电机的磁路就属于这一类；若励磁电流为交流，磁路中的磁通随时间交变变化，这种磁路称为交流磁路，交流铁心线圈、变压器和感应电机的磁路都属于这一类。同时，励磁的方式分为他励和自励两大类。由独立的电源为电机励磁绕组提供所需的励磁电流属于他励，而利用电机自身所发电功率的一部分供应本身的励磁需要属于自励。

3）按起动与运行方式，单相感应电机又可分为电容起动式感应异步电机、电容运转式单相感应电机、电容起动运转式单相感应电机和罩极式单相感应电机。

4）按用途可分为驱动用电机、控制用电机。驱动用电机包括机械设备用电机、家用电机等；控制用电机包括步进电机、伺服电机等。

5）按运转速度可分为高速电机、低速电机、恒速电机、调速电机。

目前，因交流感应电机及永磁同步电机结构简单可靠，在工业特别是汽车工业中应用广泛。

二、驱动电机的基本原理

电动机的工作实际上是利用磁场将电系统与机械系统耦合起来，包括以下两方面：

1）定子与转子之间的磁极相互吸引、排斥作用产生机械转矩。

2）在电动机绕组中，因旋转磁场作用，产生感应电动势。

即输入电功率，通过磁耦合产生机械功率。

耦合磁场会对磁场中的通电导体产生力的作用，若导体布置于能自由转动的圆筒上，将产生转矩，使圆筒以一定角速度旋转，同时导体旋转过程中将切割磁力线，产生感应电动势，阻碍电流的变化，具体原理将在第四节中讨论。

综上，电动机中能量转换的发生需要两个条件：

1）励磁绕组或永磁体产生耦合磁场。

2）通电电枢绕组或永磁体产生转矩及感应电动势。

三、电机的能量损耗与运行特性

在电机使用中，重点关注电机的能量损耗和运行特性。

电机能量损耗包括铜损、铁心损耗、机械损耗和杂散损耗。

铜损即电机电阻损耗，由于电机运行温度存在差异，电阻大小会随温度变化。

铁心损耗主要存在于安放励磁绕组的铁心中，包括磁滞损耗、涡流损耗等。磁滞损耗是铁磁体等在反复磁化过程中因磁滞现象产生的能量损耗，涡流损耗是由于磁场不断变化，在导体中形成感生电流而产生能量损耗。

机械损耗通常为摩擦、风阻造成，也包括电机风冷设备所需的能量。

图 2-2 为永磁同步电机空载高速损耗组成。

电机的运行特性常用机械特性（转矩－转速）曲线描述，反映了当电动机与机械负载连接时电机转矩与转速的关系。图 2-3 为某三相感应电动机的机械特性曲线，可见当电机达到某一转速时，电机输出最大转矩，而一般其所连接负载也有转矩－转速特性，二者交点即为电机的工作点。

同时，在图 2-3 中可见当电机速度为零时，电机输出转矩不为零，这一转矩称为起动转矩，当负载所需转矩小于起动转矩时，电机能正常起动，直至工作点处开始稳定运行；当负载所需转矩大于起动转矩时，电机无法带负载起动，造成电机堵转，较长时间后会过热损坏。

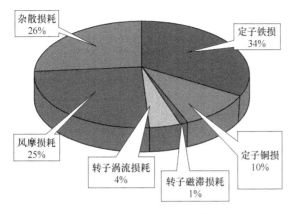

图 2-2　永磁同步电机空载高速损耗组成

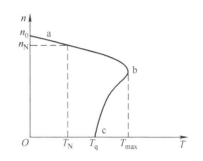

图 2-3　某三相感应电动机机械特性曲线

第二节　电机中电路基本概念、主要参数和基本定律

在电机的学习与应用中，往往会用到大量电路分析相关知识，特别是在励磁电机控制、含电机电路分析、电机电路拓扑分析中。本节将介绍电机中电路的基本概念、主要元器件及参数（包括电势和电压、电流、电源、电阻、电感、电容、功率、频率、相位等）、基本定律（包括欧姆定律、基尔霍夫第一定律、基尔霍夫第二定律）等。

一、电路基本概念

实际电路是由各种电气部件按一定方式组合，为完成某种特定功能连接起来的电流流过的全部通路，其作用，一方面完成电能的传输与转换，另一方面完成信息的传递与处理。通常，我们将电路中将其他形式能量（化学能、机械能等）转换为电能的装置称为电源，将由电能转变为其他形式能量的装置称为负载，而电路则由电源、负载、连接导线、辅助部件（如开关等）组成。我们常把推动电路工作的电源或信号源称为激励，把由于激励作用在电路中产生的电压或电流称为响应。

在实际问题的分析中，由于实际电路元器件往往十分复杂，以电灯泡为例，当接通电源时，电灯泡不仅以发光和发热的方式消耗电能，其灯丝还会产生磁场，因此在电路分析中，常用只显示单一电磁现象且可以用数学方法精确定义的理想电路元器件近似表征实际元器件。由理想元器件组成的电路称为电路模型，在一定条件下，可以通过分析电路模型表征实际电路的电磁现象，进而获知实际电路的性能。

二、电路主要元器件及参数

电路主要元器件及参数包括电势和电压、电流、电源、电阻、电感、电容、功率、频率、相位等。

（1）电势和电压　电势为静电场的标势，为电场中某点电荷的电势能与它所携带的电荷量之比，通常用 φ 表示。电势是从能量角度描述电场的物理量，也被称为电位。

电压又称电位差，国际单位制单位为伏特（V），是衡量单位电荷在静电场中由于电位不同所产生的能量差的物理量，是电路中自由电荷定向移动形成电流的原因，可以类比为水位高低造成的水压。

若电路中电压高低、方向均不随时间变化，则称其为恒定电压，以大写字母 U 表示；若电压高低或方向随时间变化、波形任意，则以小写字母 u 表示。

通常规定电压方向为由高电位端指向低电位端，即电位降的方向。在分析复杂电路时，往往先任意指定参考方向，当实际方向与参考方向相反时，取负值，与参考方向相同时取正值。

（2）电流　电流是电流强度的简称，是单位时间内通过导体任一横截面的电量，国际单位制单位为安培（A）。电流是由于导体中自由电荷在电场力的作用下做有规律定向运动形成。和电压类似，若电路中电流大小、方向均不随时间变化，则称其为恒定电流，以大写字母 I 表示；若电流大小或方向随时间变化、波形任意，则以小写字母 i 表示。

通常规定正电荷移动的方向或负电荷移动的反方向为电流方向，和电压类似，在分析复杂电路时需指定参考方向。

特别地，如果元件参考电压方向与参考电流方向相同，则称为关联参考方向。

（3）电源　电源是将其他形式能量转换为电能并向电路提供电能的装置，理想电源是由实际电源抽象而来的理想元器件，只考虑电源提供电能的作用，忽略其自身的功率损耗，包括理想电压源、理想电流源两种形式。

理想电压源是指接到任何电路后，该电源两端始终保持一个定值 U_S 或一定的时间函数 $u_S(t)$，与通过的电流大小无关。流过理想电压源的电流由与之相连的外电路决定。

理想电流源是指接到任何外电路后，该电源流过的电流始终保持一个定值 I_S 或一定的时间常数 $i_S(t)$，与其两端电压高低无关。理想电流源两端电压由与之相连的外电路决定。

理想电压源、理想电流源的电路符号如图2-4所示。

（4）电阻　电阻是导体对电流的阻碍作用，通常用 R 或 r 表示，国际单位制单位为欧姆（Ω）。凡是对电流具有阻碍作用并把电能不可逆地转变为其他形式能量的二端元件均称为电阻元件。

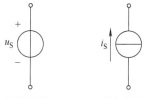

a) 理想电压源　　b) 理想电流源

图2-4　理想电压源、理想电流源的电路符号

（5）电感、电容　电感是将电能转化为磁能并存储起来的元件，由导线绕制成线圈构成，其作用是阻碍电流的变化，通常用 L 表示，国际单位制单位为亨利（H）。

电容是储存电能的元件，由相互靠近的两个导体中间夹一层绝缘介质构成，其作用是储存电荷，通常用 C 表示，国际单位制单位为法拉（F）。

从能量转换的角度分析，电路中存在电能的产生、电能的消耗、磁场能量的储存、电场能量的储存。理想电源表征将其他形式能量转换为电能的理想元器件，理想电阻表征电能的消耗，理想电感表征磁场能量的储存，理想电容表征电场能量的储存。

（6）功率　电功率（简称为功率）表示电流在单位时间内做功和消耗电能的快慢。通常用 P 或 p 表示，国际单位制单位为瓦特（W）。当一段电路两端电压 u 与电流 i 取关联参考方向时，这段电路的功率 p 等于 u 与 i 的乘积，即

$$p = ui \tag{2-1}$$

依据式（2-1），若 $p > 0$，则该段电路消耗功率，反之提供功率。

（7）频率、相位 在电路中，若电流、电压、电动势随时间按正弦规律变化，则称为正弦交流电量，简称正弦量，以电流为例，其表达式为

$$i(t) = I_m \sin(\omega t + \psi) \tag{2-2}$$

式中，I_m 表示电流幅值，即正弦变化的电流在交变过程中达到的最大值；i 表示正弦电流某一刻的瞬时值。

正弦交变的电流表达式为以 T 为周期的周期函数，在单位时间内变化的周期数称为交变电流的频率，通常用 f 表示，国际单位制单位为赫兹（Hz），其表达式为

$$f = \frac{1}{T} \tag{2-3}$$

正弦量随时间变化的角度（$\omega t + \psi$）称为正弦量的相位，国际单位制单位为弧度（rad），ω 是正弦量的角频率，是相位随时间变化的角速度，而在 1 个周期 T 内相位变化 2π，因此有如下关系式：

$$\omega = \frac{2\pi}{T} = 2\pi f \tag{2-4}$$

以上 3 个物理量（幅值、频率、相位）称为正弦量三要素，是不同正弦量之间进行比较和区分的依据。

三、欧姆定律

对于理想线性电阻元件，在其两端施加电压后有电流流过，其电压 – 电流关系可用图 2-5 表示，称为电阻元件的伏安特性曲线。

对于理想线性电阻元件，其电阻为一常数，与电流大小和电压高低无关，即通过其的电流与施加在其两端的电压成正比，我们称之为遵循欧姆定律。

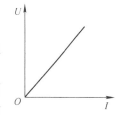

图 2-5 线性电阻元件
伏安特性曲线

当电流 i 和电压 u 取关联方向时，欧姆定律表达式为

$$u = Ri \tag{2-5}$$

式中，u 为电压（V）；i 为电流（A）；R 为电阻（Ω）。

由式（2-5）可见，理想线性电阻元件两端的电压与通过的电流成正比关系，比例始终固定，因此可以称理想线性电阻元件为"无记忆元件"。

由式（2-1）和式（2-5），当电压、电流为关联参考方向时，有

$$p = ui = i^2 R = \frac{u^2}{R} \tag{2-6}$$

在实际使用中，只要电路元器件阻碍电流通过并消耗电能，且伏安特性曲线可近似为一条过原点的直线，均可等价于理想线性电阻元件，并适用欧姆定律。

四、基尔霍夫定律

基尔霍夫定律是电路中电压、电流遵循的基本规律，是分析和计算较复杂电路的基础。现以如图 2-6 所示的典型电路为例，介绍几个基本概念。

1）支路：由一个或多个元器件串联组成的一段没有分支的电路。每条支路中，电流处处相等；含有电源的支路（如 acb、

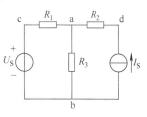

图 2-6 典型电路

adb）称为含源支路。

2）节点：两条以上支路的连接点，每条支路都连接于两节点之间（如 a、b）。

3）回路：电路中任意闭合支路，由若干支路将节点联结而成（如 abca、adba、cadbc）。

4）网孔：内部不包含任何支路的回路（如 abca、adba）。

基尔霍夫定律共包含两条定律：应用于节点的基尔霍夫第一定律和应用于回路的基尔霍夫第二定律。

（一）基尔霍夫第一定律（KCL）

基尔霍夫第一定律又称基尔霍夫电流定律，简写为 KCL，确定了电路中连接在任意节点上各支路电流之间的相互关系。基尔霍夫第一定律表明：

1）所有进入某节点的电流总和等于所有流出某节点的电流总和。

2）电路中任意一点（包括所有节点）都不能出现电荷的堆积。

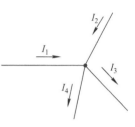
图 2-7　基尔霍夫第一定律

如图 2-7 所示，对于图示节点及各支路电流参考方向，有如下关系式成立：

$$I_1 + I_2 = I_3 + I_4 \qquad (2\text{-}7)$$

也可改为

$$I_1 + I_2 - I_3 - I_4 = 0 \qquad (2\text{-}8)$$

即：假设流入某节点电流为正、流出为负，在任一时刻，所有涉及该节点的电流代数和为零。可以推广表示为

$$\sum_{k=1}^{n} i_k = 0 \qquad (2\text{-}9)$$

式中，n 为节点支路数；i_k 为第 k 个流入或流出该节点的电流。

基尔霍夫第一定律不仅适用于某个节点，也可以推广到电路中任一不含电源的假设封闭面，如图 2-8 所示。

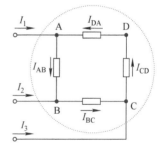
图 2-8　基尔霍夫第一定律推广应用

根据基尔霍夫第一定律，对节点 A、B、C、D 有

$$\begin{cases} I_1 + I_{DA} = I_{AB} \\ I_2 + I_{AB} = I_{BC} \\ I_3 + I_{BC} = I_{CD} \\ I_{CD} = I_{DA} \end{cases}$$

将上式相加，可以得到

$$I_1 + I_2 + I_3 = 0$$

可见对于电路中任一封闭面，基尔霍夫第一定律也是适用的。

（二）基尔霍夫第二定律（KVL）

基尔霍夫第二定律又称基尔霍夫电压定律，简写为 KVL，描述了电路中任一回路中各元器件两端电压之间的关系。基尔霍夫第二定律表明：

1）沿闭合回路绕行 1 周，所有元器件两端的电压代数和等于零。

2）在电路中，任一闭合回路符合能量守恒。

如图 2-9 所示，在图示回路中，对于各元器件电压参考方向及绕行方向，当回路绕行方向与元器件两端电压参考方向相同时取正号，反之取负号，有如下关系式成立：

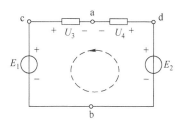

图 2-9　基尔霍夫第二定律

$$U_4 - U_3 + E_1 - E_2 = 0 \qquad (2\text{-}10)$$

即：沿回路中选定方向绕行的过程中，电位升高之和等于电位下降之和。可以推广表示为

$$\sum_{k=1}^{m} v_k = 0 \qquad (2\text{-}11)$$

式中，m 为闭合回路的元器件数目；v_k 为元器件两端的电压。

与基尔霍夫第一定律类似，基尔霍夫第二定律不仅适用于闭合回路，还适用于回路的部分电路。

基尔霍夫定律对于电路具有普适性，既适用于线性电路，也适用于非线性电路，不论电路中电流和电压如何随时间变化，在任一时刻，基尔霍夫定律均成立。

第三节　电机中磁路基本概念和基本磁路定律

电机作为一种机电能量转换装置，磁场是其能够正常工作的保障。磁场的强弱分布既决定了电机的各项性能，又对电机的体积和质量等参数产生一定影响。因此磁路分析计算在电机驱动及电机控制中至关重要。本节将介绍电机中磁路基本概念、主要参数（如磁通密度、磁场强度、磁通量、磁动势、磁链、磁阻、自感系数等）、基本定律（磁路欧姆定律、磁路基尔霍夫第一定律、磁路基尔霍夫第二定律等）。

一、磁路基本概念

与电路类似，电磁学中称磁通所通过的闭合路径为磁路，分为有分支磁路和无分支磁路。图 2-10 为一典型磁路。

如图 2-10 所示，线圈通电后产生磁通，绝大部分磁通沿铁心通过，形成回路，这部分为主磁通（图中的 Φ），除此之外还存在少量经空气形成回路的磁通，称为漏磁通（图中的 $\delta\Phi$）。

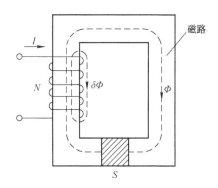

图 2-10　典型磁路

产生磁通的载流线圈称为励磁线圈，流经载流线圈的电流称为励磁电流。若励磁电路为直流电，则磁通恒定，此时磁路称为直流磁路；若励磁电流为交流电，则磁通随时间交变变化，此时磁路称为交流磁路。

二、磁路主要参数

磁路主要参数包括磁感应强度、磁场强度、磁通量、磁动势、磁链、磁阻、自感系数等。

（1）磁感应强度 磁感应强度又称磁通密度，是用来描述磁场强弱和方向的物理量，通常用 B 表示，国际单位制单位为特斯拉（T）。磁感应强度越大，表示磁感应越强；反之亦然。

（2）磁场强度 磁场强度为导出辅助量，可以类比为电场中的电场强度，主要用于磁化问题中，通常用 H 表示，国际单位制单位为安培/米（A/m）。磁场强度与磁感应强度关系为

$$B = \mu H = \mu_r \mu_0 H \tag{2-12}$$

式中，μ 为磁导率，可进一步表示为真空磁导率 μ_0 和相对磁导率 μ_r 的乘积，真空磁导率为固定常数（$\mu_0 = 4\pi \times 10^{-7} \text{H/m}$），相对磁导率与介质有关。

因此，磁场强度和磁感应强度是不同的物理量，磁场强度与周围介质无关，而磁感应强度与周围介质相关。给定磁场强度 H，对不同的材料可以产生不同的磁感应强度 B，二者均为矢量。

（3）磁通量 磁通量为磁感应强度在一定面积内的积分，简称磁通，可以类比为电路分析中的电流，通常用 Φ 表示，国际单位制单位为韦伯（Wb）。当磁力线与截面积垂直时，磁通量可表示为

$$\Phi = \int_S B \mathrm{d}S \tag{2-13}$$

如果通过表面积 S 的磁通为不变的恒定磁通，则可简化为

$$\Phi = BS \tag{2-14}$$

（4）磁动势 磁动势又称磁通势，代表载流线圈产生磁通量的能力，是用来度量磁场的物理量，可以类比为电场中的电动势，表示为电磁电路中电流与载流线圈匝数的乘积，见式（2-15），通常用 F 表示，国际单位制单位为安培·匝（A·t）。

$$F = Ni \tag{2-15}$$

式中，N 为载流线圈匝数。

（5）磁链 磁链表示载流线圈或电流回路所链环的磁通量，可以类比为电路中的电荷。当载流线圈匝数较多、缠绕紧密时，不能认为每匝线圈磁通量一定，为便于分析计算，引入磁链的概念，见式（2-16）。磁链通常用 λ 表示，国际单位制单位为韦伯（Wb）。

$$\lambda = N\Phi \tag{2-16}$$

（6）磁阻 磁阻是指由于磁场对导体内电流运动的阻碍而产生的电阻现象。它是由导体内电子受到磁场作用而发生的轨道偏转和碰撞所引起的。当磁场存在时，运动的电子受到磁场力的作用，会发生动量和能量的转移，使电子在其自由行程中可能发生的碰撞频率增加。这样，导体内部的电流流动受到限制，导致电流难以通过，从而产生磁阻。另外，在含有永磁体的磁路中，由于存在漏磁现象，即部分磁通未通过预期路径，这也会增加磁阻。磁阻大小与磁路几何形状、尺寸、材料磁特性有关，见式（2-17），通常用 R_m 表示，单位为每亨利（H^{-1}）。

$$R_{\mathrm{m}} = \frac{l}{\mu S} \tag{2-17}$$

（7）自感系数　由于导体本身电流变化而在自身产生电磁感应，进而产生阻碍电流变化的感应电动势的现象称为自感现象，此电动势即自感电动势。

在电路分析中，假设磁链与电流的关系是线性的，则有

$$\lambda = Li \tag{2-18}$$

式（2-18）中的比例系数 L 与电流无关，而与线圈大小、形状、匝数，以及线圈内外的介质的相对磁导率有关，称 L 为自感系数，简称自感，国际单位制单位为亨利（H）。

三、磁路欧姆定律

磁路欧姆定律用来确定磁通、磁动势、磁阻之间的关系，类似第二节中介绍的电路欧姆定律。对于图 2-10 所示磁路，假设在磁路中存在一条平均路径，并将通过某一截面的平均磁感应强度近似为常数，设截面的面积为 S，则载流线圈产生的磁感应强度为

$$B = \frac{\Phi}{S} \tag{2-19}$$

若已知磁感应强度，假设截面垂直于磁感线，且磁路平均长度为 l，由式（2-12）可知磁场强度为

$$H = \frac{B}{\mu} = \frac{\Phi}{\mu S} \tag{2-20}$$

若已知磁场强度，在第四节中将介绍到磁动势 F 等于磁场强度与磁路平均长度乘积：

$$F = Ni = Hl \tag{2-21}$$

将式（2-20）代入式（2-21），有

$$F = \Phi \frac{l}{\mu S} \tag{2-22}$$

由式（2-17）可见，式（2-22）后一项为磁阻，即磁动势等于磁通量与磁阻的乘积：

$$F = \Phi R_{\mathrm{m}} \tag{2-23}$$

式（2-23）中，磁动势 F 代表产生磁场的激励，磁阻 R_{m} 代表磁路对磁通的阻碍作用，该式与电路欧姆定律形式十分相似，被称为磁路欧姆定律。可以将磁动势类比为电路中的电动势，磁通量类比为电流，磁阻类比为电阻，如图 2-11 所示。

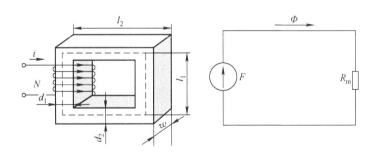

图 2-11　无分支铁心磁路及其等效磁路图

由式（2-16）、式（2-18）、式（2-21）、式（2-23），可知磁路中磁阻与电感的关系为

$$L = \frac{\lambda}{i} = \frac{N\Phi}{i} = \frac{N}{i}\frac{F}{R} = \frac{N}{i}\frac{Ni}{R} = \frac{N^2}{R} \tag{2-24}$$

在如下假设的基础上，可以把磁路问题等效转化为电路问题来求解，对于常用典型磁路可以获得近似解：

1）所有磁通与线圈各匝均交链。

2）磁通均集中于铁心内。

3）通过铁心任意截面的磁通相同。

4）铁磁材料磁导率为常值。

四、磁路基尔霍夫定律

（一）磁通连续性定律

磁通连续性定律是指，穿入或穿出任一闭合曲面的总磁通量恒等于零，即进入任一闭合曲面的磁通量恒等于穿出该闭合曲面的磁通量。其数学表达式为

$$\oint_A B\mathrm{d}a = 0 \tag{2-25}$$

式中，$\mathrm{d}a$ 的方向为闭合曲面 A 的法线方向。

（二）磁路基尔霍夫第一定律

在磁通连续性定律的基础上，如果磁通回路为有分支的并联磁路，对于某节点，如令穿出节点为正、穿入节点为负，则在节点处穿入、穿出的磁通量和为零。如图 2-12 所示，有下式成立：

$$-\Phi_1 + \Phi_2 + \Phi_3 = 0 \tag{2-26}$$

式（2-26）也可推广表示为

$$\sum_{k=1}^n \Phi_k = 0 \tag{2-27}$$

式中，n 为节点磁通支路数；Φ_k 为第 k 个穿入或穿出该节点的磁通量。

类比于电路中基尔霍夫第一定律，该定律被称为磁路基尔霍夫第一定律。

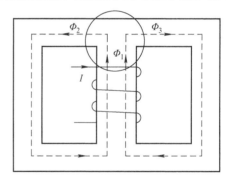

图 2-12　磁路的基尔霍夫第一定律

（三）磁路基尔霍夫第二定律

对于一个闭合磁路，在进行磁路分析与计算时，通常会把磁路分为若干部分，每部分具有同一材料、相同截面积，从而各部分磁通密度处处相等、磁场强度处处相等。分别求出每部分磁路所需的磁动势，最后整合求得整个磁路的总磁动势。例如在图 2-13 所示情况中，有如下关系成立：

$$F = Ni = H(l_1 + l_2 + l_3 + l_4 + l_5) + H_\delta\delta = \Phi R_m + \Phi_\delta R_{m\delta} \tag{2-28}$$

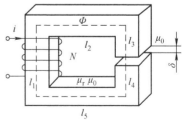

图 2-13　磁路的基尔霍夫第二定律

式中，$l_1 \sim l_5$ 为铁心各段长度；δ 为气隙长度；H 为铁心内的磁场强度；H_δ 为气隙内的磁场强度；Φ 为

铁心内的磁通；R_m 为铁心磁阻；$R_{m\delta}$ 为气隙磁阻。

可见，Hl_k 为第 k 段磁路上的磁位降，Ni 则是整个磁路的总磁动势，即：对于任一闭合磁路，各段磁路中磁位降的代数和，恒等于作用在该闭合磁路上的总磁动势。

类比于电路中基尔霍夫第二定律，该定律被称为磁路基尔霍夫第二定律。

特别说明，磁路与电路的对应类比只是数学形式上类似，并非具有相同物理意义。

第四节　电机中基本电磁定律

前文对电路、磁路有了较为深入的分析，而电和磁之间的能量传递与转换则是机电转换的桥梁。电机作为一种机电能量转换装置，其工作基础是本节将要介绍的安培定律和电磁感应定律，对电机分析与控制更是离不开电磁分析。

一、安培环路定律和全电流定律

在分析和计算磁场中，安培环路定律和全电流定律是最常用的基本定律之一，将安培环路定律和上节介绍的磁通连续性定律结合，可以得到上节中所述磁路欧姆定律和磁路基尔霍夫定律。

安培环路定律是指，在稳恒磁场中，沿任何一条闭合回线 L，磁感应强度 B 的线积分等于闭合路径 L 所包围的各个电流的代数和乘以磁导率，即

$$\oint_L B\mathrm{d}l = \mu_0 \sum_{i=1}^{n} I_i \tag{2-29}$$

式中，若电流方向与闭合回线 L 的环行方向符合右手螺旋关系，则为正；反之则为负。如图 2-14 所示，I_1 不在闭合回线内，I_2 取正，I_3 取负，则有

$$\oint_L B\mathrm{d}l = \mu_0(I_2 - I_3) \tag{2-30}$$

安培环路定律反映了稳恒磁场磁感应线与载流导线的嵌套关系。

麦克斯韦将安培环路定律做进一步推广，得到全电流定律。其内容为：任一闭合回线 L 上的总磁压等于被这条闭合回线所包围的面内穿过的全部电流的代数和。

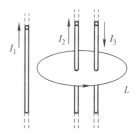

图 2-14　安培环路定律

全电流即一般情形下，通过空间某截面的传导电流、位移电流之和，传导电流一般存在于导线中，位移电流一般存在于电容器中，即传导电流中断处，由位移电流接上，即全电流是连续的，在空间中构成闭合回路。

当闭合回线 L 可按磁场强度相同、截面积相同、材料相同的原则分成几部分，每部分磁场强度 H 为常量，并和闭合回线方向一致，则沿闭合回线总磁压为各段磁压的代数和。全电流定律可表示为

$$\oint_L H\mathrm{d}l = \sum_{i=1}^{n}(I_c + I_\omega) \tag{2-31}$$

式中，I_c 为传导电流；I_ω 为位移电流。

安培环路定律是揭示电场与磁场之间关系的两个基本定律之一，它阐述了"电生磁"的过程。

二、电磁感应定律

电磁感应定律又称法拉第电磁感应定律，电磁感应现象是指因磁通量发生变化产生感应电动势的现象。例如，当穿过闭合电路的磁通量发生变化时，闭合电路中就会有电流产生，所产生的电流称为感应电流，产生的电动势称为感应电动势。

法拉第通过大量实验总结出如下定律：电路中感应电动势的大小，与穿过这一电路的磁通变化率成正比，即电磁感应定律，可表示为

$$e = -\frac{d\Phi}{dt} \tag{2-32}$$

式中，负号"–"表明感应电流产生的磁感应强度方向与原磁感应强度相反，即楞次定律。楞次定律指出，感应电流的磁场要阻碍原磁通量的变化，即磁通量变大，产生的电流有让其变小的趋势；而磁通量变小，产生的电流有让其变大的趋势。

在实际使用中，通常选用更多匝数的线圈而非提高磁通量变化率以获得更高的感应电压，故感应电动势可表示为

$$e = -N\frac{d\Phi}{dt} \tag{2-33}$$

由第三节介绍的磁链概念，式（2-33）可转化为

$$e = -\frac{d\lambda}{dt} \tag{2-34}$$

式（2-34）描述了磁链与感应电动势之间的关系，类似于电路中电荷与电流的关系，因此，磁链可以看作电路分析中的电荷。

能够引起磁通量变化、进而产生感生电动势的方法有两种：一种是使磁场在线圈附近运动，产生时变的磁通；另一种是磁场和线圈均保持位置不动，调节磁场强度的大小，产生时变的磁通。第一种方法是由运动磁场产生感应电动势，称之为动生电压；第二种方法是由时变磁场产生感应电动势，称之为感生电压。

电磁感应定律是揭示电场与磁场之间关系的另一基本定律，它阐述了"磁生电"的过程。

三、毕奥–萨伐尔定律与安培定律

安培定律是另一则电磁学基本定律，是表示励磁电流和磁场磁感线方向间关系的定则。而毕奥–萨伐尔定律则是安培定律的基础。

如图 2-15 所示，毕奥–萨伐尔定律描述了电流元在空间任意点激发的磁场，即电流元 Idl 在空间某点 P 处产生的磁感应强度 dB 的大小与电流元 Idl 的大小成正比，与电流元 Idl 所在处到 P 点的位置矢量和电流元 Idl 之间的夹角正弦成正比，与电流元 Idl 到 P 点距离

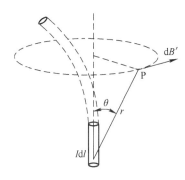

图 2-15　毕奥–萨伐尔定律示意图

的三次方成反比。用公式表示为

$$B(x) = \frac{\mu_0}{4\pi} \oint_L \frac{Idl \times r}{r^3} \qquad (2\text{-}35)$$

式中，B 为 P 点的磁感应强度；μ_0 为真空磁导率；L 为闭合回路；Idl 为电流元；r 为电流元到 P 点的距离。

如图 2-15 所示，每个电流元 Idl 在空间中某点 P 处可以产生满足式（2-35）关系的磁感应强度矢量 $d\boldsymbol{B}$，如将无数个图示方向的电流元累积起来，可得到一条通电直导线，其产生的磁感应强度矢量与单个电流元产生的磁感应强度矢量方向相同，如图 2-16 所示。因此，可以得到，对于通电直导线，右手握住导线，大拇指指向电流方向，则四指指向即通电直导线周围磁场方向。这就是安培定律，又称右手螺旋定则，它揭示了励磁电路产生磁场的磁感线方向。

对于环形电流，可以看成由多段小直线电流组成，对每一小段直线电流用安培定律判定出环形电流中心轴线上磁感应强度的方向，叠加起来即可得到环形电流中心轴线上磁感线的方向，进而推广到由多组环形电流组成的通电螺线管，即右手握住通电螺线管，四指指向电流方向，则大拇指所指一端即通电螺线管的 N 极。

图 2-16　安培定律示意图

四、电磁力定律

磁场对电流的作用是磁场的基本特征之一。对于通有电流 i 的单位长度导体，置于磁感应强度为 B 的磁场中，导体将受到电磁力的作用，如下式所示：

$$dF = idl \times B \qquad (2\text{-}36)$$

对于长度为 l 的长直通电导体，若磁场与之垂直，如图 2-17 所示，则电磁力可简化表示为

$$F = Bli \qquad (2\text{-}37)$$

以上即电磁力定律，它表示了通电导体在磁场中的受力关系。

进一步，由电磁力产生的转矩为电磁转矩：

$$T_s = Fr = Blir \qquad (2\text{-}38)$$

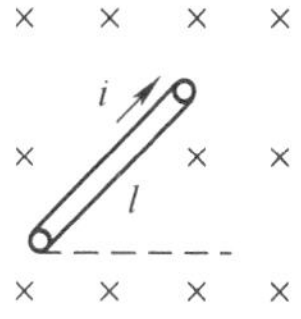

对于 M 个匝数为 N 的通电线圈组成的线圈组，若线圈两端距离为 D，且磁感应强度大小相等、方向相反，则有

图 2-17　电磁力定律示意图

$$T_{em} = \sum_{j=1}^{M} T_s = MNBliD \qquad (2\text{-}39)$$

式（2-39）即电机的最大电磁转矩计算公式，对于电机，D 为转子直径。在电动机中，电磁转矩是驱使电机旋转的原因，在电磁转矩的作用下，电机将电能转化为机械能，对外输出转矩。

第五节　电机的制造材料

电机的制作需要用到的材料有金属材料、漆包线或其他绝缘导线、电机引接线、绝缘材料、塑料、胶黏剂和轴承等。

一、材料分类

（一）金属材料

金属材料分为黑色金属和有色金属两大类。

1. 黑色金属

黑色金属在各类电机制造中是经常用到的基本材料。黑色金属包括铁、锰、铬及其合金，一般都是指钢和铁。按化学成分可以把钢分为碳素钢和合金钢两大类；生铁可分为炼钢生铁、铸造生铁和铁合金。

碳素钢是使用最多的一种，按用途分为碳素结构钢、碳素工具钢和易切削结构钢3类。

按含碳量可以把碳素钢分为低碳钢（含碳 $\leqslant 0.25\%$）、中碳钢（含碳 $> 0.25\% \sim 0.6\%$）、高碳钢（含碳 $> 0.6\%$）。一般碳素钢中，含碳量越高，硬度越高，但塑性降低。

按含磷、硫可以把碳素钢分为普通碳素钢（含磷、硫较高）、优质碳素钢（含磷、硫较低）和高级碳素钢（含磷、硫更低）。

为了满足某种性能要求，在钢中加入一种或几种合金元素（如锰、硅、钒、钛、铌、硼、稀土等），称为合金钢。通过合金化，可以提高和改善钢的综合机械性能；能显著提高和改善钢的工艺性能，如淬透性、回火稳定性、切削性等；还可以使钢获得一些特殊的物理化学性能，如耐热、不锈、耐腐蚀等。

合金钢按用途分类见表2-1。

表2-1 合金钢按用途分类

类 型	用 途	性 能	工 艺
合金结构钢	适用于较重要的调质零件，表面淬火后适用于齿轮、各种轴、套筒、连杆、连接螺栓	淬硬和不易变形开裂，高韧性，综合机械性能，耐磨性	渗碳处理，调质处理，表面淬火等
弹簧钢	制造弹簧或类似性能的零件	具有高的抗拉强度，弹性极限，高的疲劳强度	要有一定的淬透性，不易脱落，表面质量好
轴承钢	制造轴承的内外圈，滚珠或滚柱，有时还用来制造耐磨零件	具有很高而又非常均匀的硬度和耐磨性，以及很高的弹性极限和接触疲劳强度，一定的韧性和塑性，耐腐蚀性	控制合金的含量
合金工具钢	制造切削工具，冲模和量具	淬透性好，硬度、耐磨性和红硬性高，并改善了塑性韧性，降低了脆裂倾向	热处理
高速工具钢	制造难加工材料和要求切削效率很高的刀具以及尺寸较大或尺寸小但要求耐磨性高的刀具，也用于热冲模	在高温条件下保证良好的切削性并可以进行高速切削工作	钢中的含碳量在 $0.7\% \sim 1.65\%$
不锈耐酸钢	用于满足电机在空气、化学介质中的要求	具有抗腐蚀性	

在各类电机中，对一些壳体、支架、座板、外罩等，常用铸造的方法制造。对于黑色金属材料，常用铸铁件和铸钢件。铸造工艺有许多优点：能铸造形状复杂的零件，原料利用范围广，能减少切削加工，而且成本较低，还有一系列的优良性能，如耐磨性、减振性好等。

2. 有色金属

有色金属又称非铁金属，它的种类很多，在被人们发现的一百多种元素中除气体，非金属有 80 余种，广泛地用于现代科学技术、工业生产、人民生活之中。有色金属的分类：

按发现时间的先后分为轻有色金属、重有色金属、贵有色金属、半金属和稀有色金属五大类。

按合金系统分为轻有色金属及其合金、重有色金属及其合金、贵有色金属及其合金、稀有色金属及其合金。

按用途分为变形合金、铸造合金、轴承合金、印刷合金、焊料、中间合金。

（二）漆包线

漆包线的绝缘层是漆膜，除部分采用天然材料（如绝缘纸、天然丝等）外，主要采用有机合成高分子化合物（如缩醛、聚脂、聚胺脂、聚脂亚胺树脂等）和无机材料（如玻璃丝等）。为了提高绝缘层的性能，有的绕组线采用复合绝缘和组合绝缘，复合绝缘是用两种或两种以上材料组合在一起，如在聚脂、聚氨脂等漆包线表面再用聚酰氨酰亚胺作为外涂层，组合成复合层漆包线，可显著提高漆膜耐刮性和化学性能。漆包线的技术性能有力学性能、电性能、热性能、化学性能及其他性能。

1）按漆包线的用途分：

一般用途的漆包线（普通线），主要用于一般电机、电器、仪表、变压器等工作场合的绕组线，如聚酯漆包线、改性聚酯漆包线。

耐热漆包线，主要用于 180℃ 及以上温度环境工作的电机、电器、仪表、变压器等工作场合的绕组线，如聚酯亚胺漆包线、聚酰亚胺漆包线、聚酯漆包线、聚酯亚胺/聚酰胺酰亚胺复合漆包线。

特殊用途的漆包线，是指具有某种质量特性要求的、用于特定场合的绕组线，如聚氨酯漆包线（直焊性）、自粘性漆包线。

2）按导体材料分为铜线、铝线、合金线。

3）按材料形状分为圆线、扁线、空心线。

（三）绝缘材料

绝缘材料又称电介质。它在直流电压作用下，只有微小的电流通过，其电阻率大于 $10^7\Omega \cdot m$。绝缘材料在电机、电器设备中所占的比例比较大，起着隔离不同电位的带电导体的作用，对其寿命和可靠性具有决定性的作用。绝缘材料可分为以下几类：

1）气体绝缘材料，如空气、氮、氢、二氧化碳、六氟化硫等。

2）液体绝缘材料，如变压器油、开关油、电容器油、电缆油、硅油、各种合成油等。

3）固体绝缘材料，如绝缘漆、树脂和胶；浸渍纤维制品；层压材料；模塑料；云母制品；薄膜、粘带和复合材料。

（四）塑料

塑料按成型工艺性可分为热固性塑料和热塑性塑料。

热固性塑料的优点是无冷流性，抗蠕变性强，受压不易变形，耐热性较好；缺点是必须加入填料或增强材料以改善性能、提高强度，同时成型工艺复杂，大多只能采用模压或层压法，生产效率低。电机常用的品种包括酚醛、氨基、环氧、聚邻苯二甲酸二丙烯酯、聚氨酯等。

热塑性塑料的优点是成型工艺简便，生产效率高，可直接注射、挤压或吹塑成所需形状的制品，而且具有一定的物理力学性能；缺点是耐热性和刚性一般都较差，最高使用温度一般只有120℃左右，且使用时不能超过其使用温度极限，否则就会引起变形。但其中氟塑料、聚酰亚胺等各有其突出的性能，如优良的耐腐蚀、耐高温、高绝缘等，成为塑料中性能相当优越的非天然材料。电机常用的品种包括聚乙烯、聚丙烯、聚氯乙烯、聚酰亚胺等。

塑料按实际应用情况及性能特点可分为通用塑料、工程塑料和耐高温塑料。通用塑料的特点是产量大、价格低、通用性好、用途广泛，品种包括聚氯乙烯、聚乙烯、聚丙烯、酚醛和氨基等。工程塑料力学性能较好，可代替金属用作工程结构材料的一类塑料，它在各种环境下（如高温、低温、腐蚀、机械应力等）均能保持优良的性能，并有很好的机械强度、韧性和刚性，有的塑料还有很好的耐腐性、耐磨性、自润滑性以及尺寸稳定性好等特点，品种包括聚酰胺（尼龙）、聚甲醛、聚碳酸酯、ABS、聚砜、环氧等。耐高温塑料是指适用于高温及其他特殊用途的塑料品种，它们的特点就是耐热性好，大都可在150℃以上的环境中工作，有的还可在 200~250℃ 环境下长期工作；但一般价格较高，品种包括有机硅、氟塑料、聚酰亚胺、芳香尼龙、聚芳砜等。

（五）轴承

轴承包括滑动轴承和滚动轴承两大类型。

滑动轴承的最大特点是噪声小、生产成本低、价格便宜，多用于要求噪声低、转矩相对较小的场合，如空调电机、罩极电机等。滚动轴承与滑动轴承相比，具有寿命较长、摩擦力矩较小及安装方便等优点，在电机行业中得到广泛应用。

滚动轴承按其所能承受的负荷方向或公称接触角的不同，分为向心轴承（主要用于承受径向负荷的轴承）和推力轴承（主要用于承受轴向负荷的轴承）。按其滚动体的种类分为球轴承（滚动体为球的轴承）和滚子轴承（滚动体为滚子的轴承），滚子轴承还可分为圆柱滚子轴承、滚针轴承、圆锥滚子轴承和调心滚子轴承；按其工作时能否调心分为刚性轴承和调心轴承。通常轴承按其所能承受的负荷方向或公称接触角、滚动体的种类综合分为深沟球轴承、圆柱滚子轴承、滚针轴承、调心球轴承、角接触球轴承、调心滚子轴承、圆锥滚子轴承、推力角接触球轴承、推力调心滚子轴承、推力圆锥滚子轴承、推力圆柱滚子轴承、推力滚针轴承和组合轴承。同类轴承中由于轴承具体结构不同（如一个轴承内滚动体的列数，有无内圈或外圈、保持架、防尘盖、密封圈、止动槽……），又可分为多种结构形式。

二、导体的集肤效应

当交变电流通过导体时，电流将集中在导体表面流过，这种现象称为集肤效应，又称趋肤效应。电流以较高的频率在导体中传导时，大部分会聚集于导体表层，而非平均分布于整个导体的截面积中。频率越高，集肤效应越显著。其原理是，当导线流过交变电流时，根据楞次定律会在导线内部产生涡流，与导线中心电流方向相反。由于导线中心较导线表面的磁链大，在导线中心处产生的电动势就比在导线表面附近处产生的电动势大。这样作用的结果是，电流主要在表面流动，中心则几乎无电流，这种由导线本身电流产生的磁场使导线电流主要分布在导线表面流动。

（一）计算公式

我们可以用下式计算交变电流集肤效应的深度 δ：

$$\delta = 1/\sqrt{\omega\sigma\mu/2}$$

式中，ω 是交流电频率；σ 是导体电导率；μ 是导体磁导率。

（二）影响

在高频电路中可以采用空心导线代替实心导线。此外，为了削弱集肤效应，在高频电路中也往往使用多股相互绝缘细导线编织成束来代替同样截面积的粗导线，这种多股线束称为辫线。

（三）应用

导体中交变电磁场的强度随着进入导体的深度而呈指数递减，因此在防晒霜中混入导体微粒（一般是氧化锌和氧化钛），就能使阳光中的紫外线（高频电磁波）的强度减低，这便是物理防晒的原理之一。此外，集肤效应也是电磁遮罩的方法之一，利用集肤效应可以阻止高频电磁波透入良导体而做成电磁遮罩装置，这也是电梯中手机信号不好的原因。在工业应用方面，利用集肤效应可以对金属进行表面淬火。

三、铁磁材料性质

铁磁材料具有很强的被磁化特性，它们在外磁场的作用下，能产生远大于外磁场的附加磁场。带有铁心的线圈，其磁场远比无铁心线圈的磁场强，所以电机、电器等设备都要采用铁心。这样就可以用较小的电流来产生较强的磁场，使线圈的体积、质量都大为减小。

铁磁材料主要具有如下的磁性能：

1）高导磁性。铁磁材料的磁导率在一定情况下远比非铁磁材料大。

2）剩磁性。铁磁材料经磁化后，若励磁电流降低到 0，铁磁材料中仍能保留一定的剩磁。

3）磁饱和性。铁磁材料内的磁场增加到一定后，磁场增强会变得极为缓慢，达到饱和值。

4）磁滞性。铁磁材料在交变磁化过程中，磁感应强度的变化滞后于磁场强度的变化且产生磁滞损耗。

铁磁材料常分成软磁材料和硬磁材料两类。软磁材料常用的材料有铸铁、铸钢和硅钢片（电工钢）。这类材料具有磁导率大和磁滞损失小的特点。厚度为 0.35~1mm 的各种规格的硅钢片是制造变压器、电机和交流电磁铁的重要导磁材料，饱和值可达到 18000 高斯（Gs）[⊖]。铸钢主要用于制造电机的机壳和零件，它的饱和值不超过 10000Gs，铸铁也可以铸造电机机壳，但其饱和值比以上二者都低。

硬磁材料具有很大的剩磁，其值约为 10000Gs。这类材料的品种极为繁多，且在不断地研究和改进中，以便获得更佳的性能，但主要的是含有不同成分的铝、铁、镍合金，例如含铝11%、镍2%和其余成分主要为铁的合金，具有 7000Gs 的剩磁值，硬磁材料可用来制造各种用途的永久磁铁。电工技术中所用到的各种电磁铁都要用到铁磁材料。由于电磁铁具有

⊖ 磁感应强度的法定单位是特［斯拉］，符号为 T，高斯（Gs）是工业设计中原用的单位。$1Gs = 10^{-4}T$。

动作迅速、灵敏、易于控制等优点，因此在生产设备中，特别是自动化和半自动化的设备中，经常使用含有电磁铁的电气装置，以完成各种控制和保护的作用。电磁铁有直流的和交流的两类，它们都是利用铁心线圈通以电流后产生吸力的原理而制成的。

铁磁材料具有的 3 个基本特性：

（1）磁性材料的磁化曲线　磁性材料是由铁磁性物质或亚铁磁性物质组成的，在外加磁场 H 作用下，必有相应的磁化强度 M 或磁感应强度 B，它们随磁场强度 H 的变化曲线称为磁化曲线（$M-H$ 或 $B-H$ 曲线）。磁化曲线一般来说是非线性的，具有两个特点：磁饱和现象及磁滞现象。即当磁场强度 H 足够大时，磁化强度 M 达到一个确定的饱和值 M_s，继续增大 H，M_s 保持不变；以及当材料的 M 值达到饱和后，外磁场 H 降低为零时，M 并不恢复为零，而是沿 M_s-M_r 曲线变化。材料的工作状态相当于 $M-H$ 曲线或 $B-H$ 曲线上的某一点，该点常称为工作点。

（2）软磁材料的常用磁性能参数

饱和磁感应强度 B_s：其大小取决于材料的成分，它所对应的物理状态是材料内部的磁化矢量整齐排列。

剩余磁感应强度 B_r：是磁滞回线上的特征参数，H 回到 0 时的 B 值。

矩形比：B_r/B_s。

矫顽力 H_c：是表示材料磁化难易程度的量，取决于材料的成分及缺陷（杂质、应力等）。

磁导率 μ：是磁滞回线上任何点所对应的 B 与 H 的比值，与器件工作状态密切相关。

初始磁导率 μ_i、最大磁导率 μ_m、微分磁导率 μ_d、振幅磁导率 μ_a、有效磁导率 μ_e、脉冲磁导率 μ_p。

居里温度 T_c：铁磁物质的磁化强度随温度升高而下降，达到某一温度时，自发磁化消失，转变为顺磁性，该临界温度称为居里温度。它确定了磁性器件工作的上限温度。

损耗 P：包括磁滞损耗 P_h 和涡流损耗 P_e。电阻率 ρ 降低，降低磁滞损耗 P_h 的方法是降低矫顽力 H_c；降低涡流损耗 P_e 的方法是减薄磁性材料的厚度 t 及提高材料的电阻率 ρ。在自由静止空气中磁心的损耗与磁心的温升关系为：总功率耗散（mW）/表面积（cm^2）。

（3）软磁材料的磁性参数与器件的电气参数之间的转换　在设计软磁器件时，首先要根据电路的要求确定器件的电压-电流特性。器件的电压-电流特性与磁心的几何形状及磁化状态密切相关。设计者必须熟悉材料的磁化过程并把握材料的磁性参数与器件电气参数的转换关系。设计软磁器件通常包括 3 个步骤：正确选用磁性材料；合理确定磁心的几何形状及尺寸；根据磁性参数要求，模拟磁心的工作状态得到相应的电气参数。

第六节　电机的机电能量转换

一般来说，电磁系统包括电气系统、机械系统和连接机电系统的中间媒介，其作用是能量传递和转换。系统可以从机械系统输入机械能，通过中间介质将机械能传递给电气系统，使之输出电能；另一方面，也可以从电气系统输入电能，并由中间介质转换为机械能，驱动机械系统运动。图 2-18 给出了一个电磁铁的工作原理示意图。

由于机械系统和电气系统是两种不同的系统，其能量转换必须有一个中间媒介，这个任

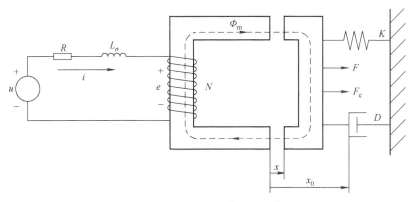

图 2-18   电磁铁的工作原理示意图

务就是由气隙构成的耦合磁场来完成的，图 2-19a 是机电系统通过耦合磁场相联系的示意图。

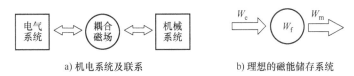

a) 机电系统及联系   b) 理想的磁能储存系统

图 2-19   耦合磁场

根据对电磁系统机电能量关系的分析，一般来说，电磁系统的机电能量的相互关系可以用图 2-20 来表达。

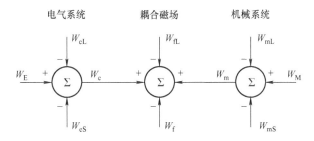

图 2-20   机电能量转换关系

由图 2-20 的能量关系，电气系统和机械系统的能量关系分别表示为

$$W_E = W_e + W_{eL} + W_{eS} \tag{2-40}$$

式中，W_{eL} 为电气损耗；W_{eS} 为电气储能。

$$W_M = W_m + W_{mL} + W_{mS} \tag{2-41}$$

式中，W_{mL} 为机械损耗；W_{mS} 为机械储能。

根据能量守恒定律，在耦合磁场中应满足下列机电能量转换：

$$W_f + W_{fL} = W_e + W_m \tag{2-42}$$

式中，W_{fL} 为耦合磁场能量损耗。

为简便起见，忽略磁场损耗，将耦合磁场看作是一个理想的无损耗的磁能储存系统，并且耦合磁场的能量全部储存在气隙中，即有

$$W_f = W_e + W_m \tag{2-43}$$

式（2-43）可用微分方程表示为

$$dW_f = dW_e + dW_m \tag{2-44}$$

式中，dW_f 为在时间 dt 内耦合磁场吸收能量的增量；dW_e 为在时间 dt 内输入耦合磁场的净电能增量；dW_m 为在时间 dt 内转换为机械能的能量增量。

在机电能量转换过程中，电气系统的变化可能是由于机械运动而产生的感应电动势，机械系统的变化可能是由于电磁作用而产生的力（直线运动时）或转矩（旋转运动时）。按能量传递方向的约定，对电动机来说，输入电能取正号，输出机械能取负号；而对发电机来说，输入机械能取正号，输出电能取负号。

根据电磁系统机电装置的能量输入和输出的数量，可分为单输入输出机电能量转换装置和多输入输出机电能量转换装置。

一、机电能量转换过程

（一）单输入输出机电能量转换装置

单输入输出机电能量转换装置是一类简单的电磁系统，如图 2-21 所示，其具有单一的电气和机械装置通过耦合磁场进行机电能量的转换，再由电气或机械装置输入或输出能量。这类电磁系统具有广泛的工程应用，比如电磁继电器和电磁铁等机电装置。

在图 2-18 所示的电磁装置中，电气系统由电路回路方程表示为

图 2-21　单输入输出机电能量转换装置

$$u = Ri + L_\sigma \frac{di}{dt} + e \tag{2-45}$$

机械系统的运动由牛顿定律描述为

$$F = M\frac{d^2 x}{dt^2} + D\frac{dx}{dt} + K(x - x_0) - F_e \tag{2-46}$$

由电气系统输入的全部电源能量为

$$W_E = \int ui \, dt \tag{2-47}$$

由机械系统输入的总机械能为

$$W_M = \int F dx = \int F\frac{dx}{dt}dt \tag{2-48}$$

将式（2-45）代入式（2-47），可知电气系统输入电能的分布为

$$W_E = \int ui \, dt = R\int i^2 dt + L_\sigma\int i \, di + \int ei \, dt \tag{2-49}$$

式中，$R\int i^2 dt$ 为电阻损耗；$L_\sigma\int i \, di$ 为电感损耗；$\int ei \, dt$ 为输入耦合磁场的电能。

将式（2-46）代入式（2-48），可知机械系统输入机械能的分布为

$$W_M = \int F\frac{dx}{dt}dt = M\int\frac{d^2 x}{dt^2} + D\int\left(\frac{dx}{dt}\right)^2 dt + K\int(x - x_0)dx - \int F_e dx \tag{2-50}$$

式中，$M\int\frac{d^2 x}{dt^2}$ 为质量储能；$D\int\left(\frac{dx}{dt}\right)^2 dt$ 为摩擦发热储能；$K\int(x - x_0)dx$ 为弹性储能；$\int F_e dx$ 为输入耦合磁场的机械能。

由此，机电系统耦合磁场输入的总能量应为电气系统与机械系统输入能量之和，即为

$$W_\mathrm{f} = W_\mathrm{e} + W_\mathrm{m} = \int ei\mathrm{d}t - \int F_\mathrm{e}\mathrm{d}x \tag{2-51}$$

（二）多输入多输出机电能量转换装置

多输入和多输出机电能量转换装置是一类复杂的电磁系统，如图 2-22 所示，其具有多路的电气和机械装置通过耦合磁场进行机电能量的转换，再由电气或机械装置输入或输出能量。

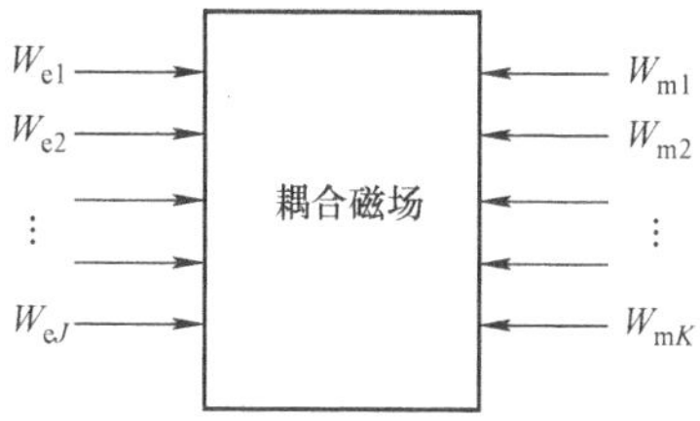

输入耦合磁场的总能量为

$$W_\mathrm{f} = \sum_{j=1}^{J} W_{ej} + \sum_{k=1}^{K} W_{mk} \tag{2-52}$$

电气系统为

$$\sum_{j=1}^{J} W_{ej} = \int \sum_{j=1}^{J} e_j i_j \mathrm{d}t \tag{2-53}$$

图 2-22　多输入多输出机
电能量转换装置

机械系统

$$\sum_{k=1}^{K} W_{mk} = - \int \sum_{k=1}^{K} F_{ek}\mathrm{d}x_k \tag{2-54}$$

由此，多输入耦合磁场的能量平衡方程为

$$W_\mathrm{f} = \int \sum_{j=1}^{J} e_j i_j \mathrm{d}t - \int \sum_{k=1}^{K} F_{ek}\mathrm{d}x_k \tag{2-55}$$

也可以写成如下微分形式：

$$\mathrm{d}W_\mathrm{f} = \sum_{j=1}^{J} e_j i_j \mathrm{d}t - \sum_{k=1}^{K} F_{ek}\mathrm{d}x_k \tag{2-56}$$

由上分析，多输入和多输出电磁系统的耦合磁场的总能量是电气系统各个励磁线圈感应电动势 $e_j(j=1,2,\cdots,J)$ 所产生的电能与机械系统各个电磁力 $f_{ek}(k=1,2,\cdots,K)$ 所产生的机械能之和。

二、磁场与磁能

由上述分析可知，在电磁系统中耦合磁场是机电能量转换的关键环节，其作用至关重要。因此，有必要进一步分析磁场储存能量机理及特性。

首先为简便起见，可将能量转换过程中的损耗分别归并到输入的电能和输出的机械能中，即认为耦合磁场将输入的电能全部转换为机械能，在转换过程中耦合磁场没有发生变化。这样，如图 2-19b 所示，耦合磁场被看作是一个理想的无损耗的磁能储存系统（lossless magnetic energy storage system）。

在上述假定条件下，研究分析发现磁场储能可以表示成磁能（magnetic energy）和磁共能（magnetic co-energy）两种类型。

（一）磁能

进一步分析耦合磁场的能量平衡方程式（2-55），可以看出磁场能量是机电系统状态变量的函数，即磁场能量的大小完全由系统当时的状态决定，而与系统如何达到这种状态无关。这种特征有利于磁场能量的计算。特别是，如果机械系统的位移不变，即假定机械运动

部件处于某一固定位置，则式（2-55）中右边的第 2 项积分为零。这说明，机械系统输入耦合磁场的能量 $W_{mk}=0$。此时，耦合磁场的储能全部来自电气系统的输入电能，即

$$W_f = \int \sum_{j=1}^{J} e_j i_j \mathrm{d}t \tag{2-57}$$

为了简化起见，我们先从简单电磁系统入手，假定图 2-18 所示的磁路中所获得的能量是由线圈输入的电能提供的，由电功率的概念可知

$$P = ie = -i\frac{\mathrm{d}\Psi}{\mathrm{d}t} \tag{2-58}$$

式中，P 为电功率，其负号" – "是由于电路中 i 与 e 的正方向的规定不同，也表示功率或能量的传递是有方向的。现规定以能量从右边传入耦合磁场为正方向，由此可得磁路中储存的电能 W_e 为

$$W_e = -\int_0^t P\mathrm{d}t = \int_0^\Psi i\mathrm{d}\Psi = \int_0^\Psi \frac{\Psi}{L}\mathrm{d}\Psi = \frac{\Psi^2}{2L} = \frac{1}{2}Li^2 \tag{2-59}$$

式（2-59）说明，磁路中磁场储存的电能与电感和电流的大小有关。电感主要由气隙决定，也就是说磁场的储能主要是存放在气隙之中。我们往往把气隙磁场称为耦合磁场，它是机电能量转换的主要媒介。

（二）磁共能

磁能公式（2-59）说明，磁能是励磁电流 i 在 $\Psi–i$ 曲线（励磁磁路的磁化曲线）沿 Ψ 轴的积分。在图 2-23 中，$\Psi–i$ 曲线的左侧区域 $O-a-b$ 即为磁能 W_f。

我们把在图 2-23 中 $\Psi–i$ 曲线的右边区域 $O-a-c$ 所表示的能量称为磁共能 W_{fc}，即

$$W_{fc} = \int \Psi \mathrm{d}i \tag{2-60}$$

$$W_{fc} = i\Psi - W_f \tag{2-61}$$

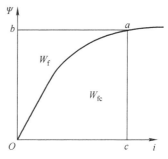

图 2-23　磁场存储的能量

磁共能又称磁余能，并没有明确的物理意义，即并不表示一个实际的能量。但是，由于磁共能 W_{fc} 为电流 i 和机械位移 x 的函数 $W_{fc}(i,x)$，便于用来计算电磁力或电磁转矩，因此是一个研究机电能量转换的重要变量。

第七节　电机的电磁转矩的生成与控制

下面讨论图 2-24 所示机电装置电磁转矩生成的实质。

根据机电能量转换公式可以推导出电磁力和电磁转矩的表达式。

一、电磁力的一般表达式

如果电磁系统的机械运动部件在电磁力的作用下做位移运动，其电磁力推导过程如下。由于电气系统输入耦合磁场的能量可用微分形式表示为

$$\mathrm{d}W_e = P\mathrm{d}t = ei\mathrm{d}t = -i\mathrm{d}\Psi \tag{2-62}$$

对于位移运动，假设由电磁力 F_e 的作用，产生了相应的机械位移 $\mathrm{d}x$，那么机械系统所做的机械功为

$$dW_m = -F_e dx \qquad (2-63)$$

现以电动机为参考系，其能量传递关系如图 2-25 所示。

此时，耦合磁场的磁能为输入电能和输出机械能之差，即

$$dW_f = dW_e - dW_m \qquad (2-64)$$

将式（2-62）和式（2-63）代入，上式可写成

$$dW_f = -id\Psi + F_e dx \qquad (2-65)$$

由式（2-65）可见，耦合磁场的磁能是电磁系统磁链 Ψ 和机械位移 x 的函数 $W_f = W_f(\Psi, x)$，其中，磁链 Ψ 和机械位移 x 是两个独立变量，对其求全微分，可得

$$dW_f = \frac{\partial W_f(\Psi, x)}{\partial \Psi} d\Psi + \frac{\partial W_f(\Psi, x)}{\partial x} dx \qquad (2-66)$$

比较式（2-65）和式（2-66），可以看出下面等式成立：

$$F_e dx = \frac{\partial W_f(\Psi, x)}{\partial x} dx \qquad (2-67)$$

由此，可得作用于机械系统的电磁力通用计算公式

$$F_e = \frac{\partial W_f(\Psi, x)}{\partial x} \qquad (2-68)$$

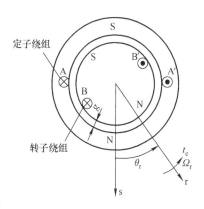

图 2-24　具有定、转子绕组和气隙的机电装置

图 2-25　电动机的机电能量传递方向

二、电磁转矩的生成与控制

同理，可推导具有旋转运动的电磁系统的电磁转矩计算公式。对于旋转运动来说，如果由于电磁转矩 T_e 的作用，产生了相应的机械角位移 $d\theta$，则表示其做了机械功 dW_m，即

$$dW_m = -T_e d\theta \qquad (2-69)$$

这里也以电动机的能量传递作为参考方向，因此

$$dW_f = -id\Psi + T_e d\theta \qquad (2-70)$$

可见，磁场储能是磁链 Ψ 和角位移 θ 的函数 $W_f = W_f(\Psi, \theta)$，对其求全微分可得

$$dW_f(\Psi, \theta) = \frac{\partial W_f(\Psi, x)}{\partial \Psi} d\Psi + \frac{\partial W_f(\Psi, \theta)}{\partial \theta} d\theta \qquad (2-71)$$

对比式（2-70）和式（2-71），可以看出

$$T_e d\theta = \frac{\partial W_f(\Psi, \theta)}{\partial \theta} d\theta \qquad (2-72)$$

$$T_e = \frac{\partial W_f(\Psi, \theta)}{\partial \theta} \qquad (2-73)$$

式（2-73）给出了由磁场储能计算旋转电机电磁转矩的通用公式。由于磁场储能 W_f 是 Ψ 和 θ 的函数，有时在电机中难以求取 Ψ，而磁共能 W_{fc} 是励磁电流 i 和机械角位移 θ 的函数 $W_{fc}(i, \theta)$，为此可用来计算电磁转矩。由式（2-61）

$$W_{fc} = i\Psi - W_f \rightarrow dW_{fc} = d(i\Psi) - dW_f \tag{2-74}$$

$$d(i\Psi) = -id\Psi + \Psi di \\ dW_f = -id\Psi + T_e d\theta \rightarrow dW_{fc} = \Psi di + T_e d\theta \tag{2-75}$$

将函数 $W_{fc}(i,\theta)$ 按全微分形式展开，得

$$dW_{fc}(i,\theta) = \frac{\partial W_{fc}(i,\theta)}{\partial i}di + \frac{\partial W_{fc}(i,\theta)}{\partial \theta}d\theta \tag{2-76}$$

比较式（2-75）和式（2-76）可得

$$T_e = \frac{\partial W_{fc}(i,\theta)}{\partial \theta} \tag{2-77}$$

这样，我们只要知道旋转电机气隙磁场的储能 W_f 或磁共能 W_{fc} 中的一个，就可利用式（2-73）或式（2-77）求出旋转电机的电磁转矩 T_e，两者的结果是一致的。

三、空间矢量与矢量控制

"空间矢量"在电机的稳态和动态问题中常被用到。在分析绕组基波磁动势时，提出了"空间矢量"的模型；在建立电机动态数学模型时又提出了"空间矢量"的模型，并以此为基础开发了著名的矢量变换控制技术；随后又开发了电压空间矢量脉宽调制技术（SVPWM）。目前以"空间矢量"为基础的各种思想、方法还在不断地深入、完善。

那么，电机理论中的"空间矢量"与电路理论中的"相量"有什么联系和区别呢？各种电机问题中提到的"空间矢量"，其含义是否一样呢？它在数学上的一般定义是什么？它具有哪些特点和运算性质？这些问题在电机理论中并没有讲，或没有讲清楚。

（一）第 I 类空间矢量的定义及其理解

对于一个以空间位置值 x 为自变量，以时间 t 为参变量的正弦函数 $y = A(t)\cos[Bx + C(t)]$，式中 $A(t)$、$C(t)$ 是时变实数或实常数，B 是实常数。在平面直角坐标系上建立一根正轴线，从横轴到正轴线的转角为 $C(t)$，并构造一个二维矢量 Y。令 $|Y| = |A(t)|$；Y 的方向始终处于正轴线上，$A(t)$ 为正值时，指向与正轴线一致；$A(t)$ 为负值时，指向与正轴线相反。称二维矢量 Y 为空间正弦函数 y 的空间矢量（以后简称 I 类矢）[1]。

一般定义的理解：

1）若物理标量的表达式形如 $y = A(t)\cos[Bx + C(t)]$，当然可以构造出它的空间矢量。若物理矢量的模的表达式形如 $y = A(t)\cos[Bx + C(t)]$，也可以构造出它的空间矢量。

2）$C(t)$ 为实常数 C 时，I 类矢的位置固定不动，称为静止 I 类矢；$C(t)$ 为时变实数时，I 类矢的位置随时间变化，称为旋转 I 类矢。单相基波磁动势矢量是静止 I 类矢；而 m 相合成基波磁动势矢量是旋转 I 类矢。

3）表达式 $y = A(t)\cos[Bx + C]$ 在物理上是驻波的波动方程式；$y = A(t)\cos[Bx + C(t)]$ 在物理上是行波的波动方程式。

4）I 类矢的构造，与电路理论中"相量"的构造相似。前者是从空间正弦函数 $y = A(t)\cos[Bx + C(t)]$ 到二维矢量 Y 的映射，后者是从时间正弦函数 $v = D(t)\cos[Ex + F]$ 到复数 $\dot{v}$ 的映射。原象的形式相似，映象具有一一对应关系。因此有的文献把 I 类矢称为空间相量，把电路理论中的"相量"称为时间相量。

（二）第Ⅱ类空间矢量的定义及其理解

对于一个以时间 t 为自变量的一元函数 $w = g(t)$，由于某种原因该时间函数与空间某个物体发生了联系，于是在空间物体的轴线上构造出一个矢量 W。令 $|W| = |g(t)|$；W 的方向始终处于空间物体的轴线上，$g(t)$ 为正值时，指向与轴线正向一致；$g(t)$ 为负值时，指向与轴线正向相反。称 W 为时间函数 $w = g(t)$ 关于空间物体的基本空间矢量。m 个基本空间矢量的线性组合则称为 m 个时间函数关于 m 个空间物体的组合空间矢量。

一般定义的理解：

1）基本Ⅱ类矢的方向始终处于空间物体的轴线上，是静止的；但组合Ⅱ类矢的方向可随时间而变化，是变动的。

2）Ⅱ类矢是从任意的一元时间函数 $w = g(t)$ 到三维矢量 W 的映射；而Ⅰ类矢是从空间正弦函数 $y = A(t)\cos[Bx + C(t)]$ 到二维矢量 Y 的映射。

四、矢量控制

矢量控制（Vector control）也称为磁场导向控制（field – oriented control，简称 FOC），是一种利用变频器（VFD）控制三相交流电机的技术，利用调整变频器的输出频率、输出电压的大小及角度，来控制电机的输出。其特性是可以分别控制电机的磁场及转矩，类似他励式直流电机的特性。由于处理时会将三相输出电流及电压以矢量来表示，因此称为矢量控制。

矢量控制可以适用于交流感应电机及直流无刷电机，早期开发的目的是高性能的电机应用，可以在整个频率范围内运转，电机零速时可以输出额定转矩，且可以快速地加减速。不过相较于直流电机，矢量控制可配合交流电机使用，电机体积小，成本及能耗都较低，因此开始受到产业界的关注。矢量控制除了用在高性能的电机应用场合外，也已用在一些家电中。

以永磁同步电机为例，由于永磁同步电机不具有直流永磁电机中电枢电流产生的磁动势永远与永磁体磁场正交的特性，对旋转的空间矢量进行控制十分不方便。因此为了更好地实现 PMSM 的动态性能，20 世纪 70 年代德国学者提出了 PMSM 基于电压的空间矢量控制原理，进一步解决了对电机转矩和转速的控制问题。矢量控制的根本原理是采用坐标变换的方法将同步电机等效成直流电机进行控制，将旋转矢量等效成静止的分量。把交流电机定子电流矢量进行分解，转换成两个按照转子磁场定向的直流分量 i_d 和 i_q，最终通过对这两个直流分量的控制实现对 PMSM 转矩及转速控制。

图 2-26 是一种典型综合性的电机矢量控制系统，该系统主要由如下几个部分组成：测量转子磁场位置的旋转变压器；转速环；坐标变换算法；逆变器；SVPWM 系统及解耦控制系统等。进行矢量控制的原理是，由转速环将旋变传感器检测到的电机转速与给定的 ω 进行比较，将结果作为电流环的输入值。电流传感器采集到的定子电流 i_A、i_B、i_C 通过 Clark 变换转换到两相静止坐标系下得到 i_α 和 i_β，再通过 Park 变换转换到两相旋转坐标系下，得到 i_d 和 i_q。将其与电流环给定值进行比较，比较后的值作为 PI 调节器的输入值，PI 输出为电压 u_d 和 u_q，将其进行 Park 逆变换得到静止坐标系下电压 u_α 和 u_β，对其进行 SVPWM 变换得到 PWM 信号驱动 IGBT，利用 PWM 的空间矢量特性，使电压源逆变器执行特殊关断顺序，由此达到对电机进行控制的目的。

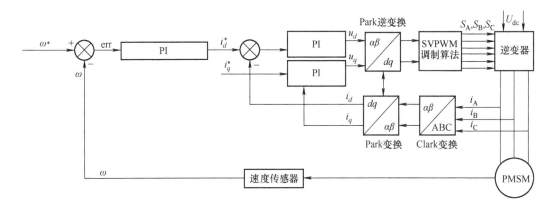

图 2-26 PMSM 矢量控制系统框图

参 考 文 献

[1] 郑剑，肖蕙蕙，李山，等. 电机理论中的两类空间矢量及其特点研究 [J]. 上海大中型电机，2008（4）：27-30，72.

第 三 章

车用电机驱动系统构成与参数匹配设计

第一节　电机驱动系统结构

一、电驱动系统组成

电驱动系统是电动汽车的核心部件之一，也是区别于内燃机汽车的最大不同点。一般地，驱动系统由电子控制器、功率变换器、驱动电机、机械传动装置及车轮等部分构成，如图 3-1 所示。驱动系统的功用是将存储在蓄电池中的电能高效地转化为车轮的动能进而推进汽车行驶，并能够在汽车减速制动或者下坡时，实现再生制动。

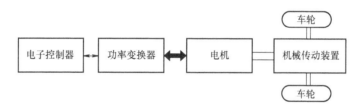

图 3-1　电驱动系统基本结构

（一）电机

驱动电机的作用是将电源的电能转化为机械能，通过传动装置驱动或直接驱动车轮。早期，电动汽车上广泛采用直流串励电动机，这种电动机具有"软"的机械特性，与汽车的行驶特性非常适应。但直流电动机由于存在换向火花、比功率较小、效率较低、维护保养工作量大等缺点，随着电动机技术和电动机控制技术的发展，正在逐渐被直流无刷电动机、开关磁阻电动机和交流异步电动机所取代。

（二）电子控制器

电子控制器即电动机调速控制装置是为电动汽车的变速和方向变换等设置的，其作用是控制电动机的电压或电流，完成电动机的驱动转矩和旋转方向的控制。在早期的电动汽车上，直流电动机的调速采用串接电阻或改变电动机磁场线圈的匝数来实现。因其调速是有级的，且会产生附加的能量消耗或使电动机的结构复杂，现在已很少采用。目前，电动汽车上应用较广泛的是晶闸管斩波调速，通过均匀地改变直流电动机的端电压，控制电动机的电流，来实现电动机的无级调速，在电力电子技术的不断发展中，它也逐渐被其他电力晶体管（如 GTO，BTR，IGBT，MOSFET 等）斩波调速装置所取代。从技术的发展来看，伴随着新

37

型驱动电机的应用，电动汽车的调速控制转变为直流逆变技术的应用，正成为必然的趋势。在驱动电机的转向变换控制中，直流电动机依靠接触器改变电枢或磁场的电流方向，实现电动机的转向变换，这使得控制电路复杂、可靠性降低。当采用交流异步电动机驱动时，电动机转向的改变只需变换磁场三相电流的相序，即可使控制电路简化。此外，采用交流电动机及其变频调速控制技术，使电动汽车的制动能量回收控制更加方便，控制电路更加简单。

（三）功率变换器

电动汽车用的功率变换器用做 DC/DC 变换和 DC/AC 变换。DC/DC 变换器又称直流斩波器，用于直流电动机驱动系统。两象限直流斩波器能把蓄电池的直流电压变换为可变的直流电压，并能将再生制动能量进行反向变换。DC/AC 变换器通常称作逆变器，用于交流电动机驱动系统，它将蓄电池的直流电变换为频率和电压均可调的交流电。电动汽车一般只使用电压输入式逆变器，因为其结构简单且又能进行双向能量变换。

（四）机械传动装置

电动汽车传动装置的作用是将电动机的驱动转矩传给汽车的驱动轴。因为电动机可以带负载起动，所以电动汽车上无需传统内燃机汽车的离合器。并且驱动电机的转向可以通过电路控制实现变换，因此，电动汽车无需内燃机汽车变速器中的倒档。当采用电动机无级调速控制时，电动汽车可以省去传统汽车的变速器。在采用电动轮驱动时，电动汽车也可以省去传统内燃机汽车传动系统的差速器。

二、电机驱动系统组成

电动车辆以驱动电机作为动力源，按照车辆上驱动电机的数目不同可以将电动车辆的驱动系统分为单电机驱动系统和多电机驱动系统，而多电机驱动系统又可以分为多电机独立驱动系统和多电机耦合驱动系统等。

（一）单电机驱动系统

电动车用驱动电机具有低转速恒转矩、高转速恒功率的特性。因为车辆在起步或爬坡阶段即低速时需要大转矩，而在高速时需要足够的功率，所以电机这种特性适合驱动车辆，并且电机可实现倒转的功能，所以电机可以直接驱动车辆。但是若单个电机直接驱动车辆，为了满足车辆大的转矩和转速范围，电机必须做得很大，而且电机长时间工作在低效率区，电机功率得不到充分利用。因此，虽然有单电机直接驱动车辆的情况，但是目前较少采用。

为了使驱动系统有大的转矩和转速范围适合驱动车辆，借鉴燃油汽车的设计与匹配经验，可以采用变速器配合的方式实施，图 3-2 就是电动机配有两档变速器的转矩 - 转速特性曲线。基速 1 为电动机直接档驱动的情况，基速 2 为减速档驱动的情况，从图中可以看出，最大驱动转矩增大了，也就是扩大了驱动系统的转矩范围。因此，在纯电动车辆上一般也配有变速器。和传统车辆一样，变速器有手动机械式变速器、电控机械式变速器、液力机械式变速器和无级自动变速器等。

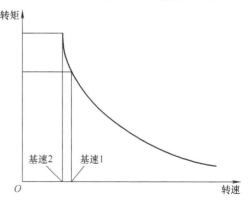

图 3-2　配有两档变速器的电动机
转矩 - 转速特性曲线

1. 单电机驱动手动机械式变速器（MT）

手动机械式变速器（manual transmission，MT）是用手拨动变速杆，改变变速器内的齿轮啮合位置，改变传动比，从而达到变速的目的。踩下离合时，方可拨得动变速杆。因为该结构操作工作量大，换档时机不精确，所以在电动车上采用不多。电动机联合手动机械式变速器的车辆结构如图3-3所示。

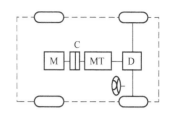

图3-3　电动机联合手动机械式变速器的车辆结构
M—电机　C—离合器　D—差速器

2. 单电机驱动电控机械式变速器（AMT）

电控机械式变速器（automatic mechanical transmission，AMT）是在原机械变速器结构不变的情况下，通过加装由微处理器控制的自动操纵机构，实现换档过程的自动化。AMT 的基本控制原理是：ECU 根据驾驶员的操纵（对加速踏板、制动踏板、转向盘、档区选择器等的操纵）和车辆的运行状态（车速、发动机转速、节气门开度、离合器位置等），进行综合判断，选择合理的控制规律，发出控制指令，借助相应的执行机构，对车辆的动力传动系统进行操纵。相对于 AT 和 CVT 而言，AMT 是由现有的机械变速器进行改造而成的，保留了原来绝大部分的总成部件，仅改变其中手动换档操纵部分，加装自动换档执行机构，生产继承性好，改造费用少，通用性好。

手动机械式变速器的特点是效率高、工作可靠、结构简单、制造和维修成本低。AMT 在此基础上改装，保留了干式离合器与手动变速器的绝大部分总成部件，只将其中的变速杆操纵部分、离合器操纵部分以及节气门操纵部分改为电子控制的自动变速操纵系统（automatic shift control system，ASCS）。

图3-4 是 AMT 的结构组成示意图，该图说明了 AMT 的结构演化及 ASCS 的组成。

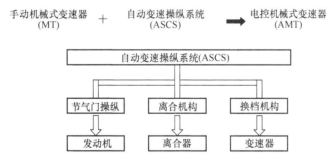

图3-4　AMT 结构组成示意图

3. 单电机驱动液力机械式自动变速器（AT）

将液力变矩器和行星齿轮变速器组合起来并用微处理器（MCU）控制，就构成了液力机械式自动变速器（automatic transmission，AT）。

AT 已有 70 多年的发展历史，一直以来作为主流自动变速器，在轿车上早已广泛应用，虽然存在结构复杂、效率偏低等缺点，但是在越野和频繁起步的条件下，由于液力变矩器自身的良好自适应性，使其无需复杂的控制，特别在重型车辆上其优势更为突出，因此在大型客车、重型自卸车、高通过性军用越野车上 AT 都有广泛的应用。

液力变矩器具有无级连续变速和改变转矩的能力，对外部载荷具有良好的自动调节和适应性，使车辆起步平稳、加速均匀，其减振作用降低了传动系的动载和扭振，延长了传动系的使用寿命，提高了乘坐舒适性。由于液力变矩器效率低，故存在燃油经济性差的问题。AT 的发展过程经历了多次技术革新。20 世纪 60 年代重点采用多元件工作轮来提高液力变矩器的效率；70 年代使用闭锁离合器来提高液力自动变速器在高速时的效率；80 年代通过增加行星齿轮变速器档位来提高性能；90 年代电子技术的大量应用使得液力自动变速器的综合性能得到了很大的提高。AT 结构发展中有代表性的是带超速档的行星齿轮变速器和带高档位闭锁离合器的变矩器，结构发展的方向是简单化、紧凑化、效率最大化。AT 是目前应用最广泛的自动变速器，电子控制和智能控制的发展使其具有了更强的性能，如巡航控制、自适应、自学习、容错处理等。

4. 单电机驱动无级式自动变速器（CVT）

无级式自动变速器（continuously variable transmission，CVT）采用传动带和工作直径可变的主、从动轮相配合来传递动力，可以实现传动比的连续改变，从而得到传动系与发动机工况的最佳匹配。通过传动比的连续变化，CVT 可以使车辆外界行驶条件和发动机负载实现最佳匹配，使发动机在高效区运转、燃烧完全、排放减少、噪声降低，从而充分发挥发动机的潜力，使车辆有良好的动力性、经济性。另外，CVT 传动比连续变化，没有换档冲击，适应舒适性要求。目前，汽车 CVT 按照作用方式的不同和传动形式的差异，可以分为摩擦式无级变速器、电传动式无级变速器、滑动离合器式无级变速器、静液传动式无级变速器、液力传动式无级变速器。其中，摩擦式无级变速器应用较多，有锥盘滚轮式、摩擦行星式、金属带式等不同形式。金属带式无级变速器由于结构简单、传动效率高、传递功率大，成为国内外汽车传动研究和推广的重点之一。

金属带式无级变速器的基本结构如图 3-5 所示。图中，从动轴上的锥盘向内夹紧，迫使金属带向外滑移，而主动轴上的锥盘向外移动，金属带向内滑移，从而改变主动轴和从动轴上金属带的传动半径，由于金属带沿推力方向的线速度不变，因此速比增大到最大值；同理，主动轴上的主动锥盘内移，从动轴上从动锥盘外移，速比减小到最小值。要得到指定大小的速比，就需要精确控制锥盘的移动位置，从而控制金属带的传动半径，通常不论是主动轴上还是从动轴上，都有一个锥盘是可以沿轴向移动的，而另一个则固定在轴上。控制锥盘的移动，实际上就是控制可动锥盘的移动。

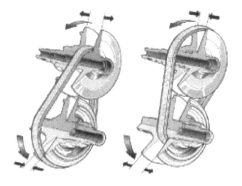

图 3-5　金属带式无级变速器的基本结构

传动带式 CVT 根据带的不同可分为橡胶带式、金属推块式和金属链式等几种，橡胶带式 CVT 多用在摩托车、沙滩车等小型机动车上，目前在汽车上成功实现商业化的是金属推块式和金属链式 CVT。推块式金属带由几百片 V 形推块和两组金属环组成，推块厚度为 14～22mm，在带轮压力作用下，依靠推块推挤力来传递动力。金属环由多层厚度为 0.18mm 的带环叠合而成，在传动中正确引导金属推块的运动。钢链式 CVT 用承受拉力的钢链代替推块式钢带，这种 CVT 最典型的代表就是保时捷的 CVTtip（CVT + Tiptronic）和奥迪的 Multitronic 系统。与推块式金属带相比，钢链式 CVT 能够传递更大的转矩，适用于较大排量的发动机，但在高速时其噪声较大，二者各有优缺点。

（二）多电机独立驱动

所谓独立驱动，是指每个车轮的驱动转矩均可单独控制，各轮的运动状态也相互独立，之间没有硬性的机械连接装置的一种新型驱动方式。现有的独立车轮驱动系统根据构型的不同主要可以分为三种，即电机与减速器组合式驱动系统、轮毂电机驱动系统和轮边电机驱动系统。

1. 电机与减速器组合式驱动系统

电机与减速器组合式驱动系统是采用多台电机通过固定速比减速器和半轴分别驱动各个车轮的驱动系统。由于可将电机和减速器安装在车架上，经过半轴驱动车轮，这种构型可以沿用现有车辆的车身结构和行驶、制动、转向系统，改型容易，便于推广。伊朗 Jovain 电机公司的 Farzad Tahami 和德黑兰大学的 Reza Kazemi 等人改装了一台双电机独立驱动样车，其驱动系统即采用这种构型，如图 3-6 所示。

图 3-6　伊朗组合式独立驱动系统样车

北京理工大学林程等发明了一种具有防滑差速功能的双电机独立驱动车辆并申请了专利，其结构示意如图 3-7 所示。

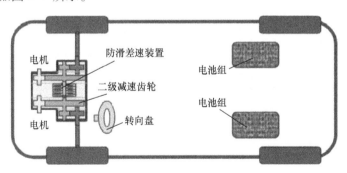

图 3-7　双电机独立驱动电动汽车

2. 轮边电机驱动系统

轮边电机驱动系统可将驱动电机固定在副车架位置，其输出轴直接或间接驱动车轮，如图 3-8 所示。由于轮边电机与车轮相对的独立性，其功率选择范围比轮毂电机更大，而且可以通过改变悬架结构使部分非簧载质量转移至车身，从而减小车轮的惯性，使车辆加速、制动时更加平顺，还可以提高不平路面上的稳定性；另外，非簧载质量的降低可以有效减小轮胎的磨损；再者，从电机维修方面考虑，轮边电机较集成度高的轮毂电机安装调试更方便，能够在减小车轮部分复杂程度的同时，使驱动系统更适合应用。近年来，国内各大厂家加大了对于轮边电机驱动系统的开发，尤其是在中大型车辆上已经取得了长足进步。

3. 轮毂电机驱动系统

轮毂电机驱动系统是一种将驱动电机装在车轮里面的新型驱动系统。这种驱动系统可以进一步缩短从电机到驱动车轮的传递路径，最大程度地减小整车质量，提高传动效率，节约使用成本。轮毂电机驱动系统所选取的电机根据转速的不同又可以分为高速内转子电机和低速外转子电机两种。高速内转子电机体积小、质量小，但需要在装配行星齿轮减速器进行减速增矩后才能驱动车轮，使其驱动效率有所降低；低速外转子电机结构简单、轴向尺寸小，可以直接将外转子安装在车轮轮缘上，与车轮合为一体，直接驱动车轮。由于取消了全部传动系统，采用低速外转子电机驱动系统可以获得最高的驱动效率，但由于高速内转子电机具有比低速外转子电机更高的功率密度，随着紧凑的行星齿轮变速机构的出现，高速内转子电机更具有竞争力。

图 3-8　轮边电机驱动系统

图 3-9 为日本普利司通公司开发的动态吸振轮毂电机驱动系统的外部结构，包括外转子型的第二代和内转子型的第三代。其中，外转子型驱动系统适用尺寸为 18in（1in = 2.54cm）以上的车轮，而内转子型驱动系统适用尺寸为 14in 以上的车轮，且电机本体质量仅为外转子型的 60%。

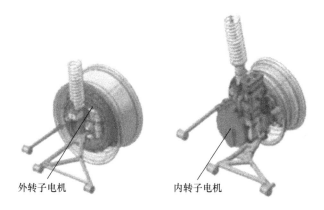

外转子电机　　　　内转子电机

图 3-9　普利司通开发的动态吸振轮毂电机驱动系统的外部结构

（三）多电机耦合驱动

目前车载能源有着较大的限制，高功率密度、高效率的大功率动力驱动系统成为电动车必须着重研究的关键技术之一。单台电机加变速器驱动形式要求电机具有较大的转速和转矩，而电机大转矩要求传动轴变粗，电机高转速带来旋转部件线速度大大提高，这样对电机、机械传动系统的轴承、密封、油封提出新的技术挑战。采用双电机与机械耦合传动形式，降低了单台电机容量，有利于电机和机械传动高转速发展，进一步提高电驱动系统功率密度，有利于实现电动车辆动力驱动系统机电高效集成和高功率密度。动力耦合的方式主要有固定轴齿轮耦合式及行星齿轮耦合式。固定轴齿轮耦合结构简单、控制难度低、造价低、但是体积大、结合平顺性差；行星齿轮耦合结构紧凑、结合平顺性好，但是控制难度大。

1. 多动力耦合系统

日本丰田 THS 系统由发动机、发电机、电动机通过行星齿轮机构实现转速与转矩的耦合，发动机转速与车速没有直接联系，在行驶过程中能使发动机始终处于最佳工况，结构如图 3-10

所示。福特公司开发的 FHS 机电耦合传动总成结构相当于丰田 THS 系统并联了一个齿轮啮合机构，实现了电动机转速和齿圈转速的匹配，充分利用了电机转速，结构如图 3-11 所示。除此之外，还有通用公司提出的 AHS - 2 双排双模式机、TimKen 公司开发的双排行星传动机、由吉林大学等单位联合开发的双行星机构动力耦合无级变速系统、由北京理工大学和华沙工业大学合作开发的混合动力汽车行星齿轮耦合装置等都用到了多动力耦合系统。

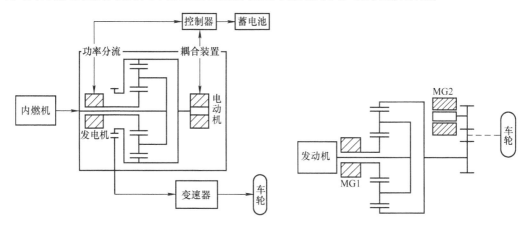

图 3-10　丰田 THS 系统结构图　　　图 3-11　福特 FHS 机电耦合传动总成结构图

2. 双电机耦合驱动

我国城市公共交通拥挤，大部分城市客车长期处于能耗高和排放高的不良工作状态，要建设环境友好型、资源节约型社会，在城市客车中发展纯电动大客车是实现节能减排目标的重要途径之一。由于城市客车质量大、行驶工况复杂，目前车载能源有着较大的限制，高功率密度、高效率的大功率动力驱动系统成为发展纯电动大客车必须着重研究的关键技术之一。电动汽车市场的迅速发展以及国家对发展新能源汽车的重视也带动着对大功率动力驱动系统的大量需求。由于当前大功率电机驱动系统及其传动系统有着较大的限制，采取单台电机集中式驱动形式要求电机具有较大的功率和转矩，而电机大转矩要求传动轴变粗，电机高转速带来旋转部件线速度大大提高，这样对电机、机械传动的可靠性提出新的技术挑战。多动力耦合传动技术的出现为大功率动力驱动系统技术的发展提供了新的解决途径，利用多个小功率电机耦合驱动代替单个大功率驱动电机集中式驱动，可以突破当前大功率电机驱动系统及传动系统的限制，扩大小功率驱动电机的应用范围。

电机行星耦合驱动系统由一组简单行星齿轮机构、两台驱动电机、一个制动器组成。图 3-12 为一种双电机行星耦合驱动结构。在低速时，电机 1 与行星机构太阳轮相连，通过制动器制动齿圈，行星架输出，实现大变速比减速后大转矩输出，满足车辆低速爬坡；在高速时，齿圈解锁，电机 2 与行星机构齿圈相连，与电机 1 通过行星机构实现功率耦合，共同驱动车辆；在车辆由低速模式切换到高速模式的过程中，电机 1 一直处于驱动状态，电机 2 通过零速制动可使齿圈静止，方便制动器解除，制动器解除后电机 2 再转为驱动状态，实现高速两台电机功率耦合；在车辆由高速模式切换到低速模式的过程中，电机 2 通过再生制动迅速将齿圈减速至静止，方便制动器将齿圈锁止，齿圈锁止后电机 2 处于关闭状态。在整个模式切换过程中，充分利用电机 2 零速制动实现了柔性模式切换，制动器与齿圈没有速度差，冲击小。图 3-13 是其耦合结构外形图。

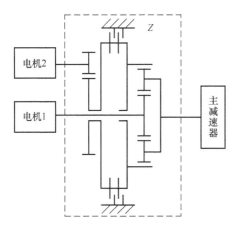

图 3-12　双电机行星耦合驱动结构　　　　图 3-13　双电机行星耦合驱动结构外形

3. 双机械端口电机

双机械端口电机有两个机械端口和两个电气端口，其中内转子与内燃机相连，外转子与输出轴相连，如图 3-14 所示。通过对电气端口进行控制可以完成行星齿轮混合动力总成的全部功能，并具有结构简单、紧凑的特点，很有希望成为先进深度混合动力系统的另一种形式。

新型电力无级变速系统由一套"背靠背"逆变器、一台内燃机和一台双机械端口电机构成。在混合动力汽车应用中，双机械端口电机的内转子与内燃机相连、外转子与输出轴相连。如图 3-15 所示，当内燃机工作在燃油高效区 A 点时，内燃机输出的一部分能量（图中 S1 区域）通过内外转子间电磁场耦合直接传递到输出轴，内燃机的另一部分能量（图中 S3 区域）通过逆变器 2 给电池充电；同时逆变器 1 从电池吸收电能（图中 S2 区域）提供给定子，产生附加助力转矩，从而完成了内燃机工作点不变（在高效区），而输出轴工作点可任意改变的电力无级变速功能。

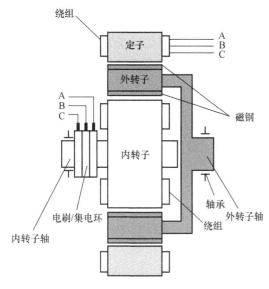

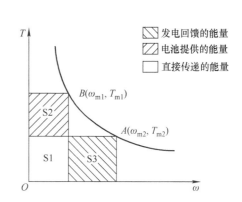

图 3-14　双机械端口电机基本结构　　　　图 3-15　新型电力无级变速系统工作原理图

三、电机控制器组成

纯电动汽车的电机控制器是一个能量转换装置，其主要功能是实现纯电动汽车的电能与机械能之间的转换及逆转换，其主要由低压主控电路、高压驱动电路、功率电子器件、薄膜电容以及其他配套附件组成。其主要实现的功能如下：

1）控制电机驱动机械负载，执行来自整车控制器的目标转矩指令。

2）控制电机转速，执行来自整车控制器的目标转速指令。

3）控制电机发电，执行来自整车控制器的目标转矩命令。

4）通过高速 CAN 总线与其他节点进行数据交换。

5）实现系统的自我保护，保护控制器本身不受损坏，包括过温保护、过压、欠压保护和过流保护等。

电机驱动系统是电动汽车的心脏，直接影响整车系统的效率。在电机控制系统中，电力电子（半导体）器件主要是作为功率开关使用，利用不同的控制技术与开关相配合，达到向电机提供不同极性、不同电压、不同频率、不同相序的供电电压的目的，以此控制电机的起动、转向和转速。图 3-16 是一种比较典型的电动汽车驱动系统结构，电力电子逆变器作为驱动系统的控制中枢，主要由功率开关器件构成，将电池系统供给的直流电通过逆变技术变换为驱动电机所需的交流电。数字控制器通过采集电机信息为电力电子逆变器提供所需要的功率器件的开关信号。上层母排电容在电机驱动系统中起到了稳定母线电压的作用，保证功率器件正常工作而不受开关时产生的过电压影响，同时提供脉宽调制（PWM）过程中的脉动电流。功率器件驱动电路则接收数字控制器的开关信号并反馈相关信息，进而放大开关信号并驱动功率器件，与此同时，该电路能够提供电压隔离和保护功能，以尽可能避免出现功率器件的损坏。

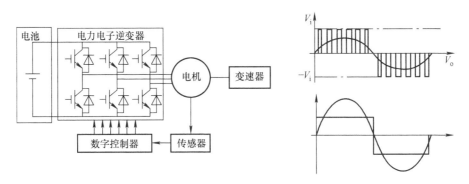

图 3-16　一种比较典型的电动汽车驱动系统结构

图 3-17 是新一代电机驱动系统控制结构示意图，其突出特点是将低压部分与高压部分进行了有机的结合与充分的隔离，实现了系统的一体化总体设计，而且系统结构层次分明，组装装配工艺非常好，有利于系统的安装、调试、维护和保养。

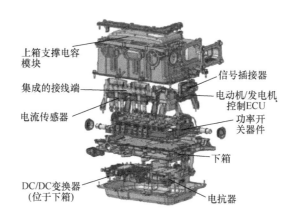

上箱支撑电容模块

集成的接线端

电流传感器

信号插接器

电动机/发电机控制ECU

功率开关器件

下箱

DC/DC变换器（位于下箱）

电抗器

图 3-17　新一代电机驱动系统控制结构示意图

第二节　**电动汽车电机动力需求**

电动车辆的动力特性通常用车辆的加速时间、最高车速和爬坡能力予以评价。在电驱动系统的设计中，固有的电动机额定功率和传动装置参数是为了满足动力性能要求首要考虑的问题，而所有的这些参数设计基本上取决于电驱动系统的转速-功率（转矩）特性。

一、电动汽车受力分析

图 3-18 为作用于车辆驱动轮上的力的示意图，电动汽车的电机输出轴输出转矩 M，经过减速齿轮传动，传到驱动轴上的转矩 M_t，使驱动轮与地面之间产生相互作用，车轮与地面作用一圆周力 F_0，同时，地面对驱动轮产生反作用力 F_t。F_t 与 F_0 大小相等、方向相反，F_t 方向与驱动轮前进方向一致，是推动汽车前进的外力，定义为电动汽车的驱动力。

由力的平衡关系可知

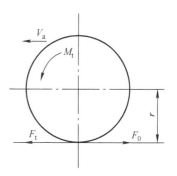

图 3-18　车辆驱动轮受力情况

$$M_t = M i_d i_0 \eta$$

$$F_t = \frac{M_t}{r} = \frac{M i_g i_0 \eta}{r}$$

式中，i_d 为变速器传动比；i_0 为主减速比；η 为传动系统的机械传动效率；r 为轮胎半径。总牵引力 $\sum F_t = F_{tf} + F_{tr}$ 推动车辆向前运动。

驱动力由动力装置的转矩产生，通过传动装置传递，最终驱动车轮。当车辆运动时，将受到阻碍其运动的阻力作用。该阻力通常包括轮胎滚动阻力 F_r、空气阻力 F_w、爬坡阻力 F_g 和加速阻力 F_j。因此，汽车行驶的总阻力为

$$\sum F_t = F_r + F_w + F_g + F_j \tag{3-1}$$

上述诸阻力中，滚动阻力 F_r 和空气阻力 F_w 是在任何条件下都存在的，而爬坡阻力 F_g 和加速阻力 F_j 仅在一定行驶条件下存在。在水平道路上等速行驶时就没有坡度阻力和加速

阻力。

依据牛顿第二运动定律，车辆的加速度可描述为

$$\frac{\mathrm{d}V}{\mathrm{d}t} = \frac{\sum F_t - \sum F}{\delta m} \tag{3-2}$$

式中，V 为车辆速度；$\sum F_t$ 为车辆的总牵引力；$\sum F$ 为总阻力；m 为车辆的总质量；δ 为车辆动力系中表征旋转组件效应的质量系数。式（3-2）表明车辆的速度和加速度取决于牵引力、阻力和车辆的质量。如图 3-19 所示，与车辆运动方向相反的车辆阻力包括轮胎阻力（在图中，表现为滚动阻力矩 T_{f1} 和 T_{f2}）、空气阻力 F_w 以及爬坡阻力 F_g（图中 $G\sin\alpha$ 项）。

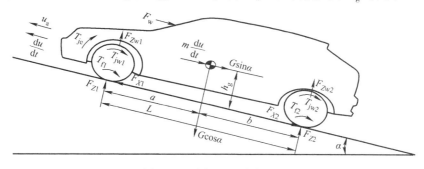

图 3-19　车辆上的受力分析

（一）滚动阻力

车辆在硬地面上，轮胎的滚动阻力基本起因是轮胎材料的滞变作用。它是指在轮胎滚动时，由于轮胎胎壳挠曲所产生的作用，导致地面反作用力的不对称分布。如图 3-20a 所示，在接触面的前半部分压力大于后半部分压力，这一现象导致了地面反作用力向前偏移，该向前偏移的地面反作用力和作用于车轮中心、铅垂方向的载荷产生了一个抵制车轮转动的转矩。在软地面上，滚动阻力基本起因是地面的变形，如图 3-20b 所示。此时，地面的反作用力几乎完全地偏移至接触面的前半部分。

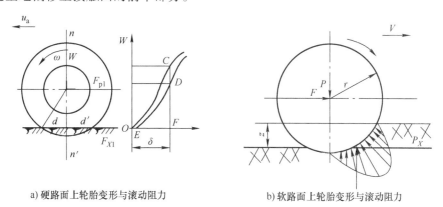

a) 硬路面上轮胎变形与滚动阻力　　　b) 软路面上轮胎变形与滚动阻力

图 3-20　不同路面轮胎的变形与受力

由合成的地面反作用向前偏移所产生的转矩被称为滚动阻力矩，可表达为

$$T_r = Pa \tag{3-3}$$

为保持车轮转动，作用于车轮中心的力 F 应与滚动阻力矩相平衡，即此力应为

$$F = \frac{T_r}{r_d} = \frac{Pa}{r_d} = Pf_r \tag{3-4}$$

式中，r_d 为轮胎的半径；$f_r = \dfrac{a}{r_d}$ 为轮胎阻力系数。这样，滚动阻力矩可通过这一等效力 F 表示，即定义为滚动阻力 F_r

$$F_r = Pf_r \tag{3-5}$$

式中，P 为作用于滚动车轮中心的铅垂方向的载荷。当车辆运行在有坡度的路面上时，铅垂方向的载荷 P 应由与路面正交的分量所代替，也就是说

$$F_r = Pf_r\cos\alpha \tag{3-6}$$

式中，α 为路面的倾斜角。

滚动阻力系数 f_r 取决于轮胎材料、轮胎结构、轮胎温度、轮胎充气压力、外轮胎面的几何形状、路面粗糙度、路面材料和路面上有无液体等因素，它对应于各种不同特征路面的典型值列于表 3-1。近年来，为节省材料，已开发了用于轿车的低阻力轮胎，其滚动阻力系数小于 0.01。

表 3-1 滚动阻力系数

路面状况		滚动阻力系数	路面状况	滚动阻力系数
良好沥青或混凝土路面		0.010 ~ 0.018	泥泞土路（雨季或解冻期）	0.100 ~ 0.250
一般沥青或混凝土路面		0.018 ~ 0.020	干砂	0.100 ~ 0.300
碎石路		0.020 ~ 0.030	湿砂	0.060 ~ 0.150
良好的卵石路面		0.035 ~ 0.050	结冰路面	0.015 ~ 0.030
压紧土路	干燥的	0.025 ~ 0.035	压紧的雪道	0.030 ~ 0.050
	雨后的	0.050 ~ 0.150		

在表 3-1 给出的数值中，滚动阻力系数的大小没有考虑其与车速之间的变化关系。但是实际上行驶车速对滚动阻力系数有很大影响。图 3-21 说明，两种不同的轿车轮胎在车速 100km/h 以下时，滚动阻力逐渐增加但变化不大；在某一车速（如 140km/h）以上时增长较快。车速达到某一临界车速（例如 200km/h）左右时，滚动阻力迅速增长，此时轮胎发生驻波现象，轮胎周缘不再是圆形而呈明显的波浪状。出现驻波后，不但滚动阻力显著增加，轮胎的温度也很快增加到 100℃ 以上，胎面与轮胎帘布层脱落，几分钟内就会出现爆破现象，这对高速行驶的车辆是一件很危险的事情。

同时轮胎的结构、帘线和橡胶的品种，对滚动阻力都有影响。图 3-22 给出了几种不同轿车轮胎的滚动阻力系数随车速与充气压力而变化的曲线。可以看出，轮胎充气压力对 f 值影响很大。气压降低时，f 值迅速增加，这是因为气压降低时，滚动的轮胎变形大，迟滞损失增加。从图中还可以看出，子午线轮胎的滚动阻力系数较低。

基于实测结果，为计算在硬路面上的滚动阻力，许多经验公式已经被提出。例如，在混凝土路面上，轿车的滚动系数可按以下公式计算：

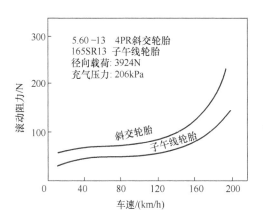

图 3-21 滚动阻力与车速关系

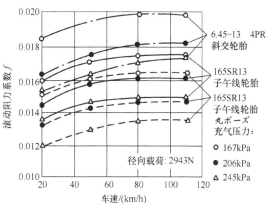

图 3-22 滚动阻力系数与车速和充气压力关系

$$f_r = f_0 + f_s \left(\frac{V}{100} \right)^{2.5} \tag{3-7}$$

式中，V 为车速（km/h）；f_0 和 f_s 取决于轮胎的充气压力。

在车辆性能计算中，可认为滚动阻力系数是速度的线性函数。对混凝土路面上行驶的轿车，可采用如下适合于一般充气压力范围的计算公式：

$$f_r = 0.01 \times \left(1 + \frac{V}{100} \right) \tag{3-8}$$

（二）空气阻力

根据空气动力学原理，汽车在行驶过程中，由于空气动力的作用，在汽车行驶方向上作用于汽车上的分力被称为空气阻力，空气阻力又分为压力阻力和摩擦阻力两部分。

压力阻力：作用在汽车外表面上的法向压力的合力在行驶方向的分力。压力阻力又分为四部分：形状阻力、干扰阻力、内循环阻力和诱导阻力。形状阻力占压力阻力的大部分，与车身主体形状有很大关系；干扰阻力是车身表面突起物（如后视镜、门把手、引水槽、悬架导向杆、驱动轴等）引起的阻力；内循环阻力为发动机冷却系、车身通风等所需空气流经车体内部时构成的阻力；诱导阻力是空气升力在水平方向上的分力。

摩擦阻力：当远离车辆的空气保持静止时，靠近车辆外壳的空气近乎以车速运动，两者之间的空气分子在宽速度范围下相对运动。空气分子之间的速度差异便产生了摩擦力，这就导致了空气阻力中的第二个分量。

在一般轿车中，这几部分阻力的大致比例为：形状阻力占 58%，干扰阻力占 14%，内循环阻力占 12%，诱导阻力占 7%，摩擦阻力占 9%。

空气阻力是车速 V、车辆迎风正面的面积 A_f、空气密度 ρ 和车辆形状的函数。空气阻力可表达为

$$F_W = \frac{1}{2} \rho A_f C_D (V + V_W) \tag{3-9}$$

式中，C_D 是表示车辆形状特征的空气阻力系数；V_W 是在车辆运行方向上的风速分量，当它取向与车速方向相反时为正值，而与车速方向相同则为负值。

式（3-9）表明，空气阻力与 C_D 及 A_f 成正比。一般 A_f 受车内空间限制不宜变小，所以

降低 C_D 是降低空气阻力的主要手段。20 世纪 50 年代初，轿车 C_D 维持在 0.4~0.6 之间，20世纪 90 年代已降到 0.3 左右。现代车身空气动力学的工程师认为，降低轿车车身 C_D 值应从下列几点着手：

1）车身前部：发动机舱盖应向下倾。面与面交接处尽量圆滑，过渡平缓。

2）整车：整个车身应向前倾斜 1°~2°，俯视形状为腰鼓式。

3）汽车后部：最好采用舱背式或直背式，后部加扰流板。

4）车身底部：所有零部件应在车身下平面内且较平整，盖板应向后逐步升高。

5）冷却进风系统：精心选择并改进通风进口、出口位置。

典型汽车的空气阻力系数和迎风面积数据见表 3-2。

表 3-2　典型汽车的空气阻力系数和迎风面积数据

车型		迎风面积 A/m^2	空气阻力系数 C_D	$C_D A/\mathrm{m}^2$	备注
典型轿车		1.7~2.1	0.30~0.41		
货车		3~7	0.6~1.0		
客车		4~7	0.5~0.8		
ZIL-130	空车	4	0.941	3.764	模型试验
	载货用蓬布盖好	4.65	0.816	3.794	
	后面装有厢式车厢	5.8	0.564	3.271	
	油罐车	4	0.716	2.864	
Fiat Uno 70i. e.		1.81	0.30	0.546	
BMW 753i		2.11	0.33	0.696	
Audi 100		2.05	0.30	0.615	
Honda Accord Ex2.0i–16		1.70	0.33	0.561	
Lexus LS 400		2.06	0.32	0.659	
Mercedes 300SE/500SE		2.10	0.34	0.714	
Santana X15		1.89	0.425	0.803	"Motor Fan" 滑行试验，设 f 为常数求得

（三）爬坡阻力

当车辆爬坡或下坡时，其重量将产生一个始终指向下坡方向的分力，如图 3-23 所示。这一分力不是阻碍（上坡时）就是辅助（下坡时）向前的运动。在车辆性能分析中，现仅考虑上坡时的运行状态。由路面坡度所产生的力通常称为爬坡阻力，即

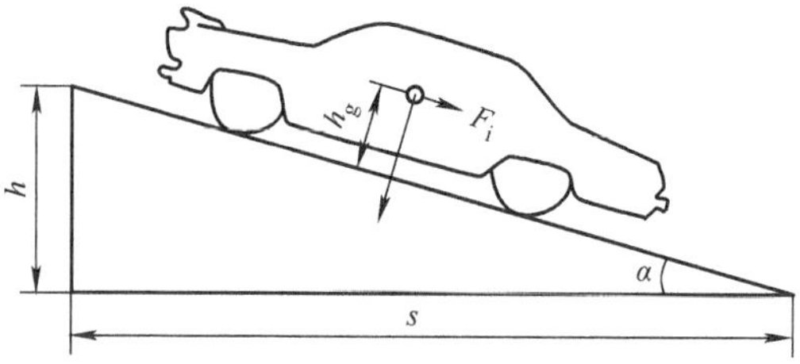

图 3-23　爬坡阻力示意图

$$F_g = Mg\sin\alpha \qquad (3-10)$$

为简化计算，当路面倾斜角较小时，通常采用坡度代替。

坡度定义为

$$i = \frac{H}{L} = \tan\alpha \approx \sin\alpha \qquad (3-11)$$

同时，轮胎的滚动阻力和爬坡阻力一起被称为路面阻力，即

$$F_{rd} = F_f + F_g = Mg(f_r\cos\alpha + \sin\alpha) \tag{3-12}$$

当路面倾斜角较小时，路面阻力可简化为

$$F_{rd} = F_f + F_g = Mg(f_r + i) \tag{3-13}$$

令 $f_r + i = \psi$，ψ 为路面阻力系数，则

$$F_{rd} = Mg\psi \tag{3-14}$$

（四）加速阻力

汽车加速行驶时，其质量加速运动时的惯性力就是加速阻力 F_j。汽车的质量分为平移质量和旋转质量两部分，加速时，不仅平移质量产生惯性力，旋转质量也要产生惯性力偶。为了便于计算，一般把旋转质量的惯性力偶矩转化为平移质量的惯性力，对于固定传动比的汽车，常以系数 δ 作为计入旋转质量惯性力偶矩后的汽车旋转质量换算系数，因而汽车的加速阻力可写为

$$F_j = \delta M \frac{dV}{dt} \tag{3-15}$$

式中，δ 为汽车旋转质量换算系数，$\delta > 1$；M 为汽车质量；$\frac{dV}{dt}$ 为行驶加速度。δ 主要与飞轮的转动惯量、车轮的转动惯量及传动系的传动比有关，根据公式推导为（推导过程略）

$$\delta = 1 + \frac{1}{M}\frac{\sum I_W}{r^2} + \frac{1}{M}\frac{I_f i_g^2 i_0^2 \eta_r}{r^2} \tag{3-16}$$

式中，I_W 为车轮的转动惯量；I_f 为飞轮转动惯量；r 为车轮半径；i_g 为变速器传动比；i_0 为主减速器传动比。

二、动力学方程

对于车辆纵向受力情况，作用在两轴车辆上的主要外力包括：前、后车轮的滚动阻力 F_{rf} 和 F_{rr}，它们分别能够产生滚动阻力矩 T_{rf} 和 T_{rr}；空气阻力 F_W；爬坡阻力 F_g 和分别作用于前、后车轮的牵引力 F_{tf} 和 F_{tr}。对后轮驱动的车辆而言，F_{tf} 为零，而对前轮驱动的车辆，F_{tr} 为零。

纵向车辆运动的动力学方程可表达为

$$M\frac{dV}{dt} = (F_{tf} + F_{tr}) - (F_{rf} + F_{rr} + F_W + F_g) \tag{3-17}$$

式中，$\frac{dV}{dt}$ 为车辆沿纵向的线加速度；M 为车辆的质量。式（3-17）等号右边的第一项是总牵引力，第二项是总阻力。

若想获得轮胎与地面接触面所能支持的最大牵引力，必须确定前、后车轴上铅垂方向的载荷。通过累加作用于点 R（轮胎与地面接触面的中心）的所有力矩，便可得前轴上铅垂方向的载荷 W_f 为

$$W_f = \frac{MgL_b\cos\alpha - \left(T_{rf} + T_{rr} + F_W h_W + Mgh_g\sin\alpha + Mh_g\frac{dV}{dt}\right)}{L} \tag{3-18}$$

同理可得作用于后轴上的铅垂方向载荷 W_r 为

$$W_{\mathrm{r}} = \frac{MgL_{\mathrm{a}}\cos\alpha - \left(T_{\mathrm{rf}} + T_{\mathrm{rr}} + F_{\mathrm{W}}h_{\mathrm{W}} + Mgh_{\mathrm{g}}\sin\alpha + Mh_{\mathrm{g}}\dfrac{\mathrm{d}V}{\mathrm{d}t}\right)}{L} \tag{3-19}$$

式中，L_{a}、L_{b} 分别为前、后车轮与地面接触点到车辆质心的水平距离。

对于轿车，假设空气阻力作用点高度 h_{W} 近似于车辆重心的高度 h_{g}，则式（3-18）和式（3-19）可简化为

$$W_{\mathrm{f}} = \frac{L_{\mathrm{b}}}{L}Mg\cos\alpha - \frac{h_{\mathrm{g}}}{L}\left(F_{\mathrm{W}} + F_{\mathrm{g}} + Mgf_{\mathrm{r}}\frac{r_{\mathrm{d}}}{h_{\mathrm{fg}}}\cos\alpha + M\frac{\mathrm{d}V}{\mathrm{d}t}\right) \tag{3-20}$$

和

$$W_{\mathrm{r}} = \frac{L_{\mathrm{a}}}{L}Mg\cos\alpha + \frac{h_{\mathrm{g}}}{L}\left(F_{\mathrm{W}} + F_{\mathrm{g}} + Mgf_{\mathrm{r}}\frac{r_{\mathrm{d}}}{h_{\mathrm{fg}}}\cos\alpha + M\frac{\mathrm{d}V}{\mathrm{d}t}\right) \tag{3-21}$$

式中，r_{d} 为车轮的有效半径。由式（3-6）和式（3-17），可重写式（3-20）和式（3-21）为

$$W_{\mathrm{f}} = \frac{L_{\mathrm{b}}}{L}Mg\cos\alpha - \frac{h_{\mathrm{g}}}{L}\left[F_{\mathrm{t}} - F_{\mathrm{r}}\left(1 - \frac{r_{\mathrm{d}}}{h_{\mathrm{g}}}\right)\right] \tag{3-22}$$

和

$$W_{\mathrm{r}} = \frac{L_{\mathrm{a}}}{L}Mg\cos\alpha + \frac{h_{\mathrm{g}}}{L}\left[F_{\mathrm{t}} - F_{\mathrm{r}}\left(1 - \frac{r_{\mathrm{d}}}{h_{\mathrm{g}}}\right)\right] \tag{3-23}$$

式中，$F_{\mathrm{t}} = F_{\mathrm{tf}} + F_{\mathrm{tr}}$ 为车辆的总牵引力；F_{r} 为车辆的滚动阻力。式（3-22）和式（3-23）等号右边的第一项分别是当车辆静止在水平地面上时作用在前、后车轴上的静载荷；第二项分别为其铅垂方向载荷的动态分量。

轮胎与地面接触面所能支持的最大牵引力（大于该最大牵引力的任意小量的变化将引起轮胎在地面上的自旋），通常以铅垂方向载荷和路面附着系数 μ 的乘积方式给出。因此，对前轮驱动的车辆应有

$$F_{\mathrm{t,max}} = \mu W_{\mathrm{f}} = \mu\left\{\frac{L_{\mathrm{b}}}{L}Mg\cos\alpha - \frac{h_{\mathrm{g}}}{L}\left[F_{\mathrm{t,max}} - F_{\mathrm{r}}\left(1 - \frac{r_{\mathrm{d}}}{h_{\mathrm{g}}}\right)\right]\right\} \tag{3-24}$$

和

$$F_{\mathrm{t,max}} = \frac{\mu Mg\cos\alpha\,\dfrac{L_{\mathrm{b}} + f_{\mathrm{r}}(h_{\mathrm{g}} - r_{\mathrm{d}})}{L}}{1 + \mu\dfrac{h_{\mathrm{g}}}{L}} \tag{3-25}$$

式中，f_{r} 为滚动阻力系数。而对于后轮驱动的车辆应有

$$F_{\mathrm{t,max}} = \mu W_{\mathrm{f}} = \mu\left\{\frac{L_{\mathrm{a}}}{L}Mg\cos\alpha - \frac{h_{\mathrm{g}}}{L}\left[F_{\mathrm{t,max}} - F_{\mathrm{r}}\left(1 - \frac{r_{\mathrm{d}}}{h_{\mathrm{g}}}\right)\right]\right\} \tag{3-26}$$

和

$$F_{\mathrm{t,max}} = \frac{\mu Mg\cos\alpha\,\dfrac{L_{\mathrm{a}} + f_{\mathrm{r}}(h_{\mathrm{g}} - r_{\mathrm{d}})}{L}}{1 + \mu\dfrac{h_{\mathrm{g}}}{L}} \tag{3-27}$$

车辆行驶时，通过传动装置并由动力装置转换而来的驱动轮上的最大牵引力，不应超过轮胎与地面间附着力式（3-25）和式（3-27）的最大值，否则驱动轮将在地面上打转，导

致车辆的不稳定。

三、驱动电机的特性

电动汽车用电动机需要频繁起动和停车，并承受较大的加速度或减速度，而且要求低速大转矩爬坡，高速小转矩运行和运行速度范围宽，其特性主要体现在：

1）电动机受车辆空间的限制，为减小车辆自重，提高车辆有效载荷的要求，电动机应该具有功率密度较大、效率较高的特点。

2）电动汽车在加速或爬坡时，需要电动机提供 4~5 倍的额定转矩。

3）在电动汽车高速行驶时，电动机应以 4~5 倍的最低转速运行。

4）电动汽车用电动机应根据车辆的驱动特点和驾驶员的习惯设计。

5）电动汽车用电动机应可控性好，稳态精度高。

6）电动汽车用电动机要安装在行驶的车辆上，应该能够承受高温、多变的气候条件和频繁的振动，在恶劣的环境下能够正常工作。

目前，直流电动机（DC）、感应电动机（IM）、直流无刷电动机（BLDC）、永磁同步电动机（PMSM）以及开关磁阻电动机（SR）等在电动汽车上均有不同程度的应用。

电动机是纯电动汽车唯一的动力源，通常适用于电动车辆使用的电动机外特性为在额定转速以下，以恒转矩模式工作；在额定转速以上，以恒功率模式工作。电动汽车用驱动电动机的机械特性如图 3-24 所示，分成两个区域：恒转矩区域和恒功率区域。

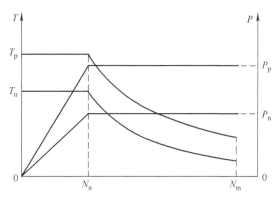

图 3-24　驱动电动机的机械特性

在基速以下为恒转矩区，电动机输出恒转矩；基速以上为恒功率区，电动机输出恒功率，在恒功率区，通过弱磁控制电动机到达最高转速，因此也称弱磁。转速范围要覆盖整个恒转矩区和恒功率区。在调速范围，要具备快速的转矩响应特性。永磁无刷直流电动机转矩密度最高，但它在恒功率区很难高速运行，限制了其最大调速范围。感应电动机易实现恒功率区弱磁升速，也得到较广泛的应用。从电动汽车的行驶工况可以看出，电动机不只工作在额定点，因此要求电动机在整个转矩－转速特性区内都要有高效率。要求高效率应覆盖整个转矩－转速特性区，驱动电动机除了应具备上述要求的机械特性，在整个工作区具有高效率也至关重要，这对电动机设计是很困难的。因此，选用电动机时应使电动机在频繁工作区有高效率。

图 3-25 表明了一台具有不同转速比 $x(x=2、4、6)$ 的 60kW 电动机的转速－转矩特性曲线。显然具有大范围恒功率区域的电动机，其最大转矩能显著提高，因此除了加速和爬坡性能得以改善，传动装置也可简化。但是，每种型式的电动机都有其固有的最高转速比的限值，例如，由于有永磁体，磁场难以衰减，因此永磁电动机具有较小的转速比 $x(x<2)$；开关磁阻电机的转速比可达到 $x>6$；异步电机为 $x\approx4$。

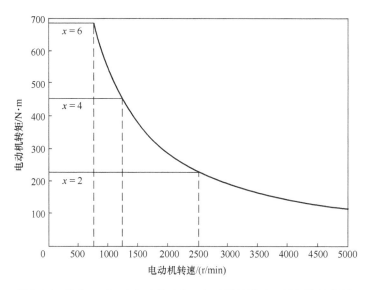

图 3-25　具有 $x = 2$、4 和 6 的 60kW 电动机的转速 – 转矩特性曲线

四、传动装置的特性

传动比的分配是传动装置设计中的一个重要问题和重要参数。车辆传动比包括变速器的传动比和主减速器传动比，电动汽车在最高车速行驶时，以最小传动比的档位行驶，在最大爬坡度时以最大传动比的档位行驶。电动汽车可以选择两档变速器来满足高速行驶和爬坡的要求。如果主减速器传动比满足整车动力性能指标要求，可使用直接档即只使用单档固定速比主减速器。

多档或单档传动装置的应用主要取决于电动机的转速 – 转矩特性。在给定的电动机额定功率下，若其有大范围恒功率区，则单档传动装置将足以在低速情况下提供高牵引力；否则，必须采用多档传动装置。图 3-26 表明一辆配有 $x = 2$ 的牵引电动机和三档传动装置的电

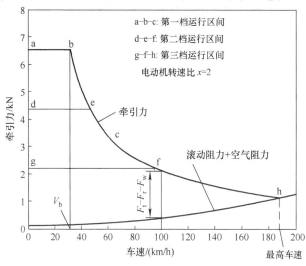

图 3-26　配有 $x = 2$ 的电动机和三档传动装置的电动汽车的牵引力 – 车速特性

动汽车，其牵引力随车速变化的特性。其第一档覆盖了 a－b－c 的车速区间；第二档覆盖了 d－e－f 的车速区间；第三档覆盖了 g－f－h 的车速区间。图 3-27 表明了配置有 $x=4$ 的牵引电动机和两档传动的电动汽车的牵引力特性。其第一档覆盖了 a－b－c 的车速区间；第二档覆盖了 d－e－f 的车速区间。图 3-28 表明了配置有 $x=6$ 的牵引电动机和单档传动装置的电动汽车牵引力的特性。这三种设计具有相同的牵引力随车速变化的特性，因而对应的车辆将有同样加速和爬坡性能。

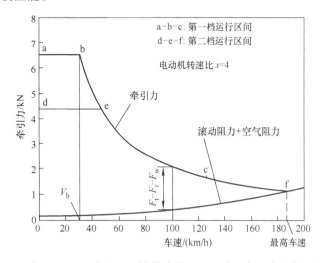

图 3-27　配有 $x=4$ 的电动机和两档传动装置的电动汽车的牵引力 – 车速特性

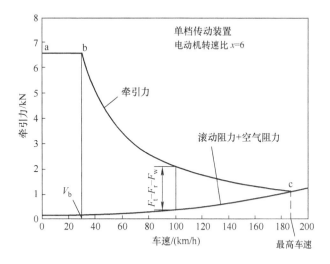

图 3-28　配有 $x=6$ 的电动机和单档传动装置的电动汽车的牵引力 – 车速特性

五、电动车辆动力性能分析

与内燃机汽车一样，电动车辆的动力性能用最高车速、爬坡能力和加速能力来评价。通过牵引力曲线与阻力曲线（主要是滚动阻力和空气阻力）的交点，如图 3-26 ~ 图 3-28 所示，即可求得最高车速。但是，在通常采用较大功率的驱动电机或大传动比的一些设计中，并不存在这样的交点。此时，最高车速可由驱动电机的最高转速求得，即

$$V_{\max} = \frac{\pi N_{m,\max} r_d}{30 i_{g,\min} i_0} \tag{3-28}$$

式中，$N_{m,\max}$ 为驱动电机的最高转速；$i_{g,\min}$ 为传动装置的最小传动比（最高档）。

在衡量车辆的爬坡能力时，认为车辆是匀速行驶的，由电动汽车行驶方程：

$$F_t = F_f + F_w + F_i + F_j \tag{3-29}$$

式中，F_f 为滚动阻力，$F_f = fG\cos\alpha$；F_w 为空气阻力，$F_w = \frac{1}{2}\rho A_f C_D (V + V_W)^2$；$F_i$ 为坡道阻力，$F_i = G\sin\alpha$；F_j 为加速阻力，$F_j = 0$。

因此，车辆所爬坡的坡度角 α 计算公式为

$$\alpha = \arcsin \frac{F_t - F_w}{Mg \sqrt{1 + f^2}} \tag{3-30}$$

在衡量车辆的加速能力时，认为车辆是在水平路面上行驶的。此时，车辆的行驶加速度可以表达为

$$\frac{dV}{dt} = \frac{F_t - F_w - F_f}{\delta M} \tag{3-31}$$

则车辆由起步加速到车速 V 的加速时间为

$$t = \frac{1}{3.6} \int_0^V \frac{dt}{dV} dV = \frac{1}{3.6} \int_0^V \frac{\delta M}{F_t - F_w - F_f} dV \tag{3-32}$$

第三节　电机驱动系统参数匹配设计

一、电机参数匹配

电动汽车用电动机都具有良好的转矩－转速特性，一般具有 6000～15000r/min 的转速。根据车辆的行驶工况，驱动电动机可以在恒转矩区和恒功率区运转。

正确选择电动机的参数非常重要，如果选择过小，电动机经常在过载状态下运行；相反，如果选择太大，电动机经常在欠载状态下运行，效率及功率因数降低，不仅浪费电能，而且增加动力电池的容量，综合经济效益下降。确定电机的参数主要是确定其额定功率、转矩和转速。

选择电动机的额定功率时，应该保证电动汽车能够在各种工况下运行。

电动汽车以最高车速行驶消耗的功率为

$$P_v = \frac{1}{\eta}\left(\frac{Mgf}{3600}V_{\max} + \frac{C_D A_f}{76140}V_{\max}^3\right) \tag{3-33}$$

电动汽车以某一速度 V 爬上一定坡度消耗的功率为

$$P_i = \frac{1}{\eta}\left(\frac{Mgf}{3600}V + \frac{C_D A_f}{76140}V^3 + \frac{Mgi}{3600}V\right) \tag{3-34}$$

电动汽车在水平路面上加速行驶消耗的功率为

$$P_j = \frac{1}{\eta}\left(\frac{Mgf}{3600}V + \frac{C_D A_f}{76140}V^3 + \frac{\delta M}{3600}\frac{dV}{dt}V\right) \tag{3-35}$$

式中，δ 为汽车的旋转质量换算系数。

电动汽车驱动电机的额定功率应能同时满足汽车对最高车速、加速时间以及爬坡度的要求。所以电动汽车驱动电机的额定功率为

$$P_e \geqslant \max \{P_v, P_i, P_j\} \tag{3-36}$$

电机最大功率为 $P_{\max} = \lambda P_e$，其中 λ 为电机的过载系数。

驱动电机转矩 M_m 的选择要满足汽车起步转矩和最大爬坡度的要求。在确定驱动电机的最大转矩时，认为车辆匀速行驶，则此时车辆的行驶方程为

$$F_t = F_f + F_w + F_i \tag{3-37}$$

根据上一节的内容，将驱动力和各阻力的表达式代入，得

$$\frac{M_m i_g i_0 \eta}{r} = fG\cos\alpha + \frac{1}{2}\rho A_f C_D (V + V_W)^2 + G\sin\alpha \tag{3-38}$$

因此，电动机的转矩为

$$M_m = \frac{\left[fG\cos\alpha + \dfrac{1}{2}\rho A_f C_D (V + V_W)^2 + G\sin\alpha\right]r}{i_g i_0 \eta} \tag{3-39}$$

驱动电机的额定转速 n_b 应符合驱动电机的转矩 - 转速特性要求，在起动即低转速时得到恒定的最大转矩，同时在高转速时得到恒定的较高功率；驱动电机最大转速的选择要结合传动系减速比、驱动电机效率和连续转动特性考虑；驱动电机的功率是转矩和转速的函数，在保障转速和转矩要求的情况下，力求最大的工作效率。

二、传动装置参数匹配

在电动机输出特性一定时，传动系的传动比的选择，依赖于整车的动力性能指标要求，即电动汽车传动比的选择应该满足汽车最高期望车速、最大爬坡度以及对加速时间的要求。

（1）传动系速比的上限　传动系速比的上限由电动机最高转速和最大行驶车速确定。

$$i \leqslant \frac{0.377 n_{\max} r}{v_{\max}} \tag{3-40}$$

$$i = i_0 i_g \tag{3-41}$$

式中，i_0 为主减速器的传动比；i_g 为变速器的传动比；$n_{\max}$ 为电动机的最高转速；$v_{\max}$ 为最高车速；r 为车轮有效半径。

（2）传动系速比的下限　传动系速比的下限由下述两种方法算出的传动系统速比的最大值确定。

由电动机最高转速对应的最大输出转矩和最大行驶车速对应的行驶阻力确定传动系速比下限为

$$i \geqslant \frac{F_{v,\max} r}{\eta M_{v,\max}} \tag{3-42}$$

式中，$F_{v,\max}$ 为最高车速下对应的行驶阻力；$M_{v,\max}$ 为电动机最高转速对应的输出转矩；η 为系统的传动效率。

由电动机的最大输出转矩和最大爬坡度对应的行驶阻力确定传动系的速比下限为

$$i \geqslant \frac{F_{i,\max} r}{\eta M_{i,\max}} \tag{3-43}$$

式中，$F_{i,\max}$ 为最大爬坡度对应的行驶阻力；$M_{i,\max}$ 为电动机最大输出转矩。

参 考 文 献

[1] 余志生. 汽车理论 [M].4 版. 北京：机械工业出版社，2009.

[2] WALLENTOWITZ H. 汽车工程学Ⅰ：汽车纵向动力学（英文版）[M]. 王霄锋，编注. 北京：机械工业出版社，2009.

[3] SEIFFER U, WALTZER P. The future for automotive technology [M]. London：Pinter, 1984.

[4] 何洪文，余晓江，孙逢春，等. 电动汽车电机驱动系统动力特性分析 [J]. 中国电机工程学报，2006，26（6）：136-140.

[5] 冯旭翀. 新能源纯电动汽车永磁同步电机控制器开发 [D]. 广州：华南理工大学，2020.

[6] HOLMES A G. Two range electrically variable power transmission：US6945894B2 [P]. 2005-09-20.

[7] VOELCKER J. Chevy Volt sparks a series of plug-in hybrids [J]. IEEE Spectrum, 2011, 48（2）：16-18.

[8] 邹乃威. 无级变速混合动力汽车动力耦合及速比控制研究 [D]. 长春：吉林大学，2009.

[9] 邹乃威，刘金刚，周云山，等. 混合动力汽车行星机构动力耦合器控制策略仿真 [J]. 农业机械学报，2008，29（3）：5-9.

[10] 周云山，苏建业，刘金刚，等. 混合动力汽车用新型无级变速传动系统的研究 [J]. 农业机械学报，2008，39（4）：180-182.

[11] 黄光贤，林逸，何洪文，等. 混合动力电动汽车机电动力耦合系统现状及发展趋势 [J]. 上海汽车，2006（7）：2-5.

[12] New Atlas. Michelin Active Wheel System to hit roads in 2010 [EB/OL].（2008-12-03）[2024-04-15]. http://www.gizmag.com/michelin-active-wheel-production-electric-car-by-2010/10489/.

[13] 褚文强，辜承林. 国内外轮毂电机应用概况和发展趋势 [J]. 微电机，2007（9）：77-81.

[14] 温旭辉，赵峰，范涛，等. 基于双机械端口电机的新型电力无级变速系统研究 [J]. 电工技术学报，2007，22（7）：24-28.

[15] 陈骁，黄声华，万山明，等. 无刷双馈双机械端口电机原理及数学建模 [J]. 微电机，2009，42（12）：5-8+33.

[16] ZHANG C N, WU X H, WANG Z F, et al. Mode switching control strategy of dual motors coupled driving on electric vehicles [J]. Journal of Beijing Institute of Technology, 2011, 20（3）：394-398.

[17] 梁海波，高卫民. THS-Ⅱ系统动力分配模式的研究 [J]. 机械设计与制造，2007（2）：115-117.

[18] MUTA K, YAMAZAKI M, TOKIEDA J. Development of new-generation hybrid system THS Ⅱ-Drastic improvement of power performance and fuel economy：2004-01-0064 [R]. Warrendale：SAE International, 2004.

[19] 通用汽车环球科技运作公司. 双模式电动变速器：200610163903.7 [P]. 2008-04-30.

[20] SCHMIDT M R, KLEMEN D, HOLMES A G. Powertrain with electrically variable transmission：US7169073B2 [P]. 2007-01-30.

[21] USORO P B. Hybrid transmissions having three motor/generators and three interconnected planetary gear sets：US7422534B2 [P]. 2008-09-09.

[22] 全国汽车标准化技术委员会. 电动汽车 动力性能 试验方法：GB/T 18385—2005 [S]. 北京：中国标准出版社，2005.

[23] 全国汽车标准化技术委员会. 电动汽车 定型试验规程：GB/T 18388—2005 [S]. 北京：中国标准出版社，2005.

[24] 全国汽车标准化技术委员会. 混合动力电动汽车 动力性能 试验方法：GB/T 19752—2005 [S]. 北京：中国标准出版社，2005.

第 四 章

异步驱动电机控制

交流电机可分为交流同步电机和交流异步电机两大种类，如果电机转子的转速与定子旋转磁场的转速相等，转子与定子旋转磁场在空间同步旋转，这种电机就称为同步电机；否则，则称为异步电机。交流异步电机具有结构简单、价格便宜、运行可靠、维护方便、效率较高的优点，得到广泛应用；其主要缺点在于功率因数低，运行时必须从电网吸收无功电流来建立磁场，故其功率因数小于1。三相异步电机有笼型异步电机和绕线转子异步电机两种。在新能源汽车的应用中，笼型异步电机较为广泛。

第一节　异步驱动电机结构

三相异步电机的两个基本组成部分为定子（固定部分）和转子（旋转部分）。此外还有端盖、接线装置、风扇等附属部分，如图 4-1 所示。

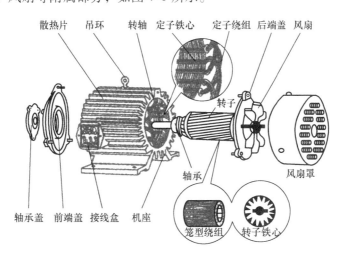

图 4-1　笼型异步电机的构造

三相异步电机的定子和转子铁心是由层叠、压紧的硅钢片组成的；两端采用端盖封装；定子铁心内圆和转子铁心外圆有均匀分布的槽，其作用是嵌放绕组，定子三相绕组使用绝缘导线绕制；机座用铸铁、铸钢或铸（挤压）合金铝制成，其作用是固定定子铁心和绕组。

第二节 异步驱动电机稳态工作特性

异步电机的工作特性是指电机在保持输入额定电压和额定频率不变的情况下，电机的转速、电磁转矩、定子电流、效率和功率因数随输出功率变化的特性。转速特性和转矩特性关系到电机与机械负载匹配的合理性；定子电流特性可以表明电动机的发热情况，关系到电动机运行的可靠性和使用寿命；效率特性和功率因数特性关系到电动机运行的经济性。图 4-2 为典型的异步电机工作特性曲线图。

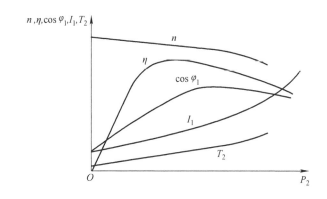

图 4-2 典型的异步电机工作特性曲线图

一、转速特性

异步电机的转差率 s 是一个很重要的运行参数，它不但与转速有关，而且与输出功率有关。

转差率与转子电流成正比。理想空载时，$I_2 = 0 \rightarrow s = 0 (n = n_0)$；随着输出功率的增大，转差率也增大，转速则降低；为了保证电机的高效率，负载时转子铜损不能过大，因此负载时转差率限制在一个很小的数值范围内，额定负载时转差率为 0.02 ~ 0.06，相应的额定转速为 $(0.98 ~ 0.94)n_0$。

二、电流特性

由磁势平衡方程式的电流形式 $I_1 = I_0 + (-I_2)$ 可知，理想空载时 $I_2 = 0$，所以 $I_1 = I_0$。随着负载的增加，转子电流增大，定子电流及磁势也随之增加，抵消转子电流产生的磁势，以保证磁势的平衡，所以定子电流随输出功率的增大而增大。

三、功率因数特性

异步电机是从滞后的无功功率进行励磁的，空载时定子电流基本上是励磁电流，功率因数很低，仅为 0.1 ~ 0.2。随着负载增加，转子电流增大，转子电路功率因数升高，所以定子电流中有功功率分量增加使功率因数上升。在额定负载附近，功率因数达到最大值。超过额定负载后，由于转速降低使转差率 s 明显增大，转子功率因数下降较多，功率因数使定子电流中与之平衡的无功分量增大，功率因数有所下降。

四、转矩特性

稳态运行时异步电机电磁转矩：

$$T = T_0 + T_2 = T_0 + \frac{P_2}{\Omega} \tag{4-1}$$

电机从空载到额定负载之间，转速变化很小，空载转矩基本不变，所以电磁转矩与转速成反比。

五、效率特性

$$\eta = \frac{P_2}{P_1} = \frac{P_2}{P_2 + P_{Cu1} + P_{Fe1} + P_{Cu2} + P_{Fe2} + P_0} \tag{4-2}$$

当不变损耗等于可变损耗时，异步电机的效率达到最高。对于中小型电机，当 $P_2 = (0.75 \sim 0.90) P_N$ 时效率最高；如继续增加负载，效率反而降低。一般来说电动机容量越大，效率越高。

第三节　异步驱动电机变压变频调速特性

在异步电机调速系统中，调速性能最好、应用最广泛的系统是变压变频调速系统。在这种系统中，要调节电机的转速，需同时调节定子供电电源的电压和频率，可以使机械特性平滑地上下移动，并获得很高的运行效率。但是，这种系统需要一台专用的变压变频电源，增加了系统的成本。近来，由于交流调速日益普及，对变压变频器的需求量不断增长，加上市场竞争的因素，其售价逐渐走低，使得变压变频调速系统的应用与日俱增。下面将叙述异步电机的变压变频调速原理和调速特性。

一、异步电机变压变频调速原理

在进行电机调速时，常需考虑的一个重要因素就是：希望保持电机中每极磁通量 Φ_m 为额定值不变。如果磁通太弱，就不能充分利用电机的铁心；如果过分增大磁通，又会使铁心饱和，从而导致过大的励磁电流，严重时会因绕组过热而损坏电机。在交流异步电机中，由于磁通是由定子和转子磁动势合成产生的，需要采取一定的控制方式才能保持磁通恒定。

三相异步电机定子每相电动势的有效值为

$$E_g = 4.44 f_1 N_s k_{N_s} \Phi_m \tag{4-3}$$

式中，E_g 为气隙磁通在定子每相中感应电动势的有效值（V）；f_1 为定子频率（Hz）；N_s 为定子每相绕组串联匝数；k_{N_s} 为定子基波绕组系数；Φ_m 为每极气隙磁通量（Wb）。由式（4-3）可知，只要控制好电动势 E_g 和频率 f_1，便可达到控制磁通 Φ_m 的目的，对此，需要考虑基频（额定频率）以下和基频以上两种情况。

（一）基频以下调速

由式（4-3）可知，要保持 Φ_m 不变，当频率 f_1 从额定值 f_{1N} 向下调节时，必须同时降

低电动势 E_g 使 $\dfrac{E_g}{f_1}$ = 常值，即采用电动势频率比为恒值的控制方式。

然而，绕组中的感应电动势是难以直接控制的，当电动势值较高时，可以忽略定子绕组的漏磁阻抗压降，而认为定子相电压 $U_s \approx E_g$，则得 $\dfrac{U_s}{f_1}$ = 常值，这是恒压频比的控制方式。

低频时，U_s 和 E_g 都较小，定子漏磁阻抗压降所占的分量就比较显著，不能再忽略。这时，可以人为地把电压 U_s 抬高一些，以便近似地补偿定子压降。带定子压降补偿的恒压频比控制特性如图 4-3 所示的 b 线，无补偿的控制特性则为 a 线。

在实际应用中，由于负载大小不同，需要补偿的定子压降值也不一样，在控制软件中，须备有不同斜率的补偿特性，以便用户选择。

（二）基频以上调速

在基频以上调速时，频率应该从 f_{1N} 向上升高，但定子电压 U_s 不可能超过额定电压 U_{sN}，最多只能保持 $U_s = U_{sN}$，这将迫使磁通与频率成反比地降低，相当于直流电动机弱磁升速的情况。

把基频以下和基频以上两种情况的控制特性画在一起，如图 4-4 所示。如果电动机在不同转速时所带的负载都能使电流达到额定值，即都能在允许温升下长期运行，则转矩基本上随磁通变化，按照电气传动原理，在基频以下，磁通恒定时转矩也恒定，属于"恒转矩调速"性质，而在基频以上，转速升高时，转矩降低，基本上属于"恒功率调速"性质。

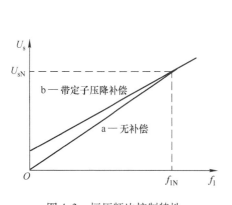

图 4-3　恒压频比控制特性

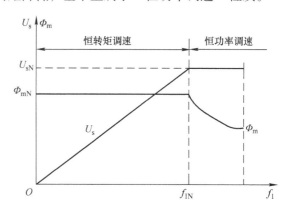

图 4-4　异步电机变压变频调速的控制特性

二、异步电机变压变频调速的机械特性

（一）恒压恒频正弦波供电时异步电机的机械特性

异步电机正常工作时，定子由恒压恒频的正弦波电源供电，由于定子电压 U_s 和电源角频率 ω_1 均为恒值，这时的机械特性方程式 $T_e = f(s)$ 可写成如式（4-4）所示的形式：

$$T_e = 3n_p \left(\dfrac{U_s}{\omega_1}\right)^2 \dfrac{s\omega_1 R'_r}{(sR_s + R'_r)^2 + s^2 \omega_1^2 (L_{ls} + L'_{lr})^2} \tag{4-4}$$

当 s 很小时，可忽略上式分母中含 s 各项，则

$$T_e \approx 3n_p \left(\frac{U_s}{\omega_1}\right)^2 s\omega_1' \propto s \tag{4-5}$$

也就是说，当 s 很小时，转矩近似与 s 成正比，机械特性 $T_e = f(s)$ 是一段直线，当 s 逐渐增大后，机械特性呈现明显的非线性，如图4-5所示。

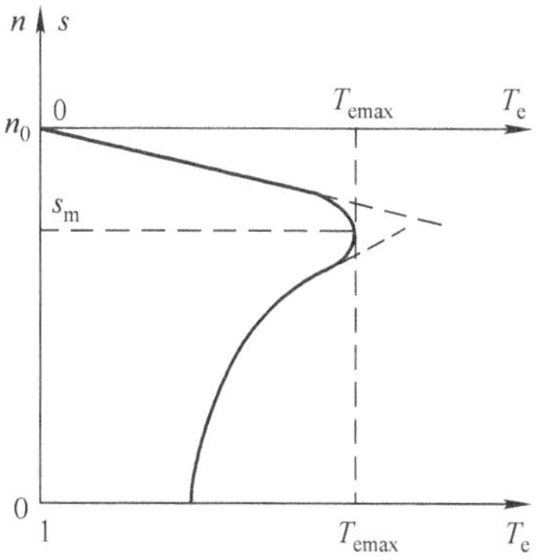

（二）基频以下电压－频率协调控制时的机械特性

由式（4-4）可以看出，当负载要求某一组转矩 T_e 和转速 n（或转差率 s）的数值时，电压 U_s 和频率 ω_1 可以有多种配合。在 U_s 和 ω_1 的不同配合下，机械特性也是不一样的，因此有不同方式的电压－频率协调控制。

1. 恒压频比控制

前已指出，为了近似地保持气隙磁通 Φ_m 不变，以便充分利用电动机铁心，发挥电动机产生转矩的能力，在基频以下须采用恒压频比控制。这时，同步转速 n_0（r/min）自然要随频率变化。

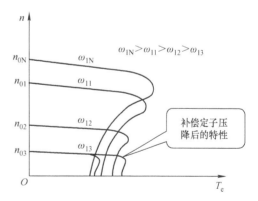

图4-5　恒压恒频时异步电机的机械特性

$$n_0 = \frac{60\omega_1}{2\pi n_p} \tag{4-6}$$

带负载时，转速降落 Δn（r/min）为

$$\Delta n = sn_0 = \frac{60}{2\pi n_p} s\omega_1 \tag{4-7}$$

在式（4-7）所表示的机械特性近似直线段上，可以导出

$$s\omega_1 \approx \frac{R_r' T_e}{3n_p \left(\frac{U_s}{\omega_1}\right)^2} \tag{4-8}$$

由此可见，当 U_s/ω_1 为恒值时，对于同一转矩 T_e 值，$s\omega_1$ 基本不变，因而 Δn 也是基本不变的。这就是说，在恒压频比的条件下，改变频率 ω_1 时，机械特性基本上也是平行下移，如图4-6所示。异步电动机的机械特性上有一个转矩的最大值，见式（4-9），频率越低，最大转矩值越小，频率很低时，$T_{e,max}$ 太小，将限制电动机的带载能力，采用定子压降补偿，适当地提高电压 U_s，可以增强带载能力，如图4-6所示。

图4-6　恒压频比控制时变频调速的机械特性

$$T_{e,max} = \frac{3n_p}{2}\left(\frac{U_s}{\omega_1}\right)^2 \frac{1}{\dfrac{R_s}{\omega_1} + \sqrt{\left(\dfrac{R_s}{\omega_1}\right)^2 + (L_{ls} + L_{lr}')^2}} \tag{4-9}$$

2. 恒 E_g/ω_1 控制

如果在电压－频率协调控制中，恰当地提高电压 U_s 的数值，使它在克服定子阻抗压降以后，能维持 E_g/ω_1 为恒值（基频以下），则由式（4-3）可知，无论频率高低，每极磁通

Φ_{m} 均为常值，且由图 4-7 所示的等效电路可以推导出式（4-10）。

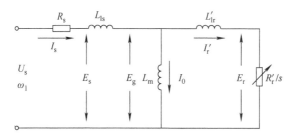

图 4-7　异步电机的稳态等效电路

$$I'_{r} = \frac{E_{g}}{\sqrt{\left(\dfrac{R'_{r}}{s}\right)^{2} + \omega_{1}^{2} L'_{1r}}} \tag{4-10}$$

代入电磁转矩关系式，得

$$T_{e} = \frac{3n_{p}}{\omega_{1}} \frac{E_{g}^{2}}{\left(\dfrac{R'_{r}}{s}\right)^{2} + \omega_{1}^{2} L_{1r}^{2}} \frac{R'_{r}}{s} = 3n_{p} \left(\frac{E_{g}}{\omega_{1}}\right)^{2} \frac{s\omega_{1} R'_{r}}{R_{r}^{2} + s^{2} \omega_{1}^{2} L_{1r}^{2}} \tag{4-11}$$

这就是恒 E_{g}/ω_{1} 时的机械特性方程式。机械特性曲线的形状与恒压频比特性相似，图 4-8 中给出了不同控制方式时的机械特性。

将式（4-11）对 s 求导，并令 $dT_{e}/ds = 0$，可得恒 E_{g}/ω_{1} 控制特性在最大转矩时的转差率

$$s_{m} = \frac{R'_{r}}{\omega_{1} L'_{1r}} \tag{4-12}$$

和最大转矩

$$T_{e,max} = \frac{3}{2} n_{p} \left(\frac{E_{g}}{\omega_{1}}\right)^{2} \frac{1}{L'_{1r}} \tag{4-13}$$

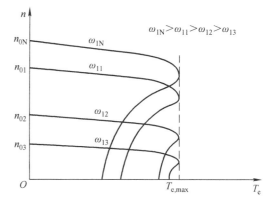

图 4-8　恒 E_{g}/ω_{1} 控制时变频调速的机械特性

值得注意的是，在式（4-13）中，当 E_{g}/ω_{1} 为恒值时，$T_{e,max}$ 恒定不变。可见恒 E_{g}/ω_{1} 控制的稳态性能是优于恒 U_{s}/ω_{1} 控制的，它正是恒 U_{s}/ω_{1} 控制中补偿定子压降所追求的目标。

3. 恒 E_{r}/ω_{1} 控制

如果把电压 – 频率协调控制中的电压 U_{s} 再进一步提高，把转子漏抗上的压降也抵消掉，得到 E_{r}/ω_{1} 控制，由图 4-7 可得

$$I'_{r} = \frac{E_{r}}{R'_{r}/s} \tag{4-14}$$

代入电磁转矩关系式，得

$$T_{e} = \frac{3n_{p}}{\omega_{1}} \frac{E_{r}^{2}}{\left(\dfrac{R'_{r}}{s}\right)^{2}} \frac{R'_{r}}{s} = 3n_{p} \left(\frac{E_{r}}{\omega_{1}}\right)^{2} \frac{s\omega_{1}}{R'_{r}} \tag{4-15}$$

显然，这时的机械特性 $T_e = f(s)$ 完全是一条直线，如图4-9所示。

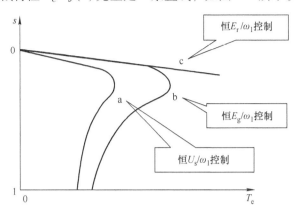

图4-9　不同电压－频率协调控制时的机械特性

显然，恒 E_r / ω_1 控制的稳态性能最好，可以获得和直流电动机一样的线性机械特性。由电动势和磁通的关系可以看出，当频率恒定时，电动势 E_r 与转子全磁通 Φ_{rm} 幅值成正比。

由此可见，只要能够按照转子全磁通幅值 $\Phi_{rm} =$ 恒值进行控制，就可以获得恒 E_r / ω_1 了。

（三）基频以上恒压变频控制时的机械特性

在基频 f_{1N} 以上变频调速时，由于电压 $U_s = U_{sN}$ 不变，式（4-4）的机械特性方程式可写成

$$T_e = 3n_p U_{sN}^2 \frac{sR_r'}{\omega_1 \left[(sR_s + R_r')^2 + s^2 \omega_1^2 (L_{ls} + L_{lr}')^2 \right]} \tag{4-16}$$

而式（4-9）的最大转矩表达式可改写成

$$T_{e,max} = \frac{3}{2} n_p U_{sN}^2 \frac{1}{\omega_1 \left[R_s + \sqrt{R_s^2 + \omega_1^2 (L_{ls} + L_{lr})^2} \right]} \tag{4-17}$$

同步转速的表达式仍和式（4-6）一样。由此可见，当角频率 ω_1 提高时，同步转速随之提高，最大转矩减小，机械特性上移，而形状基本不变，如图4-10所示。

由于频率提高而电压不变，气隙磁通势必减弱，导致转矩的减小，但转速却升高了，可以认为输出功率基本不变。所以基频以上变频调速属于弱磁恒功率调速。

最后应该指出，以上所分析的机械特性都是在正弦波电压供电下的情况。如果电压源中含有谐波，将使机械特性受到扭曲，并增加电动机中的损耗。因此在设计变频装置时，应尽量减少输出电压中的谐波。

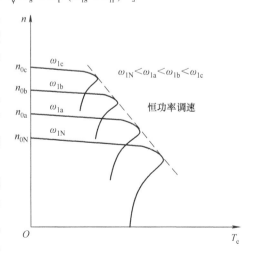

图4-10　基频以上恒压变频控制时的机械特性

第四节　逆　变　技　术

一、三相电压型逆变器的构成

逆变器种类繁多，按照主开关器件来分，有晶闸管（thyristor）、门极可关断晶闸管（GTO）、金属氧化物场效应晶体管（MOSFET）、绝缘栅双极型晶体管（IGBT）、集成门极换流晶闸管（IGCT）等；按照输出电平数目来分，有两电平逆变器和多电平逆变器等；按照输出电压电流特性来分，有电流型逆变器（current source inverter，CSI）、电压型逆变器（voltage source inverter，VSI）以及近年来出现的 Z 源逆变器等。除非特别指出，本书中的电压型逆变器均指采用 IGBT 器件的两电平电压型逆变器。

图 4-11 给出了三相逆变器装置的整体结构示意图与构成该装置的各主要部件。它的输入为直流电，输出为三相交流电，装置的正面有与外部控制信号相连接的插座，底部安装有散热器。电动汽车驱动电机用逆变器通常采用水冷，所以图中给出了进水孔（较低位置）、出水孔（较高位置）及水路示意图，水路需经过优化设计，从而对逆变器各主要发热部件进行有效散热。

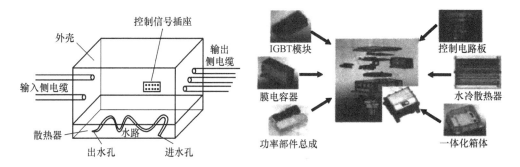

图 4-11　VSI 装置结构示意图与构成装置的各主要部件

二、三相两电平电压型逆变器工作方式

图 4-12 所示三相两电平电压型逆变器有上下两个桥臂，每一个桥臂均采用一只主管 V 和一只续流二极管 VD 反并联构成。

（一）能量传递的三种方式

假定逆变器的三相电流方向如图 4-12 中箭头所示，则

1）若 A 相电流流经两主管，例如 A 相电流从电源正端流经 V_1、A 相绕组、B 相绕组、V_6、电源负端，此时能量从直流电源传递到绕组。

2）若 A 相电流流经一个主管和一个续流二极管，例如 A 相电流流经 V_1、A 相绕组、B 相绕组、VD_3，此时能量通过续流二极管进行续流。

3）若 A 相电流流经两续流二极管，例如 A 相电流从电源负端流经 VD_4、A 相绕组、B 相绕组、VD_3、电源正端，此时能量从绕组传递到直流电源。

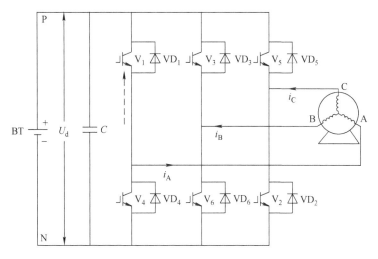

图 4-12　三相两电平电压型逆变拓扑电路示意图

（二）三相电压型逆变器的两种导通模式

图 4-12 所示的电压型逆变器有两种工作方式。一种是 120°导通方式，如图 4-13a 所示，在任何时刻都只有不同相的两只主管导通。同一相的两只主管在 1 个周期内各导通 120°，它们之间切换时分别有 60°的间隙时间。当某相没有主管导通时，该相的感性电流经由该相的续流二极管流通。

电压型逆变器的另一种工作方式是 180°导通方式，如图 4-13b 所示，任何时刻都有不同相的 3 只主管导通。同一相上下两个桥臂的主管交替导通，各自导通半个周期（即 180°）。1 个周期内各主管按照图 4-13b 的顺序循环工作。可以看出每次换相都是在同一相上下两个桥臂之间进行的，因此又称为纵向换相。在换流瞬间，为了防止同一相上下两臂的主管同时导通而引起直流电源的短路，通常采用"先断后通"的方法，即先给应关断的主管关断信号，待其关断后留有一定的时间裕量，然后再给应导通的主管开通信号，两者之间留有一段短暂的死区时间（死区时间与器件关断速度有关，大功率器件的死区一般设置为微秒级）。

图 4-13　三相电压型逆变器的导通模式

（三）输出相电压特点

由于电压型逆变器的直流侧采用大容量的电容器进行储能、滤波与稳压，所以直流侧电压可以近似认为恒定（有时在电容器前端串联一只电感器加强滤波并限制直流侧电流的变化率）。从交流侧负载看，逆变器的内阻很小，相当于电压源。

以 A 相为例，分析 180°导通模式下逆变器的输出电压特性。当 V_1 接收到门极开通信号后，如果 A 相电流如图 4-12 中实线箭头所示，那么 V_1 导通，VD_1 关断，因而 A 相输出电位为逆变器正端 P 点电位（忽略开关器件的导通压降）；如果 A 相电流为如图 4-12 中虚线箭头所示的反向电流时，那么 V_1 关断，VD_1 导通，因而 A 相输出电位仍是逆变器正端 P 点的电位。若以 N 点电位为参考电位，当 V_1 导通、V_4 关断时，A 相输出电压为 U_d；当 V_1 关断、V_4 导通时，A 相输出电压为 0，即逆变器的输出电压被钳位为矩形波，与负载性质无关。

三、SVPWM 工作原理

空间矢量脉宽调制（space vector pulse width modulation）源于交流电动机定子磁链跟踪的思想。它宜于数字控制器实现，且有输出电流波形好、直流环节电压利用率高等优点，现在不仅在交流电动机的控制中，而且在三相电力系统等领域中也得到了广泛的应用。

（一）两电平电压型逆变器电压空间矢量及扇区分布

式（4-18）根据定子三相电压定义了定子电压矢量，其中引入的旋转矢量因子表示的是空间电角度，因此称该电压矢量为空间矢量。如果已知电压空间矢量，也可以分别求出相应的三相电压分量 u_A、u_B、u_C。

$$U_S = 2\left[u_A(t) + u_B(t)e^{j\frac{2\pi}{3}} + u_C(t)e^{j\frac{4\pi}{3}}\right]/3 \tag{4-18}$$

$$u_A = \mathrm{Re}\{U_S\}$$
$$u_B = \mathrm{Re}\{U_S e^{-j\frac{2\pi}{3}}\} \tag{4-19}$$
$$u_C = \mathrm{Re}\{U_S e^{-j\frac{4\pi}{3}}\}$$

当定子三相电压为对称的正弦电压时，式（4-18）定义的电压矢量是一个幅值与相电压峰值相等的空间矢量。矢量端点的运动轨迹是一个圆，运动的角速度为相电压的电角频率。根据两电平电压型逆变器工作在 180° 导通模式下三相开关信号与逆变器状态的关系，式（4-18）可以改写为

$$U_S = 2U_d\left[S_A(t) + S_B(t)e^{j\frac{2\pi}{3}} + S_C(t)e^{j\frac{4\pi}{3}}\right]/3 \tag{4-20}$$

可以看出电压空间矢量会随 3 个开关信号发生变化。将各相上桥臂导通、下桥臂关断按位记为 1，各相上桥臂关断、下桥臂导通按位记为 0。三相上下桥臂的导通状态共计 8 种组合状态，U_0 与 U_7 为零电压矢量，在开关管循环导通时用于过渡阶段。其余 6 个为非零电压矢量，非零电压矢量的幅值均为 $2U_d/3$。8 个基本电压矢量将逆变器的一个工作周期平均分成相隔 60° 相位的 6 个扇区，如图 4-14 所示。

（二）两电平电压型逆变器基本电压空间矢量线性组合

为了引导电机的定子磁链沿着图 4-14 中所示的准圆形轨迹移动，电压型逆变器必须在适当的时刻切换到合适的电压空间矢量。由电机控制策略可以得到一个期望的定子电压空间矢量给定值 U_S，或者说电机的控制目标是在 T 的时间内，控制电机定子磁链矢量的端点从点 A′ 移动到点 A″，接下来的具体工作就是控制电压型逆变器从 8 个基本电压空间矢量中做选择，以使其在 T 内实际输出的电压空间矢量对时间的积分与 $U_S T$ 相等，即定子磁链变化量相等。以第 3 扇区为例，见式（4-21）。

$$U_S T = U_4 T_4 + U_6 T_6 \tag{4-21}$$

如图 4-15 所示，为方便计算，根据期望的定子电压空间矢量给定值 U_S 进行 Clarke 变换，在两相静止坐标系下 U_S 等效为 U_α 及 U_β 两电压矢量共同作用。并反向求出 T_4 及 T_6 时

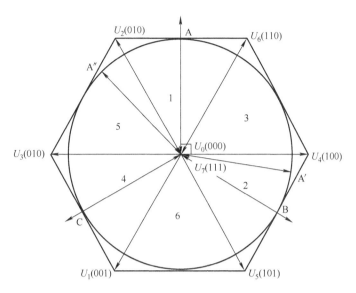

图 4-14　基本电压空间及扇区分布示意图

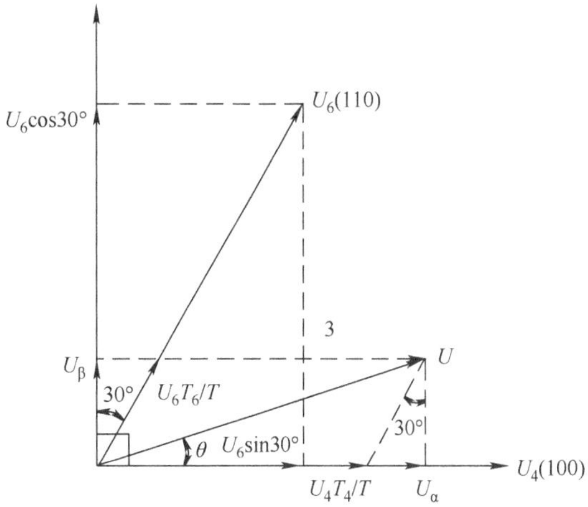

间。在磁路不饱和的情况下，输出电压 U_S 最大能达到 $\frac{2}{3}U_{dc}$，此时在整个工作周期内能保持工作在最大圆周上，超出该范围需要工作在非线性工况。

$$\begin{cases} U_\alpha = \dfrac{T_4}{T}U_4 + \dfrac{T_6}{T}U_6\dfrac{\cos30°}{\tan60°} \\ U_\beta = \dfrac{T_6}{T}U_6\cos30° \end{cases} \quad (4\text{-}22)$$

式中，T_4、T_6 为 U_4 和 U_6 的作用时间。

U_4 和 U_6 为母线电压 U_{dc} 的 $\frac{2}{3}$ 倍，见式（4-23）。

$$U_4 = U_6 = \frac{2}{3}U_{dc} \quad (4\text{-}23)$$

将式（4-22）代入得

图 4-15　相邻基本电压空间矢量线性组合示意图

$$\begin{cases} T_4 = \dfrac{T}{2U_{dc}}(3U_\alpha - \sqrt{3}U_\beta) \\ T_6 = \dfrac{T}{U_{dc}}\sqrt{3}U_\beta \end{cases} \quad (4\text{-}24)$$

令 $U_{dct} = \dfrac{T}{2U_{dc}}$，代入式（4-24）得

$$\begin{cases} T_4 = U_{\text{dct}}(3U_\alpha - \sqrt{3}U_\beta) \\ T_6 = U_{\text{dct}}2\sqrt{3}U_\beta \end{cases} \tag{4-25}$$

因为一般 $T_4 + T_6 \leqslant T$，所以将多余的时间平均分配给零矢量 U_0 和 U_7，记为 t_0，则

$$t_0 = T - (T_4 + T_6) \tag{4-26}$$

因为比较/捕获模块一般设置为对称模式，令 t_1、t_2 分别为 U_4 和 U_6 前半控制周期的作用时间，则

$$\begin{cases} t_1 = \frac{1}{2}T_4 = \frac{1}{2}U_{\text{dct}}(3U_\alpha - \sqrt{3}U_\beta) \\ t_2 = \frac{1}{2}T_6 = U_{\text{dct}}\sqrt{3}U_\beta \end{cases} \tag{4-27}$$

其他各扇区类似计算出，见表4-1，其中 X、Y、Z 定义见式（4-28）。

$$\begin{pmatrix} X \\ Y \\ Z \end{pmatrix} = U_{\text{dct}} \begin{pmatrix} 0 & \sqrt{3} \\ \frac{3}{2} & \frac{\sqrt{3}}{2} \\ -\frac{3}{2} & \frac{\sqrt{3}}{2} \end{pmatrix} \begin{pmatrix} U_\alpha \\ U_\beta \end{pmatrix} \tag{4-28}$$

表4-1　各扇区相邻基本空间矢量作用时间表

	1	2	3	4	5	6
t_1	Z	Y	$-Z$	$-X$	X	$-Y$
t_2	Y	$-X$	X	Z	$-Y$	$-Z$

为优化开关切换次数及切换平顺性，应满足以下要求：①从某一开关状态切换至另一开关状态，每次只能一相的开关发生改变；②每个开关周期应以 U_0 状态开始并以 U_0 状态结束，中间以 U_7 状态过渡；③在每一个开关周期内，U_0 状态与 U_7 状态的时间应该相等。因此以第3扇区为例，采用 $U_0 \rightarrow U_6 \rightarrow U_4 \rightarrow U_7 \rightarrow U_7 \rightarrow U_4 \rightarrow U_6 \rightarrow U_0$ 的开关顺序，如图4-16所示。

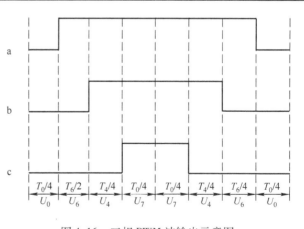

图4-16　三相PWM波输出示意图

根据图4-16，第3扇区A、B、C三相的开关动作时刻可以按式（4-29）求得。

$$\begin{aligned} t_{a,\text{on}} &= \frac{1}{2}(T - t_1 - t_2) \\ t_{b,\text{on}} &= t_{a,\text{on}} + t_1 \\ t_{c,\text{on}} &= t_{b,\text{on}} + t_2 \end{aligned} \tag{4-29}$$

式中，$t_{a,\text{on}}$、$t_{b,\text{on}}$、$t_{c,\text{on}}$ 为A、B、C三相的开关动作时刻。

由第3扇区可以相应推广到其他扇区，据前文已设相邻电压空间矢量前半周期作用

时间分别为 t_1 与 t_2。并根据对应的开关顺序，可以推导出各相开关管的动作时刻，见表 4-2。

表 4-2 各扇区三相动作时刻表

	1	2	3	4	5	6
T_{cmA}	$t_{b,on}$	$t_{a,on}$	$t_{a,on}$	$t_{c,on}$	$t_{c,on}$	$t_{b,on}$
T_{cmB}	$t_{a,on}$	$t_{c,on}$	$t_{b,on}$	$t_{b,on}$	$t_{a,on}$	$t_{c,on}$
T_{cmC}	$t_{c,on}$	$t_{b,on}$	$t_{c,on}$	$t_{a,on}$	$t_{b,on}$	$t_{a,on}$

第五节　异步驱动电机动态数学模型

由于感应电机物理上是一个电磁耦合严重的非线性时变系统，为了理论研究方便，假设一个三相对称的笼型感应电机具有如下特点：①均匀气隙；②没有铁心损耗；③线性磁路。考虑感应电机所有物理量归算到定子绕组侧，以便建立与分析感应电机的数学模型。

在任意速 $d-q$ 参考坐标系中感应电机的数学模型矢量形式可表示为

$$
\begin{cases}
\boldsymbol{v}_s^a = (p + \mathrm{j}\omega_a)\boldsymbol{\lambda}_s^a + R_s \boldsymbol{i}_s^a \\
\boldsymbol{v}_r^a = [p + \mathrm{j}(\omega_a - \omega_r)]\boldsymbol{\lambda}_r^a + R_r \boldsymbol{i}_r^a \\
\boldsymbol{\lambda}_s^a = L_s \boldsymbol{i}_s^a + L_m \boldsymbol{i}_r^a \\
\boldsymbol{\lambda}_r^a = L_m \boldsymbol{i}_s^a + L_r \boldsymbol{i}_r^a
\end{cases}
\tag{4-30}
$$

感应电机的机械运动方程为

$$
Jp\omega_r = P(T_{em} - T_i)
\tag{4-31}
$$

其中，感应电机的电磁转矩方程为

$$
T_{em} = \frac{3P}{2}(\boldsymbol{\lambda}_s^a \times \boldsymbol{i}_s^a) = \frac{3P}{2}\frac{L_m}{L_r}(\boldsymbol{\lambda}_r^a \times \boldsymbol{i}_s^a)
\tag{4-32}
$$

由于笼型感应电机的转子绕组短路，因此有

$$
\boldsymbol{v}_r^a = 0
\tag{4-33}
$$

这样，式（4-30）的矩阵形式为

$$
\begin{pmatrix} v_{sd}^a \\ v_{sq}^a \\ 0 \\ 0 \end{pmatrix} =
\begin{pmatrix}
R_s + L_s p & -L_s \omega_a & L_m p & -L_m \omega_a \\
L_s \omega_a & R_s + L_s p & L_m \omega_a & L_m p \\
L_m p & -L_m \omega_a & R_r + L_r p & -L_r \omega_a \\
L_m \omega_{sl} & L_m p & L_r \omega_a & R_r + L_r p
\end{pmatrix}
\begin{pmatrix} i_{sd}^a \\ i_{sq}^a \\ i_{rd}^a \\ i_{rq}^a \end{pmatrix}
$$

$$
\begin{pmatrix} \lambda_{sd}^a \\ \lambda_{sq}^a \\ \lambda_{rd}^a \\ \lambda_{rq}^a \end{pmatrix} =
\begin{pmatrix}
L_s & 0 & L_m & 0 \\
0 & L_s & 0 & L_m \\
L_m & 0 & L_r & 0 \\
0 & L_m & 0 & L_r
\end{pmatrix}
\begin{pmatrix} i_{sd}^a \\ i_{sq}^a \\ i_{rd}^a \\ i_{rq}^a \end{pmatrix}
\tag{4-34}
$$

第六节 异步驱动电机矢量控制

一、矢量控制基本原理

为了改善电动汽车异步驱动电机的动态特性，应优先选择矢量控制（FOC）。FOC 的基本思路是：模拟直流电机的控制方法进行控制，根据线性变换以及变换前后磁势和功率不变的原则，通过正交变换将 $a-b-c$ 三相坐标下的数学模型变成 $\alpha-\beta$ 二相静止坐标系（Clarke）的模型，然后通过旋转变换将二相静止坐标系的模型变成两相旋转坐标系（Park）的模型 $(d-q)$。在 $\alpha-\beta/d-q$ 变换下将定子电流矢量分解成按转子磁场定向的 2 个直流分量 i_d、i_q（其中 i_d 为励磁电流分量，i_q 为转矩电流分量），并对其分别加以控制，控制 i_d 相当于控制磁通，控制 i_q 相当于控制转矩。

在异步电机磁场定向的矢量控制算法中，将旋转坐标系中 d 轴放在转子磁场上为转子磁场定向控制，将旋转坐标系中 d 轴放在定子磁场上称为定子磁场定向控制，将旋转坐标系中 d 轴放在气隙磁场上称为气隙磁场定向控制，由于后两种控制较难实现，并且电机的电磁转矩表达式是非线性的，因此通常采用转子磁场定向（RFOC）异步电机模型进行分析和控制。

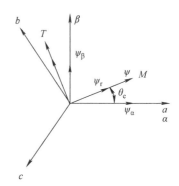

图 4-17　磁链转换相图

如图 4-17 所示，由三相静止坐标系 $a-b-c$ 变换为两相同步旋转坐标系 $M-T$ 的变换矩阵为

$$C_{3s/2r} = C_{2s/2r}C_{3s/2s} = \sqrt{\frac{2}{3}}\begin{pmatrix} \cos\varphi & \sin\varphi \\ -\sin\varphi & \cos\varphi \end{pmatrix}\begin{pmatrix} 1 & -\dfrac{1}{2} & -\dfrac{1}{2} \\ 0 & \dfrac{\sqrt{3}}{2} & -\dfrac{\sqrt{3}}{2} \end{pmatrix} \tag{4-35}$$

显然有 $\psi_r = \psi_d = \psi_{rm}$，$\psi_{rq} = 0$。

基于转子磁场定向控制的异步电机的磁链方程式为

$$\psi_r = \frac{L_m}{1 + T_r p}i_{sm}$$

式中，$T_r = L_r/R_r$ 为转子时间常数。

基于转子磁场定向控制的异步电机电磁转矩方程为

$$T_e = p_n\frac{L_m}{L_r}i_{st}\psi_{rm} \tag{4-36}$$

当转子磁链 ψ_r 恒定时，上式可变为 $T_e = p_n\dfrac{L_m^2}{L_r}i_{sm}i_{st}$。

转子磁链恒定时的转矩方程式与直流电机转矩方程式相似，从物理结构上看，异步电机与直流电机不同，不是依靠换向器来固定磁场的空间位置关系，而是通过坐标变换或矢量变换使转子磁链 ψ_r 与转矩电流分量 i_{st} 正交解耦。因此，通过控制 ψ_r 和 i_{st}，或控制 i_{sm} 和 i_{st} 来控制电磁转矩。对于电传动车辆牵引电机，在基速以下，保持励磁电流 i_{sm} 为额定值，只需调节 i_{st} 即可改变电磁转矩，实现转矩控制；在基速以上，调节励磁电流 i_{sm} 与转速 ω_r 自动调节，保持 i_{sm}、ω_r 恒定，同时调节转矩电流 i_{st}，保持 T_e、ω_r 恒定，实现恒功率控制。

间接转子磁场定向控制（IRFOC）是基于转子速度和转差速度计算转子磁链位置的一种磁场定向控制方式，是一种比较成熟的异步电机控制算法。在 IRFOC 控制方式下异步电机控制模型为

$$\begin{cases} \boldsymbol{\lambda}_r^r = \lambda_{rd}^r \\[2mm] \boldsymbol{v}_s^r = (p + j\omega_{rt})\boldsymbol{\lambda}_s^r + R_s \boldsymbol{i}_s^r \\[2mm] \lambda_{sd}^r = \sigma L_s i_{sd}^r + \dfrac{L_m^2}{L_r(1 + T_r p)} i_{sd}^r \\[2mm] \lambda_{rd}^r = \sigma L_s i_{sq}^r \\[2mm] \lambda_{rd}^r = \dfrac{L_m}{1 + T_r p} i_{sd}^r \\[2mm] \omega_{st} = \dfrac{L_m}{T_r \lambda_{rd}^r} i_{sq}^r \end{cases}$$

而且，根据式（4-36），得到电磁转矩方程：

$$T_{em} = \frac{3P}{2}\frac{L_m}{L_r}\lambda_{rd}^r i_{sq}^r \tag{4-37}$$

如果已知转子速度和转差速度，那么转子磁链位置为

$$\theta_r = \int \omega_r dt + \int \omega_{sl} dt \tag{4-38}$$

基于 IRFOC 算法关键在于 PWM 的调节方法，一般可以分为 CRPWM 和 SVPWM。前者一般采用电流滞环比较器直接产生 PWM，虽然实时性好，但严重依赖控制周期的大小；而后者一般基于 PI 电流调节器产生电压信号实现 PWM。SVPWM 比 CRPWM 更适合于 VSI 全数字控制牵引异步电机。

二、基于转矩和磁链调节的 IRFOC 转矩控制

为满足电动汽车实际驾驶需求和动力性能要求，需要对电机驱动控制系统进行转矩控制，驾驶员操纵踏板施加的是转矩信号，控制系统对转矩进行闭环控制。进行电磁转矩控制环和转子磁链控制环的间接 FOC 系统如图 4-18 所示，下面分别对两个控制环进行分析设计。

根据 IRFOC 系统中异步电机数学模型有

$$u_{sm} = R_s i_{sm} + \sigma L_s p i_{sm} + \frac{L_m}{L_r} p \psi_{rm} - \omega_s \sigma L_s i_{st}$$

$$= \sigma L_s \frac{T_r}{L_r} p^2 \psi_{rm} + (T_s + T_r)\frac{R_s}{L_m} p \psi_{rm} + \frac{R_s}{L_m} \psi_{rm} - \omega_s \sigma L_s i_{st} \tag{4-39}$$

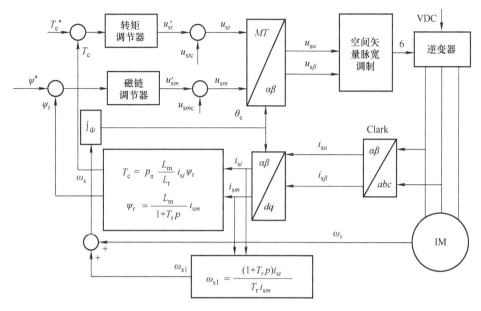

图 4-18 IRFOC 系统

$$u_{st} = R_s i_{st} + \sigma L_s p i_{st} + \omega_s \left(\sigma L_s i_{sm} + \frac{L_m}{L_r} \psi_{rm} \right)$$

$$= \frac{R_s L_r}{p_n L_m \psi_{rm}} T_e + \sigma L_s \frac{L_r}{p_n L_m} p \left(\frac{T_e}{\psi_{rm}} \right) + \omega_s \left(\sigma L_s i_{sm} + \frac{L_m}{L_r} \psi_{rm} \right) \qquad (4\text{-}39)\ \text{续}$$

式中，$\sigma = 1 - \dfrac{L_m^2}{L_r L_s}$。

以上两式中含有与 ω_s 有关的旋转电动势耦合项，若令

$$\begin{cases} u'_{sm} = \sigma L_s \dfrac{T_r}{L_r} p^2 \psi_{rm} + (T_s + T_r) \dfrac{R_s}{L_m} p \psi_{rm} + \dfrac{R_s}{L_m} \psi_{rm} \\ u_{smc} = -\omega_s \sigma L_s i_{st} \end{cases}$$

$$\begin{cases} u'_{st} = \dfrac{R_s L_r}{p_n L_m \psi_{rm}} T_e + \sigma L_s \dfrac{L_r}{p_n L_m} p \left(\dfrac{T_e}{\psi_{rm}} \right) \\ u_{stc} = \omega_s \left(\sigma L_s i_{sm} + \dfrac{L_m}{L_r} \psi_{rm} \right) \end{cases} \qquad (4\text{-}40)$$

可得

$$u_{sm} = u'_{sm} + u_{smc}$$
$$u_{st} = u'_{st} + u_{stc} \qquad (4\text{-}41)$$

式中，$T_s = L_s / R_s$，$T_r = L_r / R_r$。

（一）磁链控制环的设计

对磁链进行闭环控制，就是为了保证在动态过程中保持磁链恒定。过大超调量容易使磁链饱和，所以要求突加控制量时的超调量要尽量小，即系统要有良好的动态特性。根据式（4-40），将转子磁链 ψ_r 和 M 轴电压 u'_{sm} 的关系写成传递函数形式为

$$\frac{\psi_{rm}}{u'_{sm}} = \frac{L_m/R_s}{\sigma T_s T_r s^2 + (T_s + T_r)s + 1} \tag{4-42}$$

式（4-42）是一个二阶系统，但不是典型的Ⅰ型或Ⅱ型系统。通过根轨迹分析，系统不稳定。为了使系统稳定、提高系统控制精度和响应快速性，磁链控制环串入一个磁链 PI 调节器，把此系统校正为典型的Ⅰ型系统，如图4-19所示。

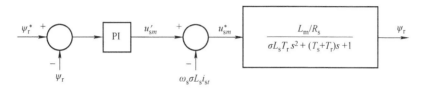

图4-19 转子磁链传递函数框图

设 PI 调节器为 $K_p(Ts+1)/(Ts)$，引入 PI 调节器的磁链闭环结构图如图4-20所示。

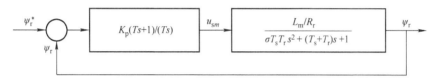

图4-20 引入 PI 调节器的磁链闭环结构图

对式（4-42）进行分解得到

$$\frac{\psi_{rm}}{u'_{sm}} = \frac{L_m/R_s}{AB\sigma T_s T_r \left(\dfrac{s}{A}+1\right)\left(\dfrac{s}{B}+1\right)} \tag{4-43}$$

式中，

$$A = \frac{(T_r + T_s) - \sqrt{(T_r + T_s)^2 - 4\sigma T_r T_s}}{2\sigma T_r T_s}$$

$$B = \frac{(T_r + T_s) + \sqrt{(T_r + T_s)^2 - 4\sigma T_r T_s}}{2\sigma T_r T_s}$$

取 $T = 1/A$，转子磁链环开环传递函数变为

$$\frac{\psi_{rm}}{u'_{sm}} = \frac{K_p L_m/R_s}{B\sigma T_s T_r s \left(\dfrac{s}{B}+1\right)} = \frac{K}{s(T's+1)} \tag{4-44}$$

式中，$K = \dfrac{K_p L_m/R_s}{B\sigma T_s T_r}$；$T' = \dfrac{1}{B}$。

式（4-44）是一个典型Ⅰ型系统。根据典型Ⅰ型系统最优动态性能的要求，须满足 $KT' = 0.5$，整理得

$$K_p = \frac{0.5B^2 R_s \sigma T_s T_r}{L_m} \tag{4-45}$$

以上 T'、K_p 给出的是参数的大致范围，要在实际的系统调试中再对 T'、K_p 进行微调，直到达到系统的最优点，满足转子磁链性能要求为止。

（二）转矩控制环的设计

根据电动汽车电机驱动控制系统驾驶和动力性能要求，在控制过程中，要求基速以下电机输出最大恒定磁链。由式（4-40）可得转矩与电压之间的传递函数为

$$\frac{T_e}{u'_{st}} = \frac{p_n L_m \psi_{rm}/L_r R_s}{\sigma T_s s + 1} \tag{4-46}$$

由式（4-46）可以看出转矩信号含有惯性环节，给反馈环节带来延迟，为了平衡这一延迟，在给定信号通道加一个相图时间常数 T_c 的一阶惯性环节，式（4-46）变为

$$\frac{T_e}{u'_{st}} = \frac{p_n L_m \psi_{rm}/L_r R_s}{(T_c s + 1)\sigma T_s s + 1} \tag{4-47}$$

与磁链传递函数类似，式（4-47）是一个二阶系统，但不是典型的 I 型或 II 型系统，因此转矩控制环串入一个转矩 PI 调节器，把此系统校正为典型的 I 型系统，如图 4-21 所示。

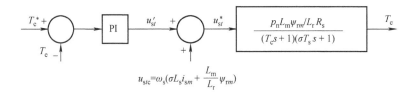

图 4-21　转矩传递函数框图

设 PI 调节器为 $K_p(Ts + 1)/(Ts)$，引入 PI 调节器的转矩闭环结构如图 4-22 所示。

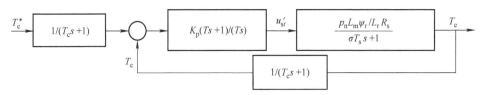

图 4-22　引入 PI 调节器的转矩闭环结构图

令 $T = \sigma T_s$，$T_c < T$，校正后的转矩开环传递函数为

$$\frac{T_e}{u'_{st}} = \frac{K_p p_n L_m \psi_r/L_r R_s \sigma T_s}{s(T_c s + 1)} = \frac{K}{s(T_c s + 1)} \tag{4-48}$$

这是一个典型 I 型系统。根据典型 I 型系统最优动态性能的要求，须满足 $KT_c = 0.5$，由式（4-48）整理得

$$K_p = \frac{0.5 L_r R_s \sigma T_s}{T_c p_n L_m \psi_r} \tag{4-49}$$

与转子磁链调节器参数设计相似，首先确定 T、K_p、T_c 大致范围，再在实际的系统调试中对 T、K_p、T_c 微调，直到达到系统的最优点。

三、基于双 PI 电流调节的 IRFOC 转矩控制

由于 PID 控制是一种负反馈控制，原理简单，使用方便，适应性强和具有一定的鲁棒性，因此 PID 调节器在工业控制中广泛应用，但是要根据不同的控制目标，试验调整 PID 调

节器系数。异步电机双 PI 电流调节的转矩控制原理图如图 4-23 所示。

在 $d-q$ 坐标系中，建立两个 PI 电流调节器，分别调节励磁电流分量和转矩电流分量，那么时域误差定义为

$$\begin{cases} e^{\mathrm{r}}_{isd} = i^{\mathrm{r}}_{sdref} - i^{\mathrm{r}}_{sd} \\ e^{\mathrm{r}}_{isq} = i^{\mathrm{r}}_{sqref} - i^{\mathrm{r}}_{sq} \end{cases} \tag{4-50}$$

双 PI 调节器为

$$\begin{cases} u^{\mathrm{r}}_{pisd} = k_{psd} e^{\mathrm{r}}_{sd} + \dfrac{k_{isd}}{s} e^{\mathrm{r}}_{sd} \\ u^{\mathrm{r}}_{pisq} = k_{psq} e^{\mathrm{r}}_{sq} + \dfrac{k_{isq}}{s} e^{\mathrm{r}}_{sq} \end{cases} \tag{4-51}$$

一般来讲，双 PI 调节器系数相同。

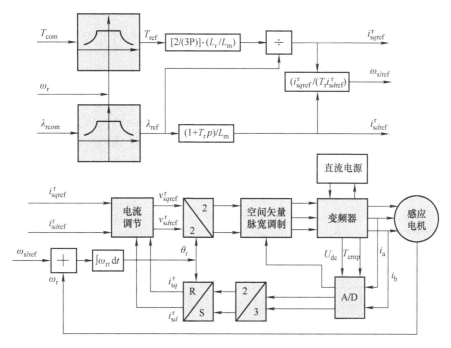

图 4-23   异步电机双 PI 电流调节的转矩控制原理图

PI 电流调节器的矢量控制存在 $d-q$ 电流耦合效应，因为 $d-q$ 电流以旋转电动势形式产生 $d-q$ 耦合，随着转速的提高，$d-q$ 耦合效应越来越明显。

常用的两种 PI 电流调节器解耦补偿结构如图 4-24 所示。比较而言，前馈解耦补偿结构简单，计算量小，而反馈积分解耦补偿具有较好的抑制参数扰动能力。

四、基于模型转矩反馈速度补偿的 IRFOC 转矩控制

根据 IRFOC 的感应电机定子稳态方程式，当感应电机起动时转速为零或很小，模型给定的定子电压几乎为零，使得感应电机不能形成足够的起动电流，为此在感应电机起动时需要一个定子电压补偿量。

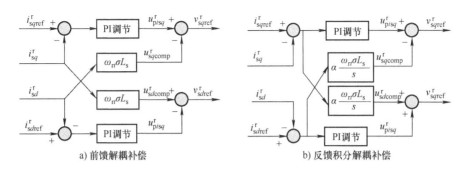

图 4-24   PI 电流调节器解耦补偿结构

根据电机机械运动方程可以推得速度计算式：

$$\omega_{\text{r}} = \frac{P}{J}\int (T_{\text{em}} - T_{\text{L}})\,\mathrm{d}t \tag{4-52}$$

这样可以构造一个 PI 速度补偿调节器，即

$$\begin{cases} \omega_{\text{comp}} = k_{tp}e_t + \dfrac{k_{ti}}{s}e_t \\ e_t = T_{\text{ref}} - T_{\text{em}} \end{cases} \tag{4-53}$$

式中，k_{tp} 和 k_{ti} 为 PI 调节器系数。

通过 PI 调节器补偿模型起动速度，保证了在零速或低速时 IRFOC 模型控制感应牵引电机的有效起动，形成模型转矩反馈速度补偿控制算法（MT – IRFOC）。其算法结构如图 4-25 所示，很显然 MT – IRFOC 的实时计算量比 PI – IRFOC 小，因为只有一个 PI 计算。

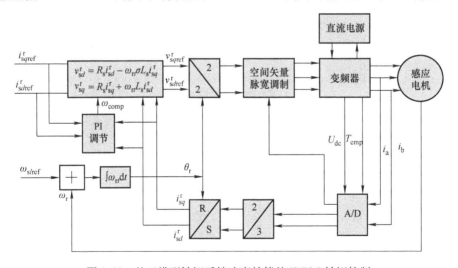

图 4-25   基于模型转矩反馈速度补偿的 IRFOC 转矩控制

五、弱磁控制

经典感应电机 FOC 的弱磁控制给定转子磁链参考与转速成反比，但在整个高速区内并不能获得最大转矩输出能力。当感应电机处于弱磁区时，为了防止 BACK – emf 超过额定值

电压，必须对定子电流适当控制，实现对转子磁链调节。稳态的定子电压方程为

$$\begin{cases} v_{sd}^{r} = R_s i_{sd}^{r} - \omega_{rt}\sigma L_s i_{sq}^{r} \\ v_{sq}^{r} = R_s i_{sq}^{r} + \omega_{rt} L_s i_{sd}^{r} \end{cases} \tag{4-54}$$

忽略定子电阻压降，相应的定子电流约束方程为

$$\begin{cases} \left[\dfrac{i_{sd}^{r}}{|v_s^{r}|/(\omega_{rt} L_s)} \right]^2 + \left[\dfrac{i_{sq}^{r}}{|v_s^{r}|/(\omega_{rt}\sigma L_s)} \right]^2 \leqslant 1 \\ \left(\dfrac{i_{sd}^{r}}{|i_s^{r}|} \right)^2 + \left(\dfrac{i_{sq}^{r}}{|i_s^{r}|} \right)^2 \leqslant 1 \end{cases} \tag{4-55}$$

而且弱磁区的电磁转矩可近似表达为

$$T_{em} = -\frac{3P}{2}\frac{L_m^2}{\sigma L_s^2 L_r}\frac{v_{sd}^{r} v_{sq}^{r}}{\omega_r^2} \tag{4-56}$$

第七节　异步驱动电机直接转矩控制

直接转矩控制（direct torque control，DTC），又称直接自控制（direct self - control，DSC），是近十年来继矢量控制技术之后发展起来的一种新型的具有高性能的交流变频调速技术。

矢量控制从理论上解决了异步驱动电机的静、动态性能问题，其动态性能好，调速范围宽。但在实际应用中，转子磁链难以准确观测，系统特性受电机参数的影响较大，另外在模拟直流电动机控制过程中所用矢量旋转变换的复杂性使得实际控制效果难以达到理论分析的结果。1977 年，美国学者 A. B. Plunkett 首先在 IEEE 杂志上提出磁链 - 转矩直接调节的思想，但由于需要检测磁链，未获得实际应用。1985 年德国鲁尔大学的 Depenbrock 教授研制了直接自控制系统（DSR），并提出了直接转矩控制理论。该理论采用转矩模型和电压型磁链模型，以及电压空间矢量控制 PWM 逆变器，实现转速和磁链的砰 - 砰控制（bang - bang control），在很大程度上解决了矢量控制中计算控制复杂、特性易受电机参数影响的问题。

异步驱动电机的直接转矩控制的基本思想是直接将定子磁链和转矩作为控制变量，无需进行磁场定向、矢量变换和电流控制，因此更为简捷和快速，进一步提高了调速系统的动态响应能力。

由矢量控制方程可知，电磁转矩可表示为

$$t_e = p\boldsymbol{\psi}_s \times \boldsymbol{i}_s \tag{4-57}$$

式中，$\boldsymbol{\psi}_s$ 是定子磁链矢量；$\boldsymbol{i}_s$ 是定子电流矢量，两者都是以定子三相坐标系表示的空间矢量。在定子三相坐标系中，定子磁链和转子磁链矢量可表示为

$$\begin{aligned} \boldsymbol{\psi}_s &= L_s \boldsymbol{i}_s + L_m \boldsymbol{i}_r \\ \boldsymbol{\psi}_r &= L_m \boldsymbol{i}_s + L_r \boldsymbol{i}_r \end{aligned} \tag{4-58}$$

由式（4-58）可得

$$\boldsymbol{i}_s = \frac{\boldsymbol{\psi}_s}{L_s'} - \frac{L_m}{L_s' L_r}\boldsymbol{\psi}_r \tag{4-59}$$

式中，L_s' 为定子瞬态电感，$L_s' = \sigma L_s = L_s - L_m^2/L_r$，$\sigma = 1 - L_m^2/(L_s L_r)$。将式（4-59）代入

式（4-57）中，得

$$t_e = p\frac{L_m}{L_s' L_r}\boldsymbol{\psi}_r \times \boldsymbol{\psi}_s = p\frac{L_m}{L_s' L_r}|\psi_s||\psi_r|\sin(\rho_s - \rho_r)$$

$$= p\frac{L_m}{L_s' L_r}|\psi_s||\psi_r|\sin(\sigma_{sr}) \tag{4-60}$$

式（4-60）中，ρ_s 和 ρ_r 分别是定子磁链和转子磁链矢量相对于 A 轴的空间电角度；σ_{sr} 是两者间的空间相位差，$\sigma_{sr} = \rho_s - \rho_r$，称为负载角。

式（4-59）和式（4-60）表明，电磁转矩取决于 $\boldsymbol{\psi}_s$ 和 $\boldsymbol{\psi}_r$ 的矢量积，即决定于两者幅值和其间的空间电角度。若 ψ_s 和 ψ_r 保持不变，电磁转矩就仅与负载角有关。

式（4-60）对负载角求导，得

$$\frac{dt_e}{d\sigma_{sr}} = p\frac{L_m}{L_s' L_r}|\psi_s||\psi_r|\cos(\sigma_{sr}) \tag{4-61}$$

通常，负载角 σ_{sr} 的值较小，可见 σ_{sr} 对电磁转矩的调节和控制作用是明显的。于是，通过调节负载角 σ_{sr} 可有效控制电磁转矩，这便是直接转矩控制的基本原理。

参 考 文 献

［1］胡寿松，姜斌，张绍杰. 自动控制原理［M］. 8 版. 北京：科学出版社，2023.

［2］李发海，王岩. 电机与拖动基础［M］. 4 版. 北京：清华大学出版社，2012.

［3］汤蕴璆. 电机学［M］. 5 版. 北京：机械工业出版社，2022.

［4］UMANS S D. 电机学［M］. 刘新正，苏少平，高琳，译. 7 版（修订版）. 北京：电子工业出版社，2021.

第 五 章

永磁同步电机控制

永磁同步电机以永磁体提供励磁，使电动机结构较为简单，降低了加工和装配费用，且省去了容易出问题的集电环和电刷，提高了电动机运行的可靠性；又因无需励磁电流，没有励磁损耗，提高了电动机的效率和功率密度。在电动汽车中，永磁同步电机应用广泛。

第一节 永磁同步电机的结构与工作原理

一、永磁同步电机的结构

三相永磁同步电机具有定子三相分布的绕组和永磁转子，在磁路结构和绕组分布上保证反电动势波形为正弦波。为了进行磁场定向控制，输入定子的电压和电流也为正弦波。根据永磁体在转子上的位置的不同，永磁同步电机可分为永磁体内置式电机（IPM）和永磁体外置式电机（SPM）。

内置式永磁同步电机转子由于内部嵌入永磁体，导致转子机械结构上的凸极特性，内置式永磁同步电机按永磁体磁化方向可分为径向式、切向式和混合式。外置式永磁同步电机根据永磁体是否嵌入转子铁心中，可以分为面贴式和插入式两种，如图5-1所示。

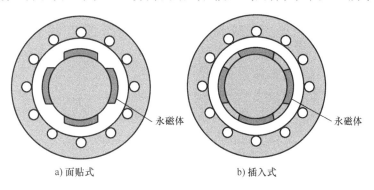

a) 面贴式　　　　　　　　　　b) 插入式

图5-1　外置式永磁同步电机转子结构示意图

面贴式永磁同步电机的转子永磁体一般为瓦片形，通过合成粘胶粘于转子铁心表面。功率稍大的面贴式永磁同步电机中，永磁体与气隙之间可以通过无纬玻璃丝带加以捆绑保护，防止永磁体因转子高速转动而脱落。插入式永磁同步电机的永磁体嵌入转子铁心中，两永磁体之间的铁心成为铁磁介质突出的部分。在面贴式永磁电机中，由于永磁体的相对磁导率接近真空磁导率（$\mu = 1.0$），等效气隙基本均匀，所以交、直轴电感基本相等，是一种隐极式同步电机。插入式永磁同步电机的交轴（q轴）方向上的气隙比直轴（d轴）的小，交轴的电感也比直轴大，是一种凸极式永磁同步电机。相对而言，由于永磁体的存在使得面贴式永磁同步电机定子和转子之间的有效气隙较大，因而定子的电感较小。

外置式永磁同步电机的结构比内置式电机简单，且具有制造容易、成本低廉的优点，因而工业上应用较多。其中，面贴式永磁同步电机转子结构最为简单，与插入式相比，它提高了转子表面的平均磁密，可以得到更大的电磁转矩。现阶段，工业上应用最多的是面贴式永磁同步电机。

二、永磁同步电机的工作原理

永磁同步电机是一种交流同步电机，其转子用永磁体产生永久励磁磁场，定子绕组接通交流电源产生电枢磁场，依靠电磁相互作用气隙中产生一个由转子带动而与转子同转速的合成旋转磁场，使定子绕组感生电动势产生电磁转矩，以实现能量转换。

在电动机的定子绕组中通入三相电流，在通入电流后就会在电动机的定子绕组中形成旋转磁场，由于在转子上安装了永磁体，永磁体的磁极是固定的，根据磁极的同性相斥、异性相吸的原理，在定子中产生的旋转磁场会带动转子进行旋转，最终达到转子的旋转速度与定子中产生的旋转磁极的转速相等，所以可以把永磁同步电机的起动过程看成是由异步起动阶段和牵入同步阶段组成的。在异步起动阶段中，电动机的转速是从零开始逐渐增大的，这是在异步转矩、永磁发电制动转矩、由转子磁路不对称而引起的磁阻转矩和单轴转矩等一系列的因素共同作用下而引起的，所以在这个过程中转速是振荡着上升的。在起动过程中，只有异步转矩是驱动性质的转矩，电动机就是以此转矩来得以加速的，其他的转矩大部分以制动性质为主。在电动机的速度由零增加到接近定子的磁场旋转速度时，在永磁体脉振转矩的影响下永磁同步电机的转速有可能会超过同步转速，而出现转速的超调现象。但经过一段时间的转速振荡后，最终在同步转矩的作用下被牵入同步。

第二节　永磁同步电机的稳态工作特性

永磁同步电机的稳态运行性能主要包括电磁转矩、功率因数、效率、输入功率和电枢电流等与输出功率之间的关系以及失步转矩等，电动机的这些稳态性能都能从其基本电磁关系式中或从图 5-2 所示的相量图中推导得出。

图 5-2 中，$\dot{E}_\delta$ 为气隙合成基波磁场所产生的电动势，称为气隙合成电动势；$\dot{E}_d$ 为气隙合成基波磁场直轴分量所产生的电动势，称为直轴内电动势；θ 为 $\dot{U}$ 超前 $\dot{E}_0$ 的角度，即功率角（功角），也称转矩角；φ 为电压 $\dot{U}$ 超前定子相电流 $\dot{I}_1$ 的角度，即功率因数角；ψ 为 $\dot{I}_1$ 与 $\dot{E}_0$ 间的夹角，称为内功率因数角。

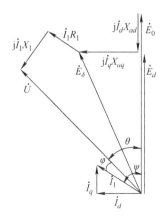

图 5-2　永磁同步电机电压方程相量图

一、转矩特性

由图 5-2 可得出如下关系：

$$\psi = \arctan \frac{I_d}{I_q} \tag{5-1}$$

$$\varphi = \theta - \psi \tag{5-2}$$

$$U\sin\theta = I_q X_q + I_d R_1 \tag{5-3}$$

$$U\cos\theta = E_0 - I_d X_d + I_q R_1 \tag{5-4}$$

由式（5-3）和式（5-4）容易求出电动机定子电流的直、交轴分量：

$$I_d = \frac{U R_1 \sin\theta + X_q (E_0 - U\cos\theta)}{R_1^2 + X_d X_q} \tag{5-5}$$

$$I_q = \frac{U X_d \sin\theta - R_1 (E_0 - U\cos\theta)}{R_1^2 + X_d X_q} \tag{5-6}$$

电动机的定子相电流为

$$I_1 = \sqrt{I_d^2 + I_q^2} \tag{5-7}$$

对于三相自起动永磁同步电动机稳态运行时的输入功率为

$$P_1 = 3UI_1\cos\varphi = 3UI_1\cos(\theta - \psi) = 3U(I_d\sin\theta + I_q\cos\theta)$$

$$= \frac{3U[E_0(X_q\sin\theta - R_1\cos\theta) + R_1 U + \frac{1}{2}U(X_d - X_q)\sin2\theta]}{R_1^2 + X_d X_q} \tag{5-8}$$

当忽略 PMSM 的定子电阻损耗时，PMSM 的电磁功率为

$$P_{em} \approx P_1 \approx \frac{3E_0 U}{X_d}\sin\theta + \frac{3U^2}{2}\left(\frac{1}{X_q} - \frac{1}{X_d}\right)\sin2\theta \tag{5-9}$$

P_{em} 除以电动机的机械角速度 Ω，便可求出永磁同步电动机的电磁转矩，见式（5-10），对式（5-10）求极值便可得出最大值 T_{max}，即失步转矩，当负载转矩超过该值时，PMSM 将不能保持同步速运转即失步。

$$T_{em} = \frac{P_{em}}{\Omega} = \frac{3pE_0 U}{\omega X_d}\sin\theta + \frac{3pU^2}{2\omega}\left(\frac{1}{X_q} - \frac{1}{X_d}\right)\sin2\theta \tag{5-10}$$

式中，Ω 为电动机的机械角速度；ω 为电动机的电角速度；p 为电动机的极对数。

电磁转矩 T_{em} 由两部分组成，第一部分为永磁体气隙磁场和定子电枢反应磁场互相作用产生的基本电磁转矩，也称为永磁转矩，如图 5-3 的曲线 1 所示；其第二部分为由电动机 d、q 轴的不对称磁路引起的磁阻转矩，如图 5-3 的曲线 2 所示；曲线 3 为电磁转矩，它由曲线 1 和曲线 2 相加得到。因永磁同步电动机直轴同步电抗 X_d 大都小于交轴同步电抗 X_q，磁阻转矩为负正弦函数，故而转矩角特性曲线上的最大值所对应的转矩角大于 90°。

对表达式（5-9）和式（5-10）进行微分运算可得

$$\frac{dP_{em}}{d\theta} = \frac{3UE_0}{X_d}\cos\theta + 3U^2\left(\frac{1}{X_q} - \frac{1}{X_d}\right)\cos2\theta \tag{5-11}$$

$$\frac{dT_{em}}{d\theta} = \frac{3pUE_0}{\omega X_d}\cos\theta + 3\frac{pU^2}{\omega}\left(\frac{1}{X_q} - \frac{1}{X_d}\right)\cos2\theta \tag{5-12}$$

若令 $\frac{dT_{em}}{d\theta} = 0$，便可求出自起动永磁同步电动机的极值功角方程为

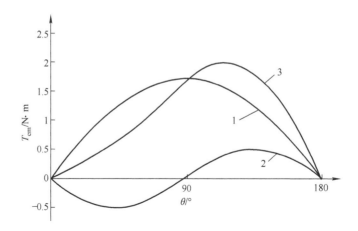

图 5-3　永磁同步电动机的功角特性曲线

曲线 1—永磁转矩　曲线 2—磁阻转矩　曲线 3—电磁转矩

$$\cos\theta_{max} + K_{E\chi}\left(2\cos^2\theta_{max} - 1\right) = 0 \tag{5-13}$$

式中，$K_{E\chi} = \dfrac{U}{E_0}\dfrac{X_d - X_q}{X_q}$。

求解可得极值功角为

$$\theta_{max} = \arccos\left[\frac{1}{4K_{E\chi}} \pm \left(16K_{E\chi}^2 + \frac{1}{2}\right)^{-\frac{1}{2}}\right] \tag{5-14}$$

将其代入表达式（5-10）便可得到转矩曲线中的最大转矩值 T_{max}，T_{max} 被称为永磁同步电机的失步转矩，当负载转矩超过此值时，电动机将不能继续保持同步速运转。电机的最大转矩与额定转矩 T_N 的比值称为永磁同步电动机的失步转矩倍数。

$$T_{P0} = \frac{T_{max}}{T_N} = \frac{\sin\theta_{max} + \dfrac{K_{E\chi}}{2}\sin2\theta_{max}}{\sin\theta_N + \dfrac{K_{E\chi}}{2}\sin2\theta_N} \tag{5-15}$$

永磁同步电动机的稳态运行性能是指 PMSM 在额定电压和额定频率的工作环境下，PMSM 的输入功率 P_1、电磁转矩 T_{em}、电枢电流 I、功率因数 $\cos\varphi$ 及效率 η 与输出功率 P_2 之间的关系。永磁同步电动机的工作特性曲线如图 5-4 所示。

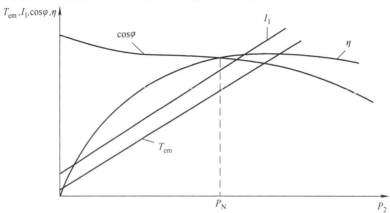

图 5-4　永磁同步电动机的工作特性曲线

由图 5-4 可看出，PMSM 的负载转矩不超过最大值时，负载从零逐渐变大，功率角也逐渐变大，故 P_1、P_2 和 I 都会成正比例变大。另外，因永磁电动机的损耗很小且转子由永久磁钢产生磁场，故其效率 η 和功率因数 $\cos\varphi$ 都比较高。

二、功率因数

根据无功功率定义，易于得出三相自起动永磁同步电动机输入的无功功率：

$$Q = -\frac{3UE_0}{X_d}\cos\theta + 3U^2\left(\frac{\cos^2\theta}{X_d} + \frac{\sin^2\theta}{X_q}\right) \tag{5-16}$$

将有功功率和无功功率分别对功角求导数可得出

$$\frac{\mathrm{d}P_{em}}{\mathrm{d}\theta} = \frac{3UE_0}{X_d}\cos\theta + 3U^2\left(\frac{1}{X_q} - \frac{1}{X_d}\right)\cos2\theta \tag{5-17}$$

$$\frac{\mathrm{d}Q}{\mathrm{d}\theta} = \frac{3UE_0}{X_d}\sin\theta + 3U^2\left(\frac{1}{X_q} - \frac{1}{X_d}\right)\sin2\theta \tag{5-18}$$

比较式（5-17）和式（5-18）可看出，当 $\theta \in (0, \theta_c)$ 范围时，$\dfrac{\mathrm{d}P_{em}}{\mathrm{d}\theta} > \dfrac{\mathrm{d}Q}{\mathrm{d}\theta} > 0$，这说明随着功率角变大，永磁同步电动机的有功功率 P_{em} 的增长速度大于无功功率 Q 的增长速度；当 $\theta > \theta_c$，无功功率增长速度快于有功功率的增长，所以永磁同步电动机的功率因数有所下降。综上可知，当永磁同步电动机的功角在 θ_c 附近时，其功率因数可能达到最大值，设计永磁同步电动机时，其功角额定值一般略大于 θ_c，如图 5-5 所示。

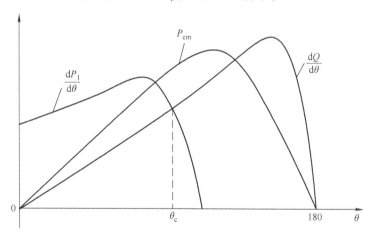

图 5-5　永磁同步电动机的功率因数分析曲线

当空载电动势 $E_0 > U$ 时，$Q_0 < 0$，永磁同步电动机的空载特性为容性，而当负载增加时，P_{em} 迅速增加，Q_0 由负增长至 0 再逐渐变大，PMSM 的功率因数由容性逐步增至 1 后，又变为感性逐渐下降，其运行状态由容性去磁逐步过渡到感性去磁状态。

若 $E_0 < U$、$Q_0 > 0$，当 $\theta \in (0, \theta_c)$ 时，$\dfrac{\mathrm{d}P_{em}}{\mathrm{d}\theta} > \dfrac{\mathrm{d}Q}{\mathrm{d}\theta}$，永磁同步电动机的运行状态从感性增磁作用逐渐变为感性去磁作用，功率因数也从 $\cos\varphi_0$ 逐渐变到最大值 $\cos\varphi_{max}$；当 $\theta > \theta_c$ 时，

$\dfrac{\mathrm{d}P_{\mathrm{em}}}{\mathrm{d}\theta} < \dfrac{\mathrm{d}Q}{\mathrm{d}\theta}$，PMSM 的功率因数也迅速下降。

第三节　永磁同步电机的变频调速特性

永磁同步电机的转速调节只能通过电机定子侧交流电源的频率调节实现，永磁同步电机的控制系统即其变频调速系统，只要控制好电压频率，便可达到控制转速的目的，对此，需要考虑额定频率以下和额定频率以上两种情况。

一、额定频率以下 PMSM 的变频调速特性

在两相静止坐标系中，PMSM 的电压矢量方程式为

$$u_1^{2s} = R_1 i_1^{2s} + p\psi_1^{2s} \tag{5-19}$$

式中，u_1^{2s} 为定子绕组相电压；R_1 为定子绕组相电阻；i_1^{2s} 为定子绕组相电流；$p = \mathrm{d}/\mathrm{d}t$ 为微分算子；ψ_1^{2s} 为定子绕组相磁链。

对于理想正弦交流电压源供电的 PMSM，在稳态情况下，该式可以描述为

$$u_1^{2s} = R_1 i_1^{2s} + j\omega\psi_1^{2s} \tag{5-20}$$

式中，j 为转动惯量；ω 为定子电压的角频率。较高速度下，定子压降比例很小，忽略后得到式（5-21）。如果仅仅对矢量的幅值感兴趣，那么不管是在哪个坐标系中，都有式（5-22）近似成立。

$$u_1^{2s} \approx j\omega\psi_1^{2s} \tag{5-21}$$

$$|\psi_1| \approx \frac{|u_1|}{\omega} \tag{5-22}$$

从式（5-22）中容易知道，额定频率下改变定子电压的角频率时，如果定子电压幅值不变，那么绕组磁链将会随之变化。具体来说，如果降低频率而电压不变，那么磁链加大，这意味着电动机的磁路会加大饱和程度。并且实际上，由于电动机磁路进入了饱和，磁通密度、磁通和磁链不会增加很多，为了保证式（5-20）的成立，会产生很大的定子电流，大大增加定子电阻压降，从而与外部端电压相平衡。实际工作中是不允许出现这种情况的。电动机在合理的设计中，其工作时的磁路已经有部分程度的饱和，一般不允许进一步加大饱和。那么根据式（5-22）可以知道，为了保证磁路工作状态，随着频率的下降，电动机的端电压需要降低。

如果端电压的下降速度比定子频率的下降速度快很多的话，那么根据式（5-22），电动机绕组的磁链会有很大程度的下降。这将导致在相同的定子电流下，电动机的输出转矩会下降很多，所以一般情况下也不会将端电压下降过多。

为了充分利用电动机内部的导磁材料，磁场一般是保持在额定状态下——这就意味着电动机的定子端电压与定子供电频率的比值近似保持不变。

（一）恒定频率下调速

在某个恒定频率下（低于额定频率），根据式（5-22）获得电动机的定子端电压，下面分析具有该频率和电压幅值的理想正弦电压源供电下，电动机在不同负载下运行的工作特性。首先给出 10% 额定频率下 PMSM 工作特性分析，然后详细分析 1% 额定频率下的 PMSM

起动情况。

在 10% 额定频率下，设定负载从空载逐渐增加到 100N·m（额定负载），根据电动机稳态运行公式估算出电动机的各状态变量，然后运行 mdl 模型仿真程序，并将结果记录下来，最后进行绘图。

图 5-6 给出了上述的 10% 额定频率下的仿真结果。图中的曲线 1 是输出转矩标幺值曲线，曲线 2 是定子电流幅值标幺值曲线，曲线 3 是定子电流矢量相位角的标幺值曲线，曲线 4 是定子电压矢量相位角的标幺值曲线，曲线 5 是电动机定子功率因数曲线。

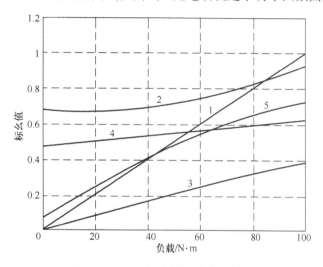

图 5-6　10% 额定频率下的仿真结果

下面分析说明低频电源（以 1% 额定频率电源为例）更适于同步电动机的起动。对转动惯量 J 进行根轨迹分析可以知道，在 1% 额定频率下，当负载为空载时，系统根轨迹如图 5-7 所示，当负载加大到 10N·m 时，系统根轨迹如图 5-8 所示。

负载继续增加到 30N·m 时的根轨迹如图 5-9 所示。当负载增加到 35N·m 以后，根轨迹波形图如图 5-10 所示，基本上不再变化。

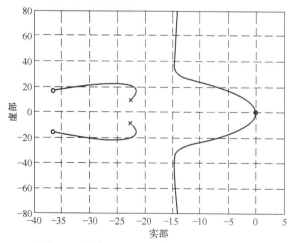

图 5-7　空载时 1% 额定频率下的根轨迹图

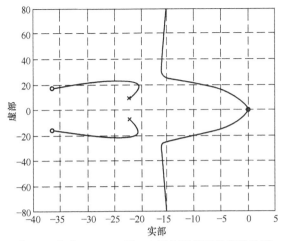

图 5-8　负载 10N·m 时 1% 额定频率下的根轨迹图

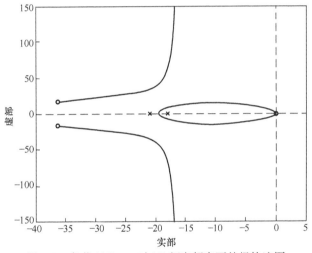

图 5-9　负载 30N·m 时 1% 额定频率下的根轨迹图

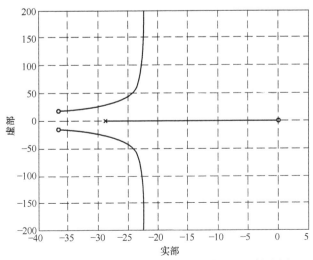

图 5-10　负载 35N·m 时 1% 额定频率下的根轨迹图

从图 5-7～图 5-10 中可以看出，在 1% 额定频率的不同负载下，系统基本上都是稳定的。但是当转动惯量较大时，极点逐渐接近原点，系统将会变得不稳定（此时在原点有多个零极点）——此时的根轨迹图受到定子端电压的影响较大，如果适当放大定子电压值，那么图 5-10 将会重新变回图 5-9 的样子。

针对上述结果进行时域分析，也可以得出上述类似结论。图 5-11 给出了定子频率与定子电压均为额定值 1% 的电动机起动仿真波形图。电动机的转动惯量为 $1.2 \times 10^{-4} \mathrm{kg} \cdot \mathrm{m}^2$，负载转矩始终为 10N·m，图中最上面的三条曲线是三相定子电流波形，中间是电动机转速波形，最下面是电动机的转矩波形。可以看出，电动机可以顺利起动。

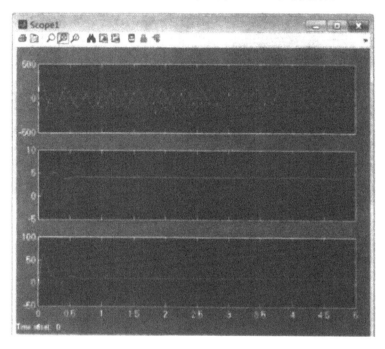

图 5-11 负载为 10N·m、转动惯量为 $1.2 \times 10^{-4} \mathrm{kg} \cdot \mathrm{m}^2$ 时电动机起动仿真波形图

仅仅减小电动机的转动惯量，其他不变，电动机的起动仿真波形如图 5-12 所示，电动机也可以顺利起动。不过由于转动惯量较小，所以振荡频率明显高很多。

图 5-13 给出了当电动机转动惯量为 $1.2 \times 10^{-4} \mathrm{kg} \cdot \mathrm{m}^2$、负载为 35N·m 时的起动仿真波形。明显看出，电动机不能够顺利起动，而是一直处于振荡中。这一点与根轨迹分析结论相似。

图 5-14 给出了当电动机转动惯量为 $1.2 \times 10^{-4} \mathrm{kg} \cdot \mathrm{m}^2$、负载为 50N·m 时的起动仿真波形。明显看出，电动机不能够顺利起动。

对于 1% 额定频率下，补偿定子电压使其达到 2% 的额定电压。那么对于 100N·m 的负载，电动机都可以较为顺利地起动。图 5-15 中的转动惯量为 $1.2 \times 10^{-4} \mathrm{kg} \cdot \mathrm{m}^2$，图 5-16 中的转动惯量为 $0.6 \times 10^{-4} \mathrm{kg} \cdot \mathrm{m}^2$。

图 5-17 给出了 10% 额定频率下的电动机根轨迹图。

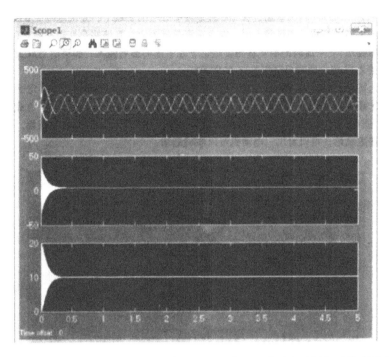

图 5-12　负载为 10N·m、转动惯量为 0.6×10^{-4}kg·m² 时电动机起动仿真波形图

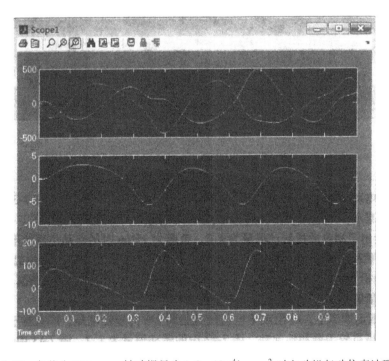

图 5-13　负载为 35N·m、转动惯量为 1.2×10^{-4}kg·m² 时电动机起动仿真波形图

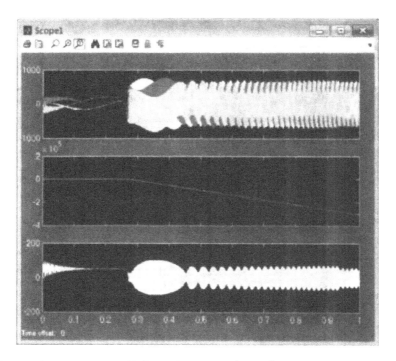

图 5-14　负载为 50N・m、转动惯量为 1.2×10^{-4}kg・m^2 时电动机起动仿真波形图

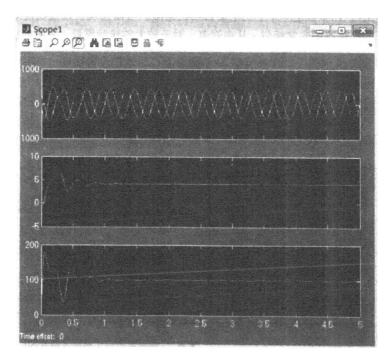

图 5-15　负载为 100N・m、转动惯量为 1.2×10^{-4}kg・m^2 时
电动机起动仿真波形图（补偿定子电压）

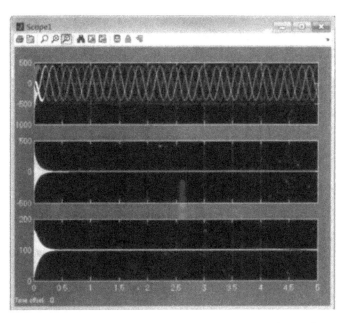

图 5-16　负载为 100N·m、转动惯量为 0.6×10^{-4}kg·m^2
时电动机起动仿真波形图（补偿定子电压）

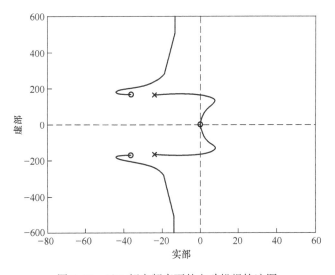

图 5-17　10% 额定频率下的电动机根轨迹图

从图 5-17 中知道，对于较大的转动惯量，系统的极点很容易进入右半平面从而使系统不稳定。换句话说，如果直接用 10% 额定频率的电源起动 PMSM，电动机很可能无法正常起动。如果降低了电源的频率，如图 5-15 和图 5-16 所示，系统则可以顺利起动。这一点说明了变频电源较恒压恒频电源更适于同步电动机的起动。

（二）不同频率下调速

下面针对不同频率时的电动机工作特性进行分析，假定电动机的负载均为额定负载，分析过程与恒频调速类似。

图 5-18 ~ 图 5-20 分别是 30%、60% 以及 100% 额定频率下的不同负载时的电动机变压变频工作特性，各图中曲线 1~5 的含义均与图 5-6 中相同。

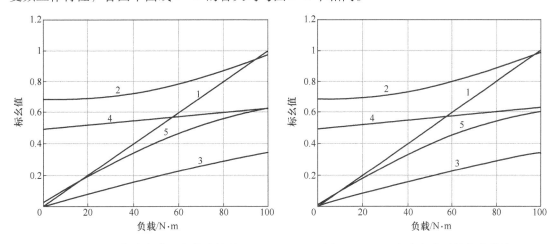

图 5-18　30% 额定频率下的仿真结果　　　　图 5-19　60% 额定频率下的仿真结果

根据图 5-6、图 5-18、图 5-19、图 5-20 可以看出，当电动机工作在额定频率及其以下时，按照前述的变压变频工作模式，电动机都可以输出期望的转矩，并且电动机的定子电流也在合适的范围内。根据前述结果可以绘出额定频率以下的电动机变压变频工作特性，如图 5-21 所示。可以看出，电动机端电压（曲线 1）近似与频率成正比例，电动机具有恒转矩（曲线 2）输出的特性。因而在额定频率以下的区域又通常被称为恒转矩区域，这与额定频率以上的区域是有很大不同的。

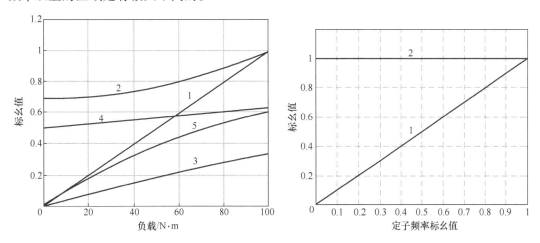

图 5-20　100% 额定频率下的仿真结果　　　图 5-21　额定频率以下的电动机变压变频工作特性

从上述分析以及式（5-22）中可以看出，在额定频率以下的调速过程中，电动机的定子端电压与定子频率的调节需要同步，即在调节定子频率的同时调节定子电压，这就是常见的变压变频调速（variable voltage variable frequency，VVVF）。

在额定频率以下的范围内，当定子端电压与定子频率成正比例时，电动机的定子磁链可以保持基本不变，充分利用了电动机的工作磁场。不过当定子频率非常低时，需要对定子端电压进行适当的补偿以保持磁场恒定,因为此时式(5-20)中的定子电阻压降不可忽略了。

二、额定频率以上 PMSM 的变频调速特性

如前所述,电动机在运行中一般都需要保持磁场的恒定,以充分利用电动机的磁材料和充分发挥电动机的转矩输出能力。因而随着定子频率的逐步增加,定子端电压会逐步提高。当电动机运行在额定频率时,电动机的定子电压达到了额定电压,通常情况下,该电压值也是最大值。那么在继续进行变频升速的过程中,定子端电压只能保持最大值不变,由式(5-22)可知,这必然会导致电动机磁场的削弱。换句话说,电压受到限制,频率继续提高,磁场逐渐削弱,这就是常说的弱磁升速。

当电动机运行在高速区域时,定子电阻的压降可以略去不计(大功率电动机一般都不会有明显误差)。对于隐极式 PMSM 而言,电动机的转矩公式可以删去磁阻转矩一项,只剩下永磁转矩一项,见式(5-23)。

$$T_e = 1.5 n_p \frac{-U_{1m} \psi_f}{\omega L_q} \cos\gamma \tag{5-23}$$

式中,n_p 为电机极对数;U_{1m} 为定子电压矢量幅值;ψ_f 为转子永磁体到定子绕组的磁链;L_q 为定子绕组 q 轴电感;γ 为电压矢量相位角。根据式(5-23)可以知道,当电压矢量相位角领先 d 轴 180° 时,电动机的转矩呈现最大值,见式(5-24)。

$$T_{e,\max} = 1.5 n_p \frac{U_{1m} \psi_f}{\omega L_q} \tag{5-24}$$

从式(5-24)中可以很容易地看出,在一定的定子端电压下,电动机输出转矩的理论最大值与定子角频率成反比。在运行中需要考虑电动机的定子电流不能太大,电动机并不能工作在理论最大值处。通常情况下,随着转速的增加,电动机输出转矩被控制从其额定值逐渐下降,这使电动机的功率保持近似不变。

对于恒功率区、恒压变频调速下的 PMSM 电动机工作特性进行仿真分析,特性曲线如图 5-22 所示。图中的曲线 1 是电动机的定子电压标幺值,曲线 2 是电动机的输出转矩标幺值,曲线 3 是电动机的定子电流曲线,曲线 4 是电动机功率因数曲线,图中横坐标是定子频率的标幺值。

从图 5-22 中可以看出,在额定频率以上的变频调速过程中,电动机的定子端电压受到限制从而维持不变,这称为恒压变频调速(constant voltage variable frequency,CVVF)。

在额定频率以上的范围内,由于电压受到限制,电动机的磁场随着转速的升高而逐步削弱,电动机的转矩输出能力也逐步降低,电动机的输出功率可以近似保持不变,因而该区域通常又被称为恒功率区域。

将以上两小节中的结论共同绘制在图 5-23 中。在基频(额定频率)以下时,电动机实施电压(曲线 1)与频率协调的 VVVF 控制,电动机的磁场保持恒定,电动机的转矩(曲线 2)输出能力保持不变;在基频以上时,电动机实现恒压变频的 CVVF 控制,电动机的磁场逐渐削弱,电动机的功率近似保持不变。

需要指出的是,上述给出的是采用变压变频调速技术中,电动机定子电压与定子频率之间的大致关系。在具体的电动机控制中,往往有不同的控制策略可以采用,因而呈现出的具体电压、电流、功率因数、磁链与频率之间的关系会有所不同。

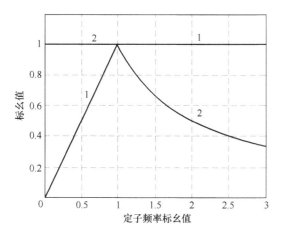 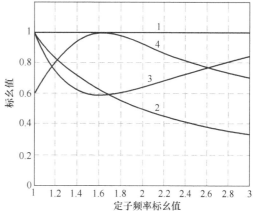

图 5-22 额定频率以上恒压变频时电动机的工作特性 　　图 5-23 不同速度范围内 PMSM 变压变频特性

第四节 **永磁同步电机的矢量控制**

一、永磁同步电机基本原理

在进行永磁同步电机矢量控制模型分析时，作以下假定：

1）电机的绕组和磁路分别是对称的。

2）定子三相绕组产生的磁动势都在空间按正弦规律分布，除了将其气隙谐波磁场在漏磁场中考虑外，不计所有其他谐波磁动势及其产生的谐波磁通和谐波电动势。

3）定子、转子均具有光滑的表面，因而忽略齿谐波的作用。

通过坐标变换，可以得到在 dq 参考坐标系下，永磁同步电机的磁链、电压、转矩的表达式，见式（5-25）~式（5-29）。

$$\psi_d = L_d i_d + \psi_{PM} \tag{5-25}$$

$$\psi_q = L_q i_q \tag{5-26}$$

$$u_d = r_s i_d + \frac{\mathrm{d}\psi_d}{\mathrm{d}t} - p\omega_m \psi_q \tag{5-27}$$

$$u_q = r_s i_q + \frac{\mathrm{d}\psi_q}{\mathrm{d}t} + p\omega_m \psi_d \tag{5-28}$$

$$T_e = \frac{3}{2}p\left[\psi_{PM} i_q + (L_d - L_q) i_d i_q\right] \tag{5-29}$$

可将式（5-29）改为如下

$$T_e = \frac{3}{2}p\left[\psi_{PM} + (L_d - L_q) i_d\right] i_q \tag{5-30}$$

可以看出，当定子电流中的励磁分量 i_d 保持恒定时，电磁转矩 $T_e \propto i_q$，永磁同步电机的矢量控制变频调速就和直流他励电动机的调压调速具有完全相同的品质。对于一般的 PMSM 电机，其交直轴电感非常小，并且差值也很小，i_d 对磁场的贡献很小，为了简化控制，在恒转矩（低速）区一般令 $i_d = 0$，也就是电流角为 $90°$。虽然在高速区可以利用 i_d 进行弱磁，但弱磁效果很差，弱磁是 PMSM 的难点之一。而在磁阻特性较大的永磁同步电机中，交直轴电感差值较大，i_d 有很强的增磁和弱磁作用，为了充分利用绕组电流，原则上应该采用单位电流最大转矩（torque per ampere，TPA）控制方法，即采用上面提到的最优电流角。当然，在特殊情况下，也可采用固定磁场分量 i_d，只调节转矩分量 i_q 的简化策略。

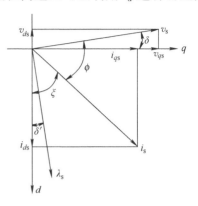

图 5-24 给出了各物理量之间关系的矢量图，以 ξ 表示励磁电流分量与合成电流向量的夹角；电压夹角用 δ 表示；d 轴方向电压与磁链反向；δ' 表示磁链与 d 轴夹角。

图 5-24　参考坐标系矢量图

二、典型的功率速度特性与 d 轴最小磁链的关系

永磁同步电机的转矩 – 转速特性和功率特性和恒功率范围取决于最小的 d 轴磁链。

$$\psi_{d,\min} = \psi_{\mathrm{PM}} - L_d i_{dm} \tag{5-31}$$

式中，i_{dm} 为最高电流限。图 5-25 为几种典型的 $\psi_{d,\min}$ 下的功率 – 速度特性曲线。这些曲线可分为两种情况：当 $\psi_{d,\min} < 0$ 时，最大运行转速理论上无限大，但最大输出功率随 $\psi_{d,\min}$ 的减小（即负得更多）而减小；当 $\psi_{d,\min} > 0$ 时，最大运行转速受到了限制，但最大输出功率比 $\psi_{d,\min} < 0$ 时要大。$\psi_{d,\min} = 0$ 为理想的恒功率运行，其理想的运行范围是无穷大的。但对于普通的同步磁阻电机来说，$\psi_{d,\min} = 0$ 是不可能的，因为直轴电感不可能为零，因此 $\psi_{d,\min} < 0$。对于普通的永磁同步电机，其永磁的添加量较多而交直轴电感的值很小，从而导致 $\psi_{d,\min} = 0$，最高速度受到了限制，恒功率范围很窄。

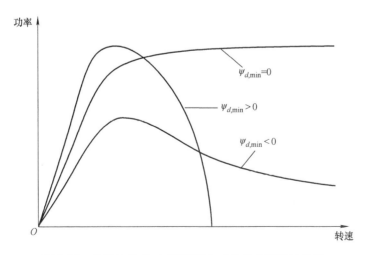

图 5-25　典型的功率 – 速度特性与 d 轴最小磁链的关系

三、永磁同步电机的系统组成

位置、速度、电流三闭环电机控制的基本框图如图5-26所示。

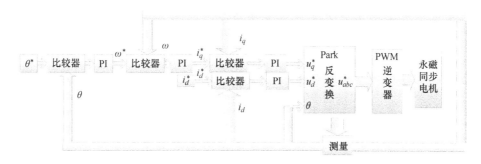

图5-26　SVPWM矢量控制框图

通过位置传感器、速度传感器得到电机的实际转子角和转速回馈，并与参考值相比较，利用PI调节器得到两相参考电流，然后经过电流调节器得到u_q^*和u_d^*，利用SVPWM产生三相交流电压供给同步磁阻永磁电机，完成整个控制过程。

控制中使定子电流励磁分量i_d^*为常数，此常数是机械特性曲线使恒转矩区的转矩达到最优的那个值。定子电流转矩分量i_q^*是依据PI调节器的输出而变化的。这样就实现了磁场定向的控制。

四、电流极限方程和电压极限方程

电动汽车的电机性能受到逆变器的制约，特别是电动机的相电压的极限值$u_{\lim}$和电流的极限值$i_{\lim}$。

$$(L_q i_q)^2 + (L_d i_d + \psi_{PM})^2 = \left(\frac{u_{\lim}}{\omega}\right)^2 \tag{5-32}$$

$$i_d^2 + i_q^2 = i_{\lim}^2 \tag{5-33}$$

$$u = \sqrt{u_d^2 + u_q^2} \tag{5-34}$$

当逆变器直流母线电压为U_{dc}时，丫联结电动机的最大基波相电压有效值为

$$U_{\lim} = \frac{U_{dc}}{\sqrt{6}} \tag{5-35}$$

为了提高$U_{\lim}$，采用一定的过调制技术是很有意义的。

五、永磁同步电机的电流控制

$i_d = 0$控制方法为永磁同步电机矢量控制最常见的方法之一，常用于表贴式三相永磁同步电机。

永磁同步电机基于同步旋转dq坐标系的电压方程：

$$\begin{cases} u_d = R_s i_d + L_d p i_d - \omega L_q i_q \\ u_q = R_s i_q + L_q p i_q + \omega L_d i_d + \omega \phi_f \end{cases} \tag{5-36}$$

式中，u_d、u_q 为 d、q 轴电压；R_s 为定子相电阻；i_d、i_q 为 d、q 轴电流；L_d、L_q 为 d、q 轴电感；p 为微分算子；ω 为电角速度；ϕ_f 为转子永磁体磁链。

将其转换为电流方程的形式，则有

$$\begin{cases} i_d = \dfrac{u_d + \omega L_q i_q}{R + L_d s} \\ i_q = \dfrac{u_q - \omega L_d i_d - \omega \phi_f}{R + L_q s} \end{cases} \tag{5-37}$$

$i_d = 0$ 控制就是让 PMSM 定子电流的直轴分量始终等于0，由 PMSM 电压方程，得

$$\begin{cases} u_d = -\omega L_q i_q \\ u_q = R_s i_q + L_q p i_q + \omega \phi_f \end{cases} \tag{5-38}$$

直轴电流 $i_d = 0$，也就是直轴绕组等效电路处于开路状态。于是，不妨忽略定子直轴电压分量的影响，仅由交轴电压方程可知：定子电枢绕组即是交轴电流分量，励磁磁链等于转子永磁体产生的磁链，其大小恒定不变。在等效交轴绕组中，励磁电动势只和转子角速度成正比。由于定子磁动势与转子磁场两者的空间矢量正交，所以此时电磁转矩与交轴电流成正比，即

$$T_e = \frac{3}{2} p \psi_{PM} i_q \tag{5-39}$$

电动机完全模拟他励直流电机的控制特性，由于永磁体的存在，电枢反应很弱，控制简单、稳定。其能达到的最高转速为

$$\omega_{mb} = \frac{u_{lim}}{\sqrt{(p\psi_{PM})^2 + \left(\dfrac{2 T_{em} L_q}{3 \psi_{PM}}\right)^2}} \tag{5-40}$$

六、单位电流最大转矩控制

最大转矩电流比控制仍是在矢量控制框架下，其与 $i_d = 0$ 不同点在于电流环指令电流的获取方式不一样。最大转矩电流比控制关键在于推导得到转矩与电流之间的数学表达式。

$$\begin{aligned} T_e &= \frac{3}{2} P_n \left[\psi_f i_q + (L_d - L_q) i_d i_q \right] \\ &= \frac{3}{2} P_n \psi_f i_q + \frac{3}{2} P_n (L_d - L_q) i_d i_q \\ &= T_r + T_m \end{aligned} \tag{5-41}$$

由上式转矩方程可知，电机转矩分为永磁转矩 T_r 和磁阻转矩 T_m，在使用 $i_d = 0$ 的控制策略时，磁阻转矩 $T_m = 0$，只剩下永磁转矩 T_r，这会导致电机的电流利用率不高。对于带有凸极特性的永磁同步电机来说，$i_d = 0$ 控制显然没有发挥磁阻转矩的功能，为了提高电机的效率，获得最大的转矩输出，宜采用单位电流最大转矩控制。

由式（5-41）结合电机的相电流矢量公式可得

$$T_e = \frac{3}{2} P_n \left[\psi_f i_q + (L_d - L_q) i_d i_q \right] \tag{5-42}$$

假设 γ 为电枢电流空间矢量与直轴位置的相位角，则有

$$\begin{cases} i_d = i_s \cos\gamma \\ i_q = i_s \sin\gamma \end{cases} \tag{5-43}$$

将式（5-43）代入式（5-42）中，得

$$T_e = \frac{3}{2} P_n \psi_f i_s \sin\gamma + \frac{3}{4} P_n (L_d - L_q) i_s^2 \sin 2\gamma \tag{5-44}$$

依据最大转矩电流比控制策略，单位电流下的转矩表达式为

$$f(\gamma) = \frac{T_e}{i_s} = \frac{3}{2} P_n \psi_f \sin\gamma + \frac{3}{4} P_n (L_d - L_q) i_s \sin 2\gamma \tag{5-45}$$

假定电流 i_s 幅值保持恒定，则单位电流电磁转矩取最大值时，有

$$\frac{\partial f(\gamma)}{\partial \gamma} = 0 \tag{5-46}$$

由此得

$$(L_d - L_q) i_s (2\cos^2\gamma - 1) + \psi_f \cos\gamma = 0 \tag{5-47}$$

解之，得

$$\cos\gamma = \frac{-\psi_f + \sqrt{\psi_f^2 + 8(L_d - L_q)^2 i_s^2}}{4(L_d - L_q) i_s} \tag{5-48}$$

将式（5-48）代入式（5-43）中，得

$$i_d = \frac{-\psi_f + \sqrt{\psi_f^2 + 8(L_d - L_q)^2 i_s^2}}{4(L_d - L_q)} \tag{5-49}$$

由于 $i_s = \sqrt{i_d^2 + i_q^2}$，则用 i_q 表示 i_d 为

$$i_d = \frac{-\psi_f + \sqrt{\psi_f^2 + 4(L_d - L_q)^2 i_q^2}}{2(L_d - L_q)} \tag{5-50}$$

将式（5-50）代入式（5-42）中，得

$$T_e = \frac{3}{2} P_n i_q \left[\psi_f + \sqrt{\psi_f^2 - 4(L_d - L_q)^2 i_q^2} \right] \tag{5-51}$$

由此，可依据所设计的 i_q 和 i_d 实现转矩电流比的控制策略。

七、弱磁控制

永磁同步电机弱磁的思想来源于他励直流电机的调磁控制。当他励直流电动机的端电压达到最大值之后，无法再用调压调速来提高转速，只有通过降低电动机的励磁电流，从而降低励磁磁通，实现在保证电压平衡的条件下，电机速度提升到额定转速以上。

永磁同步电机的励磁磁通是由永磁体提供的，这个磁通是恒定不变的。这个时候如果我们想降低磁通强度，就只能通过增大定子电流的去磁分量来削弱气隙磁通，这样才能达到跟他励直流电动机的弱磁等效。

永磁同步电机弱磁控制的本质和规律可以用电压平衡方程加以说明：

$$u_s = \omega_e \sqrt{(\rho L_d i_q)^2 + (L_d i_d + \psi_f)^2} \tag{5-52}$$

式中，$\rho = \dfrac{L_q}{L_d}$ 为电机的凸极率。

由上式可以看出，在电压达到最大时，要想再升高转速，就只能靠调节 i_d 和 i_q 来实现了，这就是电机的弱磁运行方式。同时电机的电流也是有相应的限制的，增大 i_q 的同时必须要减小 i_d，才能保持电流矢量的大小不变。一般是通过增大 i_d 来实现弱磁扩速。

电机的电压方程为

$$\begin{cases} u_d = -\omega_e L_q i_q + R_s i_d \\ u_q = \omega_e L_d i_d + \omega_e \psi_f + R_s i_q \end{cases} \tag{5-53}$$

将电压方程代入电压平衡方程中，并忽略定子压降，可得

$$\left(\frac{u_{lim}}{\omega}\right)^2 = (L_q i_q)^2 + (L_d i_d + \psi_f)^2 \tag{5-54}$$

由上式可知，电压极限轨迹是一个椭圆，椭圆的圆心为 $\left(\dfrac{-\psi_f}{L_d},\ 0\right)$。

永磁同步电机的电流极限方程为

$$\begin{cases} i_d^2 + i_q^2 = i_{lim}^2 \\ i_{lim} = \sqrt{3} I_{lim} \end{cases} \tag{5-55}$$

式中，I_{lim} 是电机允许的最大相电流值。

如果要使电机稳定运行，电流矢量的终点必须落在电流极限环和电压极限环的圆之内，也就是电流矢量的终点必须落在电压极限环和电流极限环的公共区域，如图 5-27 所示，否则电机将无法稳定运行。

当电机超过转折转速后，要想继续升高转速，只能通过弱磁实现调速。实现弱磁的方法为超前角弱磁控制。超前角 β 为两相旋转坐标系 dq 坐标系下，定子电流矢量超前于 q 轴的电角度，如图 5-28 所示。

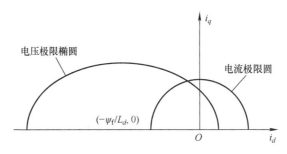

图 5-27　电压极限椭圆和电流极限圆

通过调节超前角 β，调节电流在 d、q 轴上的分量，并且利用 i_d 去削弱直轴磁场分量 ψ_d 和减小 i_q 以减小 ψ_q，从而减小合成磁场而提高转速。这时，$|u| = u_{lim}$，i_d 逐渐向负的方向增加，同时 i_q 减小以保持 $|i_s| = i_{lim}$。

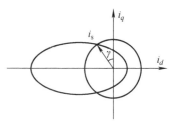

图 5-28　超前角示意图

八、最大输出功率控制

对于 $\psi_{PM} \leqslant L_d i_{lim}$ 的电机，i_d 的最大值应控制在 $-\psi_{PM}/L_d$，如果 $i_d < -\psi_{PM}/L_d$，则 $\psi_{d,min} = \psi_{PM} - L_d i_{dm} < 0$，增加的电流

反而是增磁的作用，导致电机转速不能有效提高，这种弱磁的情况下，保持 $i_d = -\psi_{PM}/L_d$，逐渐减小 i_q，其理想无限转速为无穷大。由于 $P_{em} = T_{em}\omega_m \propto i_q\omega_e = \dfrac{u_{lim}}{L_q}$，所以这是一种恒功率控制状态。

对于 $\psi_{PM} > L_d i_{lim}$ 的电机，其理想最高转速为

$$\omega_m = \frac{u_{lim}}{p(\psi_{PM} - L_d i_{lim})} \tag{5-56}$$

九、定子电流的最佳控制

当对以上各种电流控制方式进行适当组合后，就可以得到以输出功率和输出转矩为目标的定子电流的最佳控制，如图 5-29 和图 5-30 所示，当 $\psi_{PM} \leqslant L_d i_{lim}$ 时，电机的理想最高转速为无穷大，电流控制由低速时的恒转矩以及高速时的弱磁及最大功率控制三个阶段组成，当 $\psi_{PM} > L_d i_{lim}$ 时，则只有恒转矩和弱磁控制两个阶段。

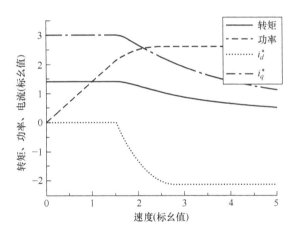

图 5-29　定子电流的最佳控制（$\psi_{PM} < L_d i_{lim}$）

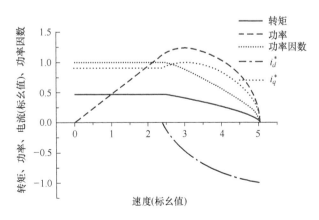

图 5-30　定子电流的最佳控制（$\psi_{PM} > L_d i_{lim}$）

第五节 永磁同步电机直接转矩控制

直接转矩控制（DTC）目前已成功应用于异步电动机，近年来在永磁同步电机（PMSM）中的应用也得到了一些研究。参考文献中关于凸极同步电机 DTC 的推导，可以得出永磁同步电机以定转子磁链夹角 δ_{sr} 表示的转矩公式：

$$T = \frac{3p\,|\psi_s|}{4L_d L_q}\big[\,2\psi_f L_q \sin\delta_{sr} - |\psi_s|\,(L_q - L_d)\sin2\delta_{sr}\,\big] \tag{5-57}$$

从中可以看出，如果保持定子磁链 ψ_s 的幅值不变，转矩将直接由 δ_{sr} 决定。如果能尽快改变 δ_{sr}，就能得到快速的转矩响应，这就是永磁同步电机 DTC 的基本思路。

图 5-31 为 DTC 的控制仿真原理图。图 5-32 和图 5-33 分别为电流响应和转矩响应，转矩跟踪的效果非常好。因此，在永磁同步电机中采用 DTC 是可行的，但和异步电机中类似，磁通观测及定子电阻参数的辨识是 DTC 的关键，如何更好地降低转矩脉动也值得深入研究。

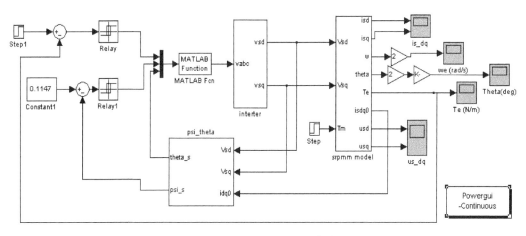

图 5-31　SR – PM 的 DTC 仿真

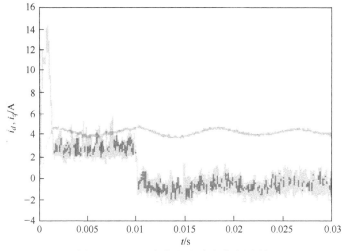

图 5-32　DTC 中的电流响应仿真图形

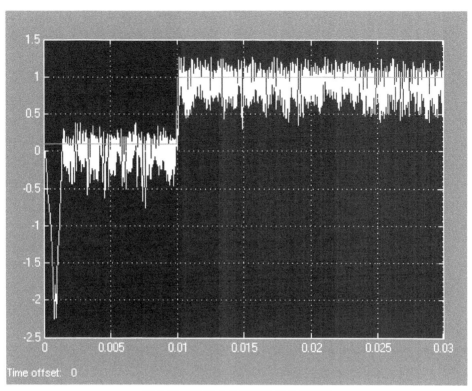

图 5-33　DTC 中的转矩响应仿真图形

第六节　永磁同步电机无速度传感器控制

　　传统的永磁同步电机转速是通过机械式的传感器检测获得，在工作环境发生恶劣变化或者存在机械振动时，检测结果将无法保证。同时，由于传感器的引入，也大大增加了系统的成本。无速度传感器的永磁同步电机控制可以提高系统的可靠性和抗干扰性。20 世纪 80 年代初期，国外有学者将矢量控制和无速度传感器控制技术结合应用于感应电机，并于 1989年开始了无速度传感器技术在永磁同步电机上的应用研究。伴随着数字控制技术的迅速发展以及现代控制策略和智能控制策略的不断应用和改进，无速度传感器在永磁同步电机上的应用也越来越广泛。

　　无速度传感器是利用电机绕组中的有关电信号，通过直接计算、参数辨识、状态估计等手段，从定子边较易测量的量（如电压、电流）中提取出与转速相关的量。目前，根据无速度传感器控制在不同速度范围内的估计效果，一般将它们分为适用于中高速状态下的无速度传感器控制方法和适用于零速或低速状态下的无速度传感器控制方法。通常以额定转速的10% 作为低速和中高速的分界。

一、适用于中高速状态下的无速度传感器控制方法

　　适用于中高速状态下的无速度传感器控制方法主要依靠电机基波激励模型中与转速相关的量（如反电动势等）来进行转子位置和速度的估计。下面对常用的中高速无速度传感器

控制方法进行简单介绍。

（1）直接计算法　直接计算法的基本思路是利用传感器测得的定子电压和电流，利用电机在两相静止坐标系下的定子电压模型，直接计算和转子位置角相关的电机变量（如反电动势或定子磁链等），然后利用反正切函数得到转速和转子位置。该方法虽然简单，响应速度快，易于实现，但是对于电流测量噪声十分敏感，且估计的准确性极大依赖于电机参数的准确性，抗干扰能力差。此外，由于纯积分的存在，有可能令转子位置的估计产生偏差。

（2）基于模型参考自适应法的转速估计方法　利用模型参考自适应法（model reference adaptive system，MRAS）估计电机转速的原理是选取两个具有相同物理意义输出量的模型，其中一个模型含有转速信息，另一个模型不含有转速信息，利用它们的输出量的差值作为自适应法的输入对转速进行估计，当转速被准确估计时，两个模型的输出量的偏差趋于零。模型的输出量可以是定子磁链、反电动势或者无功功率。

（3）基于状态观测器的速度估计方法　利用状态观测器法进行转速估计的核心任务是进行状态重构。目前在永磁同步电机无速度传感器技术中常用的有扩展卡尔曼滤波器法（extend Kalman filter，EKF）、滑模观测器法（sliding mode observer，SMO）以及自适应全阶观测器（adaptive full – order observer，AFO）等。

扩展卡尔曼滤波器法（EKF）适用于非线性系统，具有良好的抗噪性。该算法分三个阶段：预测阶段、卡尔曼增益计算及修正阶段。扩展卡尔曼滤波器法的计算量较大，对硬件要求高，且噪声矩阵的确定涉及多个因素，这些都增大了扩展卡尔曼滤波器法的应用难度。

滑模观测器法（SMO）易于实现、响应快速、具有较强的鲁棒性，对于参数漂移变化具有一定的适应性。但是输入变量的离散性带来的系统抖振问题会损害滑模观测器的辨识精度，且估计出的转速中含有高次谐波，影响转速环控制。

自适应全阶观测器（AFO）也称为 Luenberger 观测器，其本质上也属于模型参考自适应法的一种，但是该方法直接将电机本体视为参考模型，且将自适应反馈控制引入可调模型的校正环节。由于参考模型直接选用电机本体，而不是电压模型，所以避免了纯积分问题。AFO 不仅可以用来估计永磁同步电机转子位置和速度，还可以利用合适的方法来在线辨识电机参数，减小了参数变化的影响，提高了系统的稳定性，但是利用全阶观测器对永磁同步电机进行多参数辨识，需要考虑欠秩问题，否则会导致辨识结果的不唯一性，难以应用，这也是目前研究的一个重点。扩展 Luenberger 观测器通常将所有外部干扰或系统不确定性因素作为总干扰（比如不确定的反电动势扰动量等），并将其作为附加状态变量处理，这样有利于提高系统估计的准确性和抗干扰能力。

直接计算法、基于模型参考自适应法、基于状态观测器法都是基于电机基波激励模型设计的，利用与转速有关的变量来估计转速和位置。实际应用中，还应考虑逆变器非线性、电机参数不准确等非理想因素的影响。在低速工况下，此类方法对电机参数的敏感性高，且由于反电动势较小，信噪比较低，难以通过反电动势获取准确的电机转速和转子位置。而在零速工况下，由于电机本身是不可测的，所以基于电机基波激励模型的方法是无效的。

二、适用于零速附近的无速度传感器控制方法

在电机低速甚至零速工况下，无速度传感器控制策略主要是基于电机本身的凸极特性或利用定子铁心的非线性饱和特性。目前主要使用的方法有高频旋转电压注入法和高频脉冲电

压注入法两种。

（1）基于高频旋转电压注入法的转速估计方法　利用高频旋转电压注入法估计转速的原理是将高频旋转电压信号注入永磁同步电机的两相静止坐标系中，定子绕组产生高频旋转磁场，利用转子结构的凸极特性，在定子绕组中产生包含转子位置信息的高频电流响应，然后对高频电流进行解调处理，通过外差法得到转子位置估算值和实际值的误差信号，然后通过一个锁相环或者 Luenberger 观测器进行闭环控制，当观测误差趋于零时，转子估算位置逼近于真实值。

（2）基于高频脉冲电压注入法的转速估计方法　该方法对于高频电流相应信息的处理和高频旋转电压注入法基本一致，但是其通过向旋转坐标系中的 d 轴注入高频电压信号来产生饱和凸极性，继而得到转子位置信息，而不是利用转子结构的凸极性。所以该方法对于表贴式永磁同步电机和凸极率较低的内置式永磁同步电机均适用。

但是，由于逆变器非线性以及滤波器的使用等因素，上述两种方法都会有较大的相位偏移，当前对于相位偏移的补偿主要有统一补偿法和直接补偿法两种形式。

第七节　永磁同步电机再生制动与能量回馈

一、永磁同步电机再生系统基本结构

一般而言，电动汽车的制动能量回收系统由再生制动和液压制动组成，再生制动可以对车辆提供部分制动力，但在紧急制动情况下需与液压制动相配合。再生系统的结构核心是永磁同步电机、再生制动控制器、电机控制器和储能系统。

再生制动的过程为当驾驶员踩下制动踏板时，系统对再生制动控制器传送指令，根据所得到的制动指令，将所需的制动力分配为再生制动和机械制动两部分。再生制动控制器将控制信号发送给电机控制器，使电机控制器控制电机转变工作状态，进行能量的转变，将所产生的电能通过三相逆变电路流向储能系统。

永磁同步电机应用在电动汽车上时，主要有四种工作状态，即正转电动状态、正转发电状态、反转电动状态、反转发电状态。若将电机的运行速度 n 用纵轴表示，电机的电磁转矩 T 用横轴表示，则可以构成一个四象限的平面，一、二、三、四象限分别对应正转电动、回馈制动、反转电动、反接制动，如图 5-34 所示。在车辆正常行驶时，电机正向运行，工作于第一象限；车辆处于制动时，电机反向运行，工作于第二象限；当车辆处于倒车状态时，电机

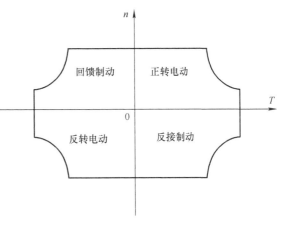

图 5-34　电机四象限运行

为反向电动状态，工作于第三象限；车辆处于倒车制动时，工作于第四象限，代表反接制动状态。

再生制动过程主要是使永磁同步电机实现在发电机和电动机间的相互转换，当电机工作在发电机状态时，由于电动机的转动惯性，转子的旋转切割定子绕组，从而感应出电动势。感应电动势通过电力装置将再生制动过程中所产生的能量回馈到储能系统之中，使能量得到完全利用，同时转子受力减速，达到制动的效果。

二、永磁同步电机能量再生机理分析

对于有源电压型逆变永磁同步电机驱动系统，常采用如图 5-35 所示的交 – 直 – 交主电路结构。

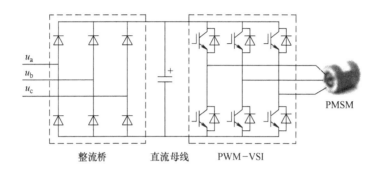

图 5-35　传统永磁同步电机变频调速系统

永磁同步电机制动运行时，电机处于能量再生状态，即负载中的能量通过电机向驱动器的直流侧传递。由于前端采用二极管整流，当母线电压高于 U_m（输入线电压峰值），电网不能再向滤波电容充电，这时若母线产生泵升电压，则能量一定由电机负载提供。

在三相半桥永磁同步电机驱动系统中，能量再生主要发生于以下三种情况中：①由于开关器件死区时间引起的能量再生；②反电动势高于端电压、小于母线电压的 Boost 方式能量再生；③电机反电动势高于母线电压的能量再生。

（一）由于开关器件死区时间引起的能量再生

假设电机处于图 5-36a 所示的电动状态且驱动器开关状态为 101（T_1、T_4、T_5 开通，T_2、T_3、T_6 关断）组合状态，当其向 100 状态切换的过程中，6 个功率开关管由于控制信号的死区而都处于关闭状态。由于电感中的电流不能突变，因此存储在电感中的能量必须通过与 T_2、T_3、T_6 反向并联的续流二极管 D_2、D_3、D_6 继续流动并给母线电容充电，导致母线电压升高。电机中的电流流动如图 5-36b 所示。该情况下产生的再生能量和电机电阻 R 及电感 L 有关。如果电容 C 固定，那么电感越大、电阻越小，则回馈的能量越多。但由于死区时间很短，该续流情况通常不会使母线电压明显升高。

（二）Boost 方式能量再生

Boost 方式能量再生是指电机反电动势低于母线电压情况下发生的能量再生。式（5-58）是 PMSM 在 dq 坐标系下的电压方程。由公式可知，当交、直轴电感压降和反电动势之和超过逆变电压，即 $\dfrac{\mathrm{d}\psi_d}{\mathrm{d}t} - \omega_e\psi_q$ 和 $\dfrac{\mathrm{d}\psi_q}{\mathrm{d}t} + \omega_e\psi_d$ 超过逆变端电压 u_d、u_q，电流将改变

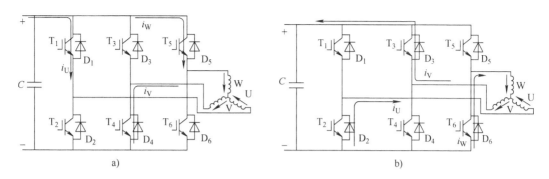

图 5-36　PMSM 运行在开关模式的切换过程中

方向，再生能量向直流侧流动。

$$
\begin{cases}
u_d = R_s i_d + \dfrac{\mathrm{d}\psi_d}{\mathrm{d}t} - \omega_e \psi_q \\[2mm]
u_q = R_s i_q + \dfrac{\mathrm{d}\psi_d}{\mathrm{d}t} + \omega_e \psi_d
\end{cases}
\tag{5-58}
$$

如图 5-37 所示，从电机一相来看，该状态电路工作在 Boost 模式，类似于 Boost 变换器。在每个开关周期，电机电感首先存储能量（线圈切割磁力线获得的能量），再将能量通过续流二极管释放并存储到母线滤波电容中，此时该相电感压降和反电动势之和高于母线电压。该状态下电机相当于一个发电机，驱动器给电机以制动转矩。这种情况发生在电机运行到停止的各种制动状态。

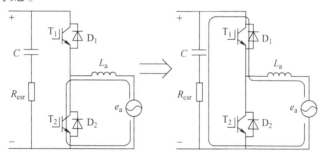

图 5-37　A 相电路的 Boost 工作状态

（三）电机反电动势高于母线电压能量再生

电机反电动势高于母线电压能量再生是最常见也是损害性最大的一种情况。当外界负载拖拽电机，电机高于额定转速运行，并使电机反电动势高于母线电压，电流将通过续流二极管向电容充电，电机处于发电机状态，使母线电压持续升高。这种情况通常发生在位能负载释放其势能的时候。由于电流流动产生了制动转矩，驱动器本身起到了制动作用。

参 考 文 献

［1］肖强，杨贵杰，胡开埝. 永磁同步电动机能量回馈机理分析与研究［J］. 微特电机，2008（10）：4 – 7，21.

［2］邹恺睿. 电动汽车再生制动能量回馈控制方法研究［D］. 长春：长春工业大学，2020.

第六章

永磁无刷直流电动机控制

现代电机与控制技术以电流驱动模式的不同将永磁无刷直流电动机分为两大类：方波驱动电机和正弦波驱动电机。前者称为无刷直流电动机（BLDC）或电子换相直流电动机（electronically commutated motor，ECM），后者曾有人称为无刷交流电动机（BLAC），现在已常常称为永磁同步电动机（PMSM）。

表面看来，BLDC 和 PMSM 的基本结构是相同的：它们都是永磁电动机，转子由永磁体组成基本结构，定子安放有多相交流绕组；都是由永久磁体（PM）转子和定子的交流电流相互作用产生电机的转矩；在绕组中的驱动电流必须与转子位置反馈同步。转子位置反馈信号可以来自转子位置传感器，或者像一些无传感器控制方式那样通过检测电机相绕组的反电动势（EMF）等方法得到。虽然永磁同步电动机和无刷直流电动机的基本架构相同，但它们在实际的设计细节上的不同是由它们如何驱动决定的，即无刷直流电动机是方波（或梯形波）电流驱动，PMSM 是正弦波电流驱动。

第一节 永磁无刷直流电机结构与工作原理

一、永磁无刷直流电机的结构

永磁无刷直流电机是在直流电机的转子上装置永久磁体，不再用电刷和换向器传输转子励磁电流。工作时，直接将方波电流输入无刷直流电机定子绕组中，控制其运转。永磁无刷直流电机起动转矩大、过载能力强、体积小、效率高、控制方便，非常适合新能源车的运行特性。

无刷直流电机由电机和电子驱动器两部分组成，如图 6-1 所示。无刷直流电机基本结构如图 6-2 所示。电机部分的结构和传统的电励磁交流永磁同步电机相似，其定子上有多相绕组，转子上镶有永磁体。但由于运行原理的需要，还需要有转子位置传感器。转子位置传感器的作用是检测出转子磁场轴线和定子相绕组轴线的相对位置，决定每一时刻相绕组的通电状态，即决定电子驱动器的功率开关器件的通/断状态，接通/断开电机相应的相绕组。因此，无刷直流电机本质上是由电子逆变器驱动的有位置传感器反馈控制的交流同步电机。

从另一角度看，无刷直流电机可看成是一个定转子倒置的直流电机。普通永磁直流电机的电枢绕组在转子上，永磁体则在定子上。有刷直流电机的所谓换向，实际上是其相绕组的换向过程，它是借助于电刷和换向器来完成的。而无刷直流电机的相绕组的换相过程则是借助于位置传感器和电子逆变器的功率开关来完成的。无刷直流电机以电子换相代替了普通直

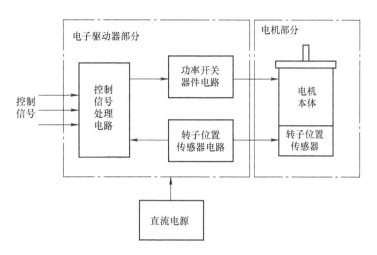

图 6-1　无刷直流电机组成

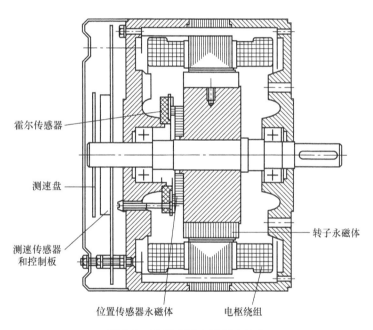

图 6-2　无刷直流电机基本结构

流电机的机械换向，从而提高了可靠性。无刷直流电机具有有刷直流电机相似的线性机械特性和线性转矩－电流特性。

二、方波驱动的转矩产生原理

图 6-3 给出了理想情况下，两种电流驱动模式的磁通密度分布、相反电动势、相电流和电磁转矩波形。无刷直流电动机（BLDC）采用方波电流驱动模式。对于常见的三相桥式 6 状态工作方式，在 360°（电气角）的一个电气周期时间内，可均分为 6 个区间，或者说，三相绕组导通状态分为 6 个状态。三相绕组端 A、B、C 连接到由 6 个大功率开关器件组成的三相桥式逆变器 3 个桥臂上。绕组为丫联结时，这 6 个状态中任一个状态都有两个绕组串

联导电，一相为正向导通，一相为反向导通，而另一个绕组端对应的功率开关器件桥臂上下两器件均不导通。这样，观察任意一相绕组，它在 1 个电气周期内，有 120° 是正向导通，然后 60° 为不导通，再有 120° 为反向导通，最后 60° 是不导通的。

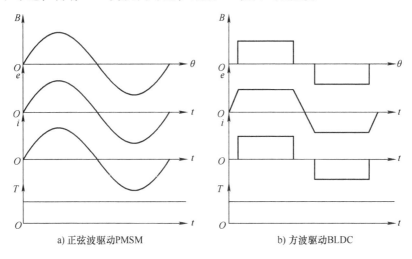

a) 正弦波驱动PMSM   b) 方波驱动BLDC

图 6-3　两种电流驱动模式波形

　　首先讨论一相绕组在 120° 正向导通范围内产生的转矩。当电机转子恒速转动，电流指令为恒值的稳态情况下，由控制器电流环作用强迫该相电流为某一恒值。在理想情况下，无刷直流电机设计气隙磁通密度分布使每相绕组的反电动势波形为有平坦顶部的梯形波，其平顶宽度应尽可能地接近 120°。在转子位置传感器作用下，使该相电流导通 120° 范围和同相绕组反电动势波形平坦部分 120° 范围在相位上是完全重合的，如图 6-3b 所示。这样，在 120° 范围内，该相电流产生的电磁功率和电磁转矩均为恒值。由于每相绕组正向导通和反向导通的对称性，以及三相绕组的对称性，总合成电磁转矩为恒值，与转角位置无关。

　　在一相绕组正向导通 120° 范围内，输入相电流 I 为恒值，它的一相绕组反电动势 E 为恒值，转子角速度为 Ω 时，一相绕组产生的电磁转矩 T_{ep} 由下式表示：

$$T_{\mathrm{ep}} = \frac{EI}{\Omega} \tag{6-1}$$

　　考虑在 1 个电气周期内该相还反向导通 120°，以及三相电磁转矩的叠加，则在 1 个 360° 内的总电磁转矩 T 为

$$T = \frac{3(2 \times 120°)}{360°} \frac{EI}{\Omega} = 2\frac{EI}{\Omega} \tag{6-2}$$

　　在上述理想情况下，方波驱动永磁无刷直流电机有线性的转矩-电流特性，理论上转子在不同转角时都没有转矩波动产生。但是，对于实际的永磁无刷直流电机，因为无刷直流电机绕组存在一定的电感，它妨碍了电流的快速变化。无刷直流电机的实际电流上升需要经历一段时间，电流从其最大值回到零也需要一定的时间。因此，在绕组换相过程中，输入无刷直流电机的相电流是接近梯形的而不是矩形的。每相反电动势梯形波平顶部分的宽度很难达到 120°。再加上齿槽效应的存在和换相过渡过程电感作用等原因，电流波形也与理想方波有较大差距，转矩波动实际上必然存在。

　　为了初始化电机的起始和换向相电流，需要检测方波反电动势平顶区域的开始和结束

点。这对一台三相电机而言，相当于在每个电周期检测 6 个离散的位置。这些位置可以通过间隔 120°电角度安放 3 个霍尔传感器获得，与之相比，在永磁同步电动机中则需要连续的和瞬时的转子绝对位置信息，而在永磁无刷直流电机中对位置信号的要求相对简单，三相电机只需要 6 个离散位置信号，因此在位置传感器方面可以节省大量成本。另外在永磁同步电机驱动中常见的矢量控制等方法在无刷直流电机驱动中却并不需要。

三、永磁无刷直流电机的数学模型

永磁无刷直流电机的磁通分布为梯形波，因此适用于永磁同步电机的转子 dq 轴参考系模型对其已不再适用。鉴于磁通的非正弦分布，推导无刷直流电机相变量的数学模型需要十分谨慎。这个模型的推导基于以下假设：忽略由于定子谐波磁场在转子中产生的感应电流；忽略铁损和杂散损耗。无刷直流电机中通常不含阻尼绕组，并且阻尼电流是由控制器提供的。仅考虑电机是三相时的情况，当然，即使是多相电机，这个推导过程仍然是成立的。

用电机电气时间常数表达的定子绕组的耦合电路方程组如下：

$$\begin{pmatrix} v_{as} \\ v_{bs} \\ v_{cs} \end{pmatrix} = \begin{pmatrix} R_s & & \\ & R_s & \\ & & R_s \end{pmatrix} \begin{pmatrix} i_{as} \\ i_{bs} \\ i_{cs} \end{pmatrix} + \begin{pmatrix} L_{aa} & L_{ab} & L_{ac} \\ L_{ba} & L_{bb} & L_{bc} \\ L_{ca} & L_{cb} & L_{cc} \end{pmatrix} p \begin{pmatrix} i_{as} \\ i_{bs} \\ i_{cs} \end{pmatrix} + \begin{pmatrix} e_{as} \\ e_{bs} \\ e_{cs} \end{pmatrix} \tag{6-3}$$

式中，v_{as}、v_{bs}、v_{cs}，i_{as}、i_{bs}、i_{cs} 是三相电压和电流；R_s 是定子相电阻，并假定三相电阻相等；p 为微分算子 d/dt；反电动势 e_{as}、e_{bs}、e_{cs} 认为是梯形波，E_p 是其峰值，可按下式计算：

$$E_p = (Blv)N = N(Blr\omega_m) = N\Phi_a\omega_m = \lambda_p\omega_m \tag{6-4}$$

式中，N 为每相串联导体数；v 为速度（m/s）；l 为导体长度（m）；r 为转子外径（m）；ω_m 为角速度（rad/s）；B 为导体所在的场域中的磁通密度。

这个磁通密度只与转子上的永磁体有关。Blr 的乘积 Φ_a 与磁通有相同的量纲，并且与气隙磁通 Φ_g 成正比，如下式：

$$\Phi_a = Blr = \frac{1}{\pi}B\pi lr = \frac{1}{\pi}\Phi_g \tag{6-5}$$

注意磁通与每相串联导体数的乘积与磁链有着相同的量纲，记为 λ_p。其与每相磁链成正比，比例系数为 $1/\pi$，因此此后我们称它为辅助磁链。

假设三相对称，那么各相的自感应该相等，各相的互感也应该相等，把它们计为

$$L_{aa} = L_{bb} = L_{cc} = L, \ L_{ab} = L_{ac} = L_{ba} = L_{bc} = L_{ca} = L_{cb} = M \tag{6-6}$$

因此无刷直流电机的数学模型可以表示为

$$\begin{pmatrix} v_{as} \\ v_{bs} \\ v_{cs} \end{pmatrix} = \begin{pmatrix} R_s & & \\ & R_s & \\ & & R_s \end{pmatrix} \begin{pmatrix} i_{as} \\ i_{bs} \\ i_{cs} \end{pmatrix} + \begin{pmatrix} L & M & M \\ M & L & M \\ M & M & L \end{pmatrix} p \begin{pmatrix} i_{as} \\ i_{bs} \\ i_{cs} \end{pmatrix} + \begin{pmatrix} e_{as} \\ e_{bs} \\ e_{cs} \end{pmatrix} \tag{6-7}$$

认为定子相电流是平衡的，即 $i_{as} + i_{bs} + i_{cs} = 0$，因此可以简化数学模型中的电感矩阵

$$\begin{pmatrix} v_{as} \\ v_{bs} \\ v_{cs} \end{pmatrix} = \begin{pmatrix} R_s & & \\ & R_s & \\ & & R_s \end{pmatrix} \begin{pmatrix} i_{as} \\ i_{bs} \\ i_{cs} \end{pmatrix} + \begin{pmatrix} L-M & & \\ & L-M & \\ & & L-M \end{pmatrix} p \begin{pmatrix} i_{as} \\ i_{bs} \\ i_{cs} \end{pmatrix} + \begin{pmatrix} e_{as} \\ e_{bs} \\ e_{cs} \end{pmatrix} \tag{6-8}$$

观察上式可以看出：相电压方程实际上和直流电机的电枢方程一致。这种与直流电机的

相似性，以及没有电刷和换向器正是工业上将这种电机称为无刷直流电机的原因。

电磁转矩方程为

$$T_e = (e_{as}i_{as} + e_{bs}i_{bs} + e_{cs}i_{cs})\frac{1}{\omega_m} \tag{6-9}$$

用转动惯量 J、摩擦系数 B 和负载转矩 T_l 表示简单系统中的运动方程为

$$J\frac{d\omega_m}{dt} + B\omega_m = T_e - T_l \tag{6-10}$$

第二节 永磁无刷直流电机的控制

一、永磁无刷直流电机基本控制结构框图

为了使电机恒转矩运行，驱动器需要 6 个离散的位置信号。它们分别对应于定子三相通电时的每一个 60°电角度。永磁无刷直流电机的传统控制相对简单，如图 6-4 所示。转子绝对位置信号由编码器或霍尔传感器给出，并且通过信号处理器将其变为转子速度信号。转子速度与参考值进行比较，得到的转速误差通过转速控制器进行放大。转速控制器的输出提供参考转矩 T_e^*。从转矩表达式可以获得电流参考值 I_p^*，见下式：

$$T_e^* = \lambda_p[f_{as}(\theta_r)i_{as}^* + f_{bs}(\theta_r)i_{bs}^* + f_{cs}(\theta_r)i_{cs}^*] \tag{6-11}$$

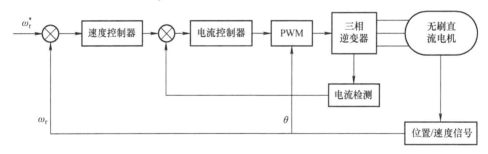

图 6-4 永磁无刷直流电机控制框图

因为在全桥整流运行中，任意时刻电机中只有两相导通，并且这两相是串联的，所以这两相电流在数值上相等，但是符号相反。电动状态时，转子位置函数与定子电流符号相同，再生制动状态时相反。因此转矩公式可简化为

$$T_e^* = 2\lambda_p I_p^* \tag{6-12}$$

从式（6-12）可推得参考电流为

$$I_p^* = \frac{T_e^*}{2\lambda_p} \tag{6-13}$$

单独的定子相电流可从电流幅值指令和转子绝对位置得出。这些电流指令通过逆变器与各自对应的定子相电流做差后通过电流控制器进行放大调节。在三相平衡系统中，只需要两相电流就可以获得第三相。电流误差经过调节后，使用脉宽调制或者滞环逻辑等方式产生开关逻辑信号给逆变器。

二、永磁无刷直流电机的无位置传感器控制

由永磁无刷直流电机工作原理可知，在控制其运行的过程中必须有转子磁场的准确位置信息，以控制逆变器实现绕组的换相。传统的无刷直流电机转子位置信息是采用机电式或电子式传感器直接检测，如霍尔式传感器等，然而，在实际应用中发现，在电机内部安放转子位置传感器有以下问题：

1）在某些高温、低温、大振动、潮湿、污浊空气和强干扰等恶劣的工作环境下，位置传感器的工作稳定性、准确性受到较大影响，从而降低系统的稳定性。

2）传感器电气连接线多，不便于安装，而且易引入电磁干扰。

3）传感器的安装精度直接影响电机运行性能。特别是在多极电机中安装精度难以保证。

4）位置传感器占用电机结构空间，限制了电机的小型化。

因此，无刷直流电机的无位置传感器控制技术近年日益受到人们的关注，无位置传感器控制技术已成为无刷直流电机控制技术的一个发展方向。无位置传感器控制方式尽管会导致转子位置检测的精确度有所降低，但它使系统能够在恶劣的工作的环境中可靠运行，同时使电机结构变得更简单，安装更方便，成本降低。

无刷直流电机无位置传感器技术的核心内容是研究各种间接的转子位置检测方法替代直接安放转子位置传感器来提供转子磁场位置信息，主要包括反电动势过零点检测方法、反电动势积分及参考电压比较法、反电动势积分及锁相环法、续流二极管法、反电动势三次谐波检测法、电感测量法、$G(\theta)$ 函数法等，简要介绍如下：

（1）反电动势过零点检测方法　三相六状态 120° 通电方式运行的无刷电机在任意时刻总是两相通电工作，另一相绕组是浮地不导通的。这时候非导通绕组的端电压（从绕组端部到直流地之间）或相电压（从绕组端部到三相绕组中心点之间）就反映出该相绕组的感应电动势。在实际应用场合，由于电机绕组中心点往往是不引出的，所以，通常将非通电绕组的端电压用于无传感器控制，称为端电压法。无刷电机气隙磁场包含永磁转子和电枢反应产生的磁场，只是永磁转子产生的磁场和它感应的反电动势才是我们需要的，而电枢反应会引起气隙磁场的畸变和过零点的移动，因此反电动势检测法适用于电枢反应电动势比较小的电机，例如表贴式转子的情况。在有些无刷直流电机中电枢反应比较强，使得非导通相的感应电动势包含较大的电枢反应电动势成分，这样从端电压中提取反电动势过零点就存在较大的误差。

（2）反电动势积分及参考电压比较法　反电动势积分及参考电压比较法是在相电动势过零点处开始对反电动势进行积分，然后将积分结果与参考电压 U_{ref} 进行比较，以此确定换相时刻。具体原理是：假定相电动势的波形系数用函数 $f(\theta)$ 表示，θ 是转子位置，取电动势过零点时 $\theta=0$，则积分结果可表示为

$$U_i = \int_0^{t_0} \omega f(\theta)\, \mathrm{d}t = \int_0^{\theta_0} f(\theta)\, \mathrm{d}\theta \tag{6-14}$$

所以，积分结果与反电动势波形有关，但与电机速度无关。假定需要在位置 θ_0 换相，

那么只要将 U_{ref} 设定为 $\int_{0}^{\theta_0} f(\theta)\,\mathrm{d}\theta$。

这种方法的优点是可以实现必要的超前换相，它也存在一些缺点：

1）该方法需要正确检测到反电动势过零点，不然无法正常工作。

2）需要采用比较器来比较积分结果和参考电压，而比较器对毛刺、干扰很敏感。

3）反电动势波形函数会随着电机的温升等影响发生变化。因此，如果采用固定的参考电压，则实际的换相角会有所变化，造成电机运行性能的离散性。

（3）反电动势积分及锁相环法　反电动势积分及锁相环法首先也是对反电动势积分，但不是将积分结果和参考电压比较，而是采用锁相环技术。其基本原理是：积分器对非导通相的相电动势积分，积分时间对应 60°电角度。在通常的换流条件下，积分是从反电动势过零点前 30°开始，到过零点后 30°为止，因此积分结果应为 0。如果电路中一个压控振荡器的输入电压保持不变，则其输出频率也不变，系统将继续保持正常的换相顺序。但是在动态情况下，如果电机换相已经超前，那么反电动势的积分结果是负值，这会降低压控振荡器的输入电压和输出频率，并进一步降低电机的换流频率，减缓换相时序，直到重新恢复正常换相为止。反之，若换相滞后，则积分结果为正值，就会提高电机的换相频率，加快换相时序。由此，控制器、逆变器及电机整个系统构成了一个锁相环，确保了正常的换相时序。

（4）定子电感法　电感法有两种形式：一种用于凸极式永磁无刷电机，另一种用于内置式转子结构的永磁无刷电机。第一种电感法通过在起动过程中对电机绕组施加探测电压来判断其电感的变化。对于凸极式永磁无刷电机，绕组自感可表示成绕组轴线与转子直轴间夹角的偶次余弦函数，通过检测绕组自感的变化，就可判断出转子轴线的大致位置；再根据铁心饱和程度的变化趋势确定其极性，从而最终得到正确的位置信号。这种方法难度较大，且只能应用于凸极式永磁无刷直流电机，所以目前较少应用。第二种方法才是真正意义上的电感法。对于内置式（IPM）无刷电机，电机绕组电感和转子位置之间有一定的对应关系，电感测量法就是基于这种关系，通过检测绕组电感的变化来判断转子位置。当绕组采用星形联结，其中两相绕组的电感量相等时，反电动势正处于过零点，此时绕组中性点电位与直流电源中点电压相等，由此判断反电动势过零点。

（5）$G(\theta)$ 函数法　$G(\theta)$ 函数法是从一个全新的概念提出的转子位置检测方法。在转子转速接近于零到高速时它都能够对转子位置进行检测，给出换相时刻。做如下假设：忽略绕组电流的磁饱和现象、忽略漏感和铁损耗。

由三相无刷电机电压方程可以推导得出 A 和 B 相之间线电压的表达式：

$$U_{\mathrm{ab}} = R(i_{\mathrm{a}} - i_{\mathrm{b}}) + L\frac{\mathrm{d}(i_{\mathrm{a}} - i_{\mathrm{b}})}{\mathrm{d}t} + K_{e}\omega\frac{\mathrm{d}[f_{\mathrm{ab}}(\theta)]}{\mathrm{d}\theta} \tag{6-15}$$

式中，$f_{\mathrm{ab}}(\theta)$ 是 A 和 B 相的位置关联磁链函数，该项与位置 θ 相关。

定义一个新的位置函数：

$$H_{\mathrm{ab}}(\theta) = \frac{\mathrm{d}f_{\mathrm{ab}}(\theta)}{\mathrm{d}\theta} \tag{6-16}$$

由式（6-15）可知，该位置函数可表示为

$$H_{\mathrm{ab}}(\theta) = \frac{1}{\omega K_{e}}\left[U_{\mathrm{ab}} - R(i_{\mathrm{a}} - i_{\mathrm{b}}) - L\frac{\mathrm{d}(i_{\mathrm{a}} - i_{\mathrm{b}})}{\mathrm{d}t}\right] \tag{6-17}$$

式中，$U_{ab} = U_a - U_b$。

为得到与转速无关的包含位置信息的函数，可将 $G(\theta)$ 定义为两个线电压 $H(\theta)$ 位置函数相除的形式：

$$G(\theta) = \frac{H_{ab}(\theta)}{H_{ac}(\theta)} = \frac{U_{ab} - R(i_a - i_b) - L\dfrac{d(i_a - i_b)}{dt}}{U_{ac} - R(i_a - i_c) - L\dfrac{d(i_a - i_c)}{dt}} \tag{6-18}$$

该信号在每个换向点具有高灵敏性，$G(\theta)$ 函数的峰值点就是对应换相时刻，且与转速无关。

参 考 文 献

［1］王成元，夏加宽，杨俊友，等. 电机现代控制技术［M］. 北京：机械工业出版社，2008.

［2］陈伯时. 电力拖动自动控制系统［M］. 2 版. 北京：机械工业出版社，2001.

［3］顾绳谷. 电机及拖动基础［M］. 4 版. 北京：机械工业出版社，2007.

［4］阮毅，杨影，陈伯时. 电力拖动自动控制系统：运动控制系统［M］. 5 版. 北京：机械工业出版社，2021.

［5］刘锦波，张承慧. 电机与拖动［M］. 2 版. 北京：清华大学出版社，2015.

［6］汤蕴璆，史乃. 电机学［M］. 北京：机械工业出版社，2001.

［7］唐任远. 现代永磁电机理论与设计［M］. 北京：机械工业出版社，2017.

［8］王宏华. 开关型磁阻电动机调速控制技术［M］. 北京：机械工业出版社，1998.

［9］吴建华. 开关型磁阻电机设计与应用［M］. 北京：机械工业出版社，2000.

［10］孙逢春，张承宁. 装甲车辆混合动力电传动技术［M］. 北京：国防工业出版社，2009.

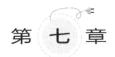

第七章

开关磁阻电机控制

　　磁阻电动机的研究最早可以追溯到 19 世纪 40 年代，英国研究者将其用于机车牵引系统。然而，直到 20 世纪 60 年代，由于电力电子器件技术、计算机技术和自动控制理论的发展，磁阻电动机的研究才得以全面展开，磁阻电动机的优点才被广泛了解。

第一节　开关磁阻电机结构特点与工作原理

一、开关磁阻电机的结构特点及工作原理

　　开关磁阻电机驱动系统是高性能机电一体化系统，主要由开关磁阻电动机、功率变换器、传感器和控制器四部分组成。其中开关磁阻电动机为系统主要组成部分，实现电能向机械能的转化。功率变换器是连接电源和电动机的开关器件，用以提供开关电动机所需电能，功率变换器的结构形式一般与供电电压、电动机相数以及主开关器件种类有关。传感器主要用来反馈位置及电流信号，并传送给控制器。控制器是系统的中枢，起决策和指挥作用，主要是针对传感器提供的转子位置、速度和电流反馈信息以及外部输入的指令，实时加以分析处理，进而采取相应的控制决策，控制功率变换器中主开关器件的工作状态，实现对开关磁阻电动机运行状态的控制。

　　开关磁阻电机（switched reluctance motor，SRM）是一种新型电机，由双凸极的定子和转子组成，其定子、转子的凸极均由普通的硅钢片叠压而成。转子既无绕组又无永磁体，定子极上绕有集中绕组。径向的两个绕组串联成一个两极磁极，称为"一相"。SRM 可以设计成多种不同的相数结构，且定子、转子的极数有多种不同的搭配。可以设计成单相、两相、三相、四相及多相等不同相数结构，低于三相的 SRM 一般没有自起动能力。相数多，有利于减小转矩脉动，但导致结构复杂、主开关器件多、成本增高。目前应用较多的是三相 6/4 极结构和四相 8/6 极结构。图 7-1 所示为一台四相 8/6 极 SRM 典型结构，定子有 8 个齿，转子有 6 个齿。每个定子齿上绕有一个线圈，其中径向相对的两个极的线圈串联构成一相绕组，共有 4 组绕组，转子上无绕组。

　　SRM 的运行遵循"磁阻最小原则"——磁通总是沿磁阻

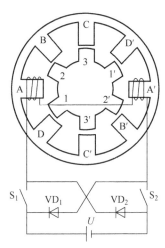

图 7-1　四相 8/6 极 SRM 结构原理图（只画一相绕组）

最小的路径闭合。当定子的某相绕组通电吋，所产生的磁场由于磁力线扭曲而产生切向磁拉力，迫使相近的转子极即导磁体旋转到其轴线与该定子极轴线对齐的位置，即磁阻最小位置。

在图7-1中，当定子D－D′极励磁时，1－1′向定子轴线D－D′重合的位置转动，并使D相励磁绕组的电感以图中定、转子所处的相对位置作为起始位置。则依次给D→A→B→C相绕组通电，转子即会逆着励磁顺序以逆时针方向连续旋转；反之，若依次给B→A→D→C相通电，则电动机即会沿顺时针方向转动。可见，SRM的转向与相绕组的电流方向无关，而仅取于相绕组通电的顺序。另外，当主开关器件S_2导通时，A相绕组从直流电源U吸收电能，而当S_1、S_2关断，绕组电流经续流二极管VD_1、VD_2继续流通，并回馈给电源U。SRM传动的共性特点是具有再生作用，系统效率高。

通过控制加到SRM绕组中电流脉冲的幅值、宽度及其与转子的相对位置（即导通角、关断角），即可控制SRM转矩的大小与方向，这正是SRM调速控制的基本原理。

二、开关磁阻电机的性能特点

与当前广泛使用的感应电机变频调速系统相比，开关磁阻电机及其驱动系统在成本、效率、功率密度、调速性能、可靠性和散热性能等方面具有一定的优势。综合分析比较，开关磁阻电机驱动系统的特点主要集中在以下几个方面：

1）开关磁阻电机的结构既简单又紧凑牢固，适于在高速、高温环境下工作。开关磁阻电机为凸极结构，转子上无绕组和永磁体，转动惯量小，易于快速加速和减速，特别适用于高速旋转的工作环境；定子绕组为集中绕组，制造简单；定子端部短而紧凑，易于冷却。因此，该电机可适用于恶劣、高温，甚至强振动环境，而且维护简单、有良好适应能力。

2）功率变换器结构简单、容错性能强。由于转矩与电枢绕组电流方向无关，因此可以减少功率变换器的开关器件个数、降低系统硬件成本、增加运行可靠性。由于各绕组互相独立工作，系统可以断相工作，容错能力强。系统中每个功率开关器件均直接与绕组串联，避免了直通短路现象。因此，功率电路的保护电路也可以简化，提高了系统的可靠性。

3）可控参数多、调速性能好。开关磁阻电机驱动系统参数主要有开通角、关断角、相电流幅值和相绕组电压，可控参数多，控制较为灵活，可以有多种控制方法使电动机运行于最佳状态，而且可以实现电动机的四象限运行，而无需增加辅助开关器件。

4）起动转矩大、调速范围宽。开关磁阻电机起动转矩较大，并可以在宽速度范围内实现恒功率运行，适用于频繁起停及正反方向的交替运行。

5）功耗小、效率高。由于开关磁阻电机转子上不存在绕组，降低了电机的铜损，并且能在很宽的功率和转速范围内都保持高效率。

开关磁阻电机驱动系统应用范围广泛，目前已成功应用于电动汽车用驱动系统、家用电器、工业应用以及航空航天等领域。其中电动汽车领域是开关磁阻电机较成功的应用领域之一，开关磁阻电机驱动系统在电动汽车领域应用的主要优势如下：

1）通过适当的控制策略和系统设计，开关磁阻电机能满足电动汽车四象限运行要求，并在高速运行区域内能保持较强的制动能力。

2）开关磁阻电机驱动系统有良好的散热性能，功率密度大，减小了电机体积和质量，节省电动汽车的有效空间。

3）开关磁阻电机在很宽的功率和转速范围内都能保持高效率，能有效提高电动汽车的一次充电的连续行驶里程。

4）开关磁阻电机可以达到良好控制特性，而且容易智能化，从而能通过编程和替换电路元器件，满足不同类型电动汽车的运行要求。

5）开关磁阻电机驱动系统很少需要维护，适用于高温、恶劣环境，具有良好的适应性能。

以上特点使开关磁阻电机驱动系统适于在各种工况下运行，因此在电动汽车领域具有一定的应用前景。

但其也存在如下缺点：

1）振动问题。由于开关磁阻电机固有的换相工作特性，其运转过程中会产生较大的振动，这可能会对电机的运行造成一定的负面影响，尤其是在应用于车辆传动和驱动中，由于固有的振动可能会引起车辆的平顺性恶化，引发传动系统过快疲劳和损伤，所以在实际应用中需要引入一些技术手段来抑制振动。

2）噪声问题。同样由于开关磁阻电机的"非正弦"工作特性，其开关特性导致系统的噪声较大，这样尤其不利于车辆的 NVH 设计。

第二节　开关磁阻驱动电机控制系统

开关磁阻驱动电机定子和转子均为凸极结构，只在定子凸极上安装各相励磁绕组，转子上没有任何绕组。由于 SRM 定、转子极数不同，每相磁路的磁阻根据转子位置不同而变化。按照磁阻最小原理，转子铁心向磁阻变小的方向转动，改变定子相绕组的通电时间和顺序，转子同步变化。SRM 的定转子极数有多种组合，典型的为 6/4 结构。

绕组电流的非正弦与磁心磁通密度的高饱和是 SRM 运行的两个特点。由电路基本定律列写包括各相回路在内的电器主回路的电压平衡方程式，电机的每一相都需要一个方程，电机第 k 相电压平衡方程式为

$$U_k = R_k i_k + \frac{\mathrm{d}\psi K_k}{\mathrm{d}t} \tag{7-1}$$

式中，U_k 是加在 k 相绕组的电压；R_k 是 k 相绕组的电阻；i_k 是 k 相绕组的电流；ψ_k 是 k 相绕组的磁链，$\psi_k = L_k(\theta_k, i_k) i_k$。

由于磁路非线性，通常 SRM 的转矩根据磁共能来计算，即

$$T(\theta, i) = \frac{1}{2} \frac{\partial}{\partial \theta} \int_0^{i^2} L(\theta, i) \, \mathrm{d}i^2 \tag{7-2}$$

特定情况下，开关磁阻电机没有磁饱和，电感与相绕组电流无关，可推导出磁阻转矩为：

$$T(\theta, i) = \frac{1}{2} i^2 \frac{\mathrm{d}L}{\mathrm{d}\theta} \tag{7-3}$$

电机的转矩方向不受电流方向的影响，仅取决于电感随转角的变化。若 $\mathrm{d}L/\mathrm{d}\theta > 0$，相绕组有电流流过，产生电动转矩；$\mathrm{d}L/\mathrm{d}\theta < 0$，产生制动转矩。因此通过控制加到电机绕组中电流脉冲的幅值、宽度及其与转子的相对位置，即可控制电机转矩的大小与方向。

开关磁阻电机调速系统由 SRM 转子位置传感器、逆变器和控制器组成，其基本控制方式是：①基速以下，电流或电压斩波控制获得低速恒转矩特性；②基速以上，角度位置控制获得高速恒功率特性。

由于开关磁阻电机调速（SRD）实际上存在严重非线性，在不同的控制方式下，其参数、结构都是变化的，固定参数的 PI 调节器无法得到理想的控制性能。例如，在某一速度范围内整定好参数的 PI 调节器并不能保证在大范围内调节时，系统仍保持良好的动态特性。作为 SRD 动态性能改善的更高追求，应当引入更先进的具有自适应能力的非线性控制。开关磁阻驱动电机的控制要求独特，因此感应电机和同步电机的控制方法不再适用。所以人们为驱动电动汽车的开关磁阻电机新开发了一种模糊滑模控制（FSMC）方法，这种方法综合利用了模糊逻辑控制（FLC）和滑模控制（SMC）。

由于 FLC 在不使用控制系统数学模型的条件下，能够将语言控制策略转换为自动控制，所以可用来处理复杂、不能精确定义的系统。但由于模糊控制规则是靠经验决定的，它的隶属函数的选择主要靠试错法，因此 FLC 设计费时，而且受控系统的动态响应也不能事先确定。

应用 SMC 方法，控制系统对于外来干扰和参数变化具有很强的鲁棒性。因此，可以通过预定状态轨迹的理想滑模面来支配受控系统的动态特性。但由于系统的各种非理想性如开关磁滞性、控制系统和数字采样的延时等的存在，状态轨迹通常沿非理想滑模面振颤，这种不期望的振颤在控制系统中产生高频非模型控制的动态特性。

FSMC 方法结合了 FLC 和 SMC 的优点，即用 SMC 克服开关电机的非线性，而用 FLC 减少控制振颤。电动汽车开关磁阻电机的速度控制系统如图 7-2 所示，它由两个闭环组成，一个是内部的电流环，另一个是外部的速度环。FSMC 的输入是参考速度 ω^* 与反馈速度 ω 之差，而输出是参考转矩 T^*。它的参考电流 i^* 用开关磁阻电机的非线性转矩 – 角特性表示。

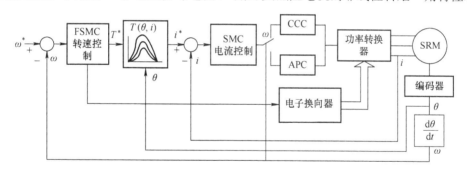

图 7-2　开关磁阻电机的速度控制系统

设计 FSMC 系统时，把速度误差和速度导数作为状态变量：

$$\begin{cases} x_1 = \omega - \omega^* \\ x_2 = \dot{\omega} = -\dfrac{B}{J}\omega + \dfrac{1}{J}T - \dfrac{1}{J}T_1 \end{cases} \tag{7-4}$$

式中，B 是黏滞摩擦系数；J 是转动惯量；T 和 T_1 分别是电机转矩和负载转矩。用 $u = \dot{T}^*$ 作为控制变量，状态方程可表示为

$$\begin{pmatrix} \dot{x}_1 \\ \dot{x}_2 \end{pmatrix} = \begin{pmatrix} 0 & 1 \\ 0 & -B/J \end{pmatrix} \begin{pmatrix} x_1 \\ x_2 \end{pmatrix} + \begin{pmatrix} 1 \\ 1/J \end{pmatrix} u + \begin{pmatrix} -\dot{\omega}^* \\ -\dot{T}_1/J \end{pmatrix} \tag{7-5}$$

式中，$\dot{\omega}^*$ 和 $\dot{T}_1$ 是系统干扰。滑模方式工作的两个开关面，电流控制和速度控制，定义为

$$\begin{cases} s_i = i - i^* \\ s_\omega = x_1 + cx_2 \end{cases} \tag{7-6}$$

式中，系统动态特性受参数 c 控制。电流的滑模条件，即 $s_i \dot{s}_i < 0$，通过控制相电压获得：

$$u_i = \begin{cases} V_{dc}, & s_i < 0 \\ -V_{dc}, & s_i > 0 \\ Ki\omega, & s_i = 0 \end{cases} \tag{7-7}$$

式中，V_{dc} 是直流回路电压。注意开关磁阻驱动电机在斩流方式工作时，要满足此条件。另外，给出如下滑模控制法则，可满足速度滑模条件，即 $s_\omega \dot{s}_\omega < 0$：

$$u_\omega = \begin{cases} \alpha, & s_\omega < 0 \\ u_{eq}, & s_\omega = 0 \\ -\alpha, & s_\omega > 0 \end{cases} \tag{7-8}$$

式中，$\alpha = \eta J/c$；$u_{eq} = -Jx_2/c$。为确保滑模条件，参数 η 必须选得足够大。

为了减小控制振颤和转矩波动，模糊速度滑模方式条件的开关法则为

$$\begin{cases} R1: \text{if } s_\omega > 0, \text{ then } u_1 = -\alpha \\ R2: \text{if } s_\omega < 0, \text{ then } u_2 = \alpha \\ R3: \text{if } s_\omega = 0 \text{ and } x_1 \neq 0, \text{ then } u_3 = u_{eq1} \\ R4: \text{if } s_\omega = 0 \text{ and } x_1 = 0, \text{ then } u_4 = u_{eq2} \end{cases} \tag{7-9}$$

式中，u_{eq1} 和 u_{eq2} 是两种不同的控制作用；开关线斜率 $s_\omega = x_1 + c_i x_2$，$i = 1$，2 是不同的。

参 考 文 献

[1] 王成元，夏加宽，杨俊友，等. 电机现代控制技术 [M]. 北京：机械工业出版社，2008.

[2] 陈伯时. 电力拖动自动控制系统 [M]. 2 版. 北京：机械工业出版社，2001.

[3] 顾绳谷. 电机及拖动基础 [M]. 4 版. 北京：机械工业出版社，2007.

[4] 阮毅，杨影，陈伯时. 电力拖动自动控制系统：运动控制系统 [M]. 5 版. 北京：机械工业出版社，2021.

[5] 刘锦波，张承慧. 电机与拖动 [M]. 2 版. 北京：清华大学出版社，2015.

[6] 汤蕴璆，史乃. 电机学 [M]. 北京：机械工业出版社，2001.

[7] 唐任远. 现代永磁电机理论与设计 [M]. 北京：机械工业出版社，2017.

[8] 王宏华. 开关型磁阻电动机调速控制技术 [M]. 北京：机械工业出版社，1998.

[9] 吴建华. 开关型磁阻电机设计与应用 [M]. 北京：机械工业出版社，2000.

[10] 钟再敏，王业勤. 车用驱动电机原理与控制基础 [M]. 2 版. 北京：机械工业出版社，2024.

第 八 章

驱动系统电磁兼容

电机驱动系统电磁骚扰源

电动汽车电驱动系统的电磁环境是指电动汽车在行驶过程中，电机驱动系统承受来自车内、车外各种各样的电磁干扰（EMI），以及电驱动系统向外界辐射的电磁干扰。电驱动系统的电磁环境是对汽车电子装置威胁最大的工作环境，其主要表现为不稳定的电源电压、瞬态过电压、瞬态脉冲及脉冲群、大电流冲击、静电、雷电以及电磁辐射等对电子装置产生的严重影响。

一、电磁骚扰分类

电磁骚扰可以按传播形式、频谱和骚扰源性质进行分类。

1. 按传播形式分类

电磁骚扰按传播形式可以分为传导骚扰和辐射骚扰，通过导体传播的电磁骚扰，称为传导骚扰；通过空间传播的电磁骚扰，称为辐射骚扰。

2. 按频谱分类

电磁骚扰按频谱可以分为工频骚扰，甚低频骚扰，载频干扰，射频、视频骚扰，微波骚扰。

1）工频骚扰（50Hz）：波长为6000km。

2）甚低频骚扰（30kHz以下）：波长大于10km。

3）载频干扰（10～300kHz）：波长大于1km，包括高压交直流输电谐波骚扰。

4）射频、视频骚扰（300kHz～300MHz）：波长在1～1000m之间，工业、科学及医疗设备、输电线电晕放电、高压设备火花放电、内燃机、电动机、家用电器、照明电器等都在此范围。

5）微波骚扰（300MHz～300GHz）：波长为1mm～1m，包括特高频、超高频、极高频骚扰，雷电及核电磁脉冲骚扰。

3. 按骚扰源性质分类

电磁骚扰按骚扰源性质可以分为自然骚扰源和人为骚扰源，通常把人为骚扰源分为车外干扰源和车载干扰源，如图8-1所示。

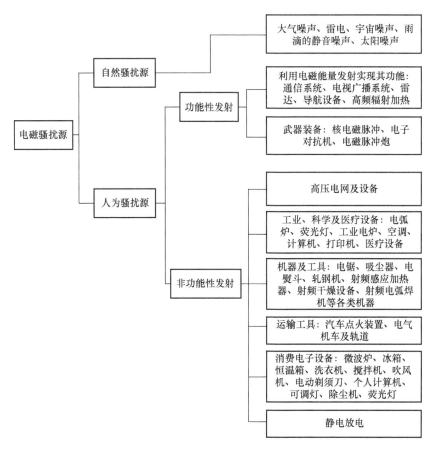

图 8-1　电磁骚扰源的分类

二、自然骚扰源

自然骚扰源是指自然界所固有的与人类的活动无关的电磁干扰现象，根据其不同的起因和物理性质可分为电子噪声、天电噪声、地球外噪声以及沉积静电等其他自然噪声共四类。它们所产生的电磁骚扰，其统计特性变化很大，有时呈频谱平坦的高斯分布，有时又呈现偶尔发生的脉冲骚扰。这类骚扰是一种客观存在，只有掌握其分布及频谱变化规律，才能提供电磁环境电平。

1. 电子噪声源

车辆包含大量用电设备及元器件，电子噪声主要来自设备内部的元器件，它是决定接收机噪声系数的重要因素。常见的电子噪声源包括热噪声、散弹噪声、分配噪声、$1/f$ 噪声和天线噪声等。热噪声具有极宽的频谱，能量随温度而变化，温度越低，噪声越小。绝对温度为零时，热噪声为零。散弹噪声出现于遵循泊松统计分布的任何粒子流中，是一种频率范围很宽的噪声。分配噪声是由电子器件各电极之间电流分配的随机起伏所造成。$1/f$ 噪声是晶体管在低频段产生的一种噪声，其功率与频率成反比关系。天线周围的介质微粒处于热运动状态，它产生的电磁波被天线接收后又辐射出去，当天线处于热平衡状态时，产生的热噪声即天线噪声。

2. 天电噪声

天电噪声来自大气层中发生的各种自然现象（包括雷电等），地球上平均每秒发生 100 次左右雷电冲击，每次都产生强烈的电磁骚扰，并传播到很远。雷电的强大电流会冲击车辆及其车载人员，雷电冲击还常常会伤害人员、损坏设备和输电线。除雷电冲击之外，在大气中形成满足电荷分离和储存条件时，也会产生天电噪声，如风雪、暴雨、冰雹、沙暴等。

3. 地球外噪声

地球外噪声即来自地球外层空间的噪声，主要噪声源包括太阳、天空背景辐射和分布在银河系的宇宙源。银河系的辐射峰值出现的频段为 150 ~ 200 MHz，会引起航天器异常，造成通信和遥测中断等。处于静止期的太阳所辐射的太阳噪声能覆盖整个无线电频段。在高于 30 GHz 频段，则由太阳表面产生的黑体辐射所覆盖。处于活动期的太阳产生大于静止期 60 dB 的辐射，能导致无线电通信中断。

4. 沉积静电等其他自然噪声

由飞行器放出的静电所造成的电磁骚扰称为沉积静电，是一重要的自然骚扰源，它引起的电磁骚扰会直接影响整个飞行器的效能和安全。飞行器表面静电荷累积和由此引起的电晕放电和辉光放电所产生的骚扰，其频谱分布在几赫至几吉赫的范围内，严重影响高频、甚高频和超高频段的无线电通信和导航。大自然中还存在一些其他自然噪声，也应引起注意。

5. 雷电噪声

雷电是一种大气物理现象，它的强度很大，即使远离雷电区，其干扰场强仍相当可观，足够对电气、电子设备造成严重威胁，因此必须对雷电采取防护措施。

雷电与实验室研究的物理现象不同，它不可能通过人为控制的方法找出其规律，只能从概率角度去考虑。远处的雷电产生的干扰可认为是波动的，邻近的雷电干扰则是脉冲型的。这种电磁脉冲是最为严重的自然电磁干扰源，它的陡度大、峰值电流大、电场强、频谱宽（100 Hz ~ 100 MHz），因此无论是天线、电缆，还是裸露金属体都会感应出过电压、过电流。若它们被引入电气、电子设备将会产生破坏性的后果，这种感应方式而非直接方式的雷击称作感应雷。这种感应雷发生的概率远远高于直接雷，因此，防感应雷是防雷的重中之重。

6. 静电波形以及对车辆的影响

静电是因为电子分布不平衡造成的一种客观存在的自然现象，是人或设备在低湿度环境下运动很容易产生的一种物理现象，即在运动的过程中吸取和释放静电。当静电积累到一定程度无法正常泄放，会击穿其间的介质对外放电，这就是静电放电现象，简称 ESD。ESD 是一种非周期性的电磁脉冲，它的频谱能量分布是连续的，所以是一种宽带干扰源，不仅能干扰宽带设备甚至能干扰窄带设备。静电放电具有电位高、电量低、电流小和作用时间短的特点。

对于汽车电器系统而言，大多都是高集成度、高电磁灵敏度的电路板和元件，它们耐压低、面积小、集成度高、抗静电冲击能力弱，基本都属于静电放电敏感元件。它们一旦遇到仅几十伏的静电电压就会受到干扰或损坏。对于那些不对静电放电如此敏感的元件，如果遇到几百伏甚至几千伏的静电电压也会受到不同程度的损害。这些干扰或损害不仅会增加维修成本，甚至会危及汽车安全。

三、车外骚扰源

人为干扰源是由汽车外部人工装置产生的电磁骚扰，这主要有其他车辆点火系统的辐射骚扰，车外的雷达、无线电台发射机、移动通信设备等发射的电磁波骚扰，以及高压输电线的电晕放电等。

车辆外部产生电磁骚扰的设备和装置大致如下。

1. 输电线杂波

高压输电线所产生的辐射骚扰有两种类型：间隙击穿和电晕放电。间隙击穿发生在高压输电线上两个互相靠近、电位不等的尖端之间。间隙击穿时，放电电流产生很宽的辐射频谱，一直延伸到特高频段。电晕放电是由高达几万到几十万伏的电压产生很强的电场，引起周围粒子激烈的惯性碰撞过程，形成的骚扰具有随机骚扰特征，其频谱在数兆赫以下。

2. 汽车杂波

汽车杂波是产生甚高频（VHF）至特高频（UHF）频段城市杂波的主要原因。根据其强度和特性的测定结果，也可采取相应的措施，市广播和电视的质量基本不受影响。但由于电子设备大量应用于汽车点火控制及移动通信设备在汽车上被广泛使用，这个问题又被重新提出。斯坦福研究所（SRI）对点火系统发射杂波的主要部件，如点火栓、配电器等进行了改进，使处于 30~500MHz 频段的杂波降低了 13~20dB。此外还有人给出了 6 引擎发动机各点火栓的脉冲杂波振幅分布。对配电器的情况，若电极间隙从 0.27→2.39mm，则杂波可下降 10dB。若在复合电极上增加银触点，或用合金覆盖，也可降低杂波。点火系统以外的汽车电气装置也能发出杂波，其特征正在测试研究中。

3. 接触杂波

接触杂波大体可分为接触器自身杂波及导体开合时放电而引起的杂波。继电器和电机触电、整流子电刷间的开合所产生的放电杂波在人为杂波中占相当大的比例。

4. 电力机车杂波

电力机车运行时，导电弓与电网间的放电也是人为杂波的根源之一。如果导电弓的电流通路用滤波材料包围起来并采用一些辅助措施，可将杂波降低 20dB，但至今尚未找到防止杂波的绝对有效的方法。

5. 工业、科学、医疗用射频设备（ISM）杂波

ISM（industrial，scientific，medical）设备，即工业、科学、医疗用射频设备，是把 50MHz 交流通过射频振荡电路将工频变为射频的变频装置，用于工业感应、电介质加热、医疗电热法和外科手术工具以及超声波发生器、微波炉等。虽然 ISM 设备本身有屏蔽，但有缝隙、孔洞、管线进出和接地不良等因素，仍将有向外泄漏的电磁场。

6. 城市杂波

由于城市杂波与社会活动有密切的关系，它总是随年代变化而变化。在日本，每年都定期进行城市杂波测试。欧美也有不少学者专家收集杂波测试数据。我国这项工作也已开始。城市杂波的根源、程度及特性等均在随时间变化，其测试方法及统计处理的方法都还有待进一步探讨。

7. 其他

以上主要介绍了几种人为杂波的现状及存在的问题。此外，如静电放电、无线电台的异常动作有时也很有害。况且几乎所有电子设备的电源线上都有瞬变产生的各种杂波、混合波在传播着，这样就会引起设备的误动作。随着数字电路的普遍采用，问题就更加严重。另外，还发现有不明原因的干扰存在。

四、车载骚扰源

车载骚扰源主要是车上各种电子电气系统产生的骚扰。

1. 电感和电容组成的闭合回路形成振荡回路

含有电感、电容和电阻的闭合回路，在外加电源的作用下某些工作频率上产生振荡，闭合回路中的电流可以产生传导干扰。例如现在电动汽车常用的高频开关电源就是一个典型的骚扰源。以反激式变换器为例，其主电路如图 8-2 所示。开关管开通后，变压器一次侧电流逐渐增加，磁芯储能也随之增加。当开关管关断后，二次侧整流二极管导通，变压器储能被耦合到二次侧，给负载供电。

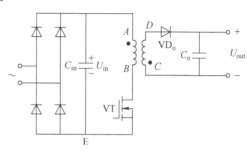

图 8-2　反激式变换器主电路

在开关电源中，输入整流后的电流为尖脉冲电流，开关开通和关断时变换器中电压、电流变化率很高，这些波形中含有丰富的高频谐波。另外，在主开关管开关过程和整流二极管反向恢复过程中，电路的寄生电感、电容会发生高频振荡，以上这些都是电磁干扰的来源。开关电源中存在大量的分布电容，这些分布电容给电磁干扰的传递提供了通路，如图 8-3 所示。图 8-3 中，LISN 为线性阻抗稳定网络，用于线路传导干扰的测量。干扰信号通过导线、寄生电容等传递到变换器的输入、输出端，形成了传导干扰。变压器的各绕组之间也存在着大量的寄生电容，如图 8-4 所示。

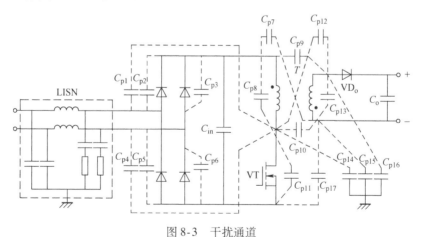

图 8-3　干扰通道

在图 8-2 所示的反激式开关电源中，变换器工作于连续模式时，开关管 VT 导通后，B 点电位低于 A 点，一次绕组匝间电容便会充电，充电电流由 A 流向 B；VT 关断后，寄生电容反向充电，充电电流由 B 流向 A。这样，变压器中便产生了差模传导

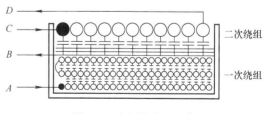

图 8-4　变压器寄生电容

EMI。同时，电源元器件与大地之间的电位差也会产生高频变化。由于元器件与大地、机壳之间存在着分布电容，便产生了在输入端与大地、机壳所构成回路之间流动的共模传导 EMI 电流。具体到变压器中，一次绕组与二次绕组之间的电位差也会产生高频变化，通过寄生电容的耦合，从而产生了在一次侧与二次侧之间流动的共模传导 EMI 电流。交流等效回路及简化等效回路如图 8-5 所示。图中，Z_{LISN} 为线性阻抗稳定网络的等效阻抗；C_p 为变压器一次绕组与二次绕组间的寄生电容；Z_G 为大地不同点间的等效阻抗；C_{SG} 为输出回路与地间的等效电容；Z 为变压器以外回路的等效阻抗。

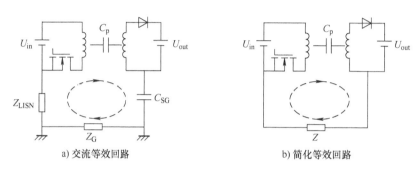

a) 交流等效回路　　　　　　　　　　b) 简化等效回路

图 8-5　交流等效回路及简化等效回路

2. 发电机负载电流突变和整流

汽车电路系统由蓄电池和整流的交流发电机作为核心电源，车体作为共用搭铁，各个电器装置并联其上。相连的线束造成电器间彼此传导干扰；相邻的导线间会有感应干扰；因为天线效应，不相邻导体间又存在着辐射干扰。因而电磁干扰综合着 3 种途径，覆盖较宽的干扰频率。电路负载较大时会产生严重的交流电压的波形畸变，并产生多次谐波，干扰其他用电器具的正常工作。整流及滤波电容器的容性负载，因供电电流呈强脉冲状态而引起电磁干扰问题。

3. 汽车电器产生的干扰电磁波

汽车电器产生的干扰电磁波分传导干扰和辐射干扰两种。传导干扰电磁波，是通过汽车线路直接输入无线电设备和电子设备内部的，而辐射干扰电磁波则是在空间传播，通过天线（如点火线高压线就相当于天线）输入无线电设备内部。辐射干扰是干扰能量的电磁波辐射形式，人们比较熟悉。汽车电器产生的干扰电磁波具有脉冲特性且频带较宽，其频率一般在 0.5 ~ 1000MHz 之间。人们关注的频率范围是 150kHz ~ 1000MHz。其他频段的干扰也是存在的，目前正在进行研究。当从发生源临近的地方移开时先以距离三次方的速率衰减，稍远些时，以距离二次方的速率衰减，最后随距离线性衰减。

4. 其他骚扰

除了以上电器设备产生干扰电磁波外，传统汽车上起动机、闪光灯、触点式电磁振动电喇叭、刮水器、仪表系统、空调起动器、燃油泵等也都会产生较小的传导干扰和辐射干扰。电动机电刷换向火花产生电磁辐射，起动机电磁开关和各种开关工作时放电干扰。触点式电磁振动电喇叭、刮水器、仪表系统、空调起动器、燃油泵、闪光灯、起动机等重负载和感性负载会引起瞬态干扰。

第二节 电驱动系统电磁骚扰发生机理

一、放电噪声

由于放电而产生噪声是最常见的现象，这时往往伴随着急剧的电流和电压的瞬时变化，即 di/dt 或 du/dt 很大。在汽车使用的电子电气设备中，有许多导线、插接器、线圈及其他零件，它们具有不同的电容和电感，这些电容、电感一旦构成闭合回路，就构成了一个振动回路。其中又分布着用来通断电流的各种触点，如开关触点、继电器触点、整流子电机的电刷与整流子之间的触点等。在其开关瞬间，触点之间会产生不同程度的火花或电弧放电现象。电火花和电弧本身是一个高频电磁噪声的干扰源，会向汽车自身的电子设备和汽车四周的空间发射电磁波，影响其他通信电子设备的正常工作。例如，汽车分电器的转子与旁电极之间，点火火花塞之间，发电机的电枢和整流子之间，调节器触点之间，转向闪光灯继电器、喇叭继电器，油压表、燃油表、水温表传感器及线路之间插接器等工作室都会产生电火花电磁波，这些电磁波频率为 $0.15 \sim 1000\text{MHz}$，干扰的频带很宽，虽然这种触点间放电能量比火花塞电极放电能量小得多，但其持续时间短，因此，其放电瞬间的能量密度会对汽车中其他通信电子设备造成影响。

放电主要包括暗流（无光）、辉光放电、火花放电以及弧光放电等现象。开关的频繁使用，会对感性负载如螺线管或电极等造成不良的影响，这些影响会导致一种现象，称之为簇射电弧。不可避免的寄生电容是与感性负载并联的。当闭合开关时，在电感中产生一个稳态电流 $I = V_{dc}/R$。当开关断开时，电感由于电流的变化而产生自感电动势，以减缓电流变化。因此，电流通过电容时会改变方向，给电容充电。开关电压 $v_{sw}(t) = v_C(t) + V_{dc}$，因此会增大。随着开关电压的增加，可能会超出开关断点电压，从而会形成一个短电弧，同时开关电压降至电弧放电电压 V_A。电容通过开关放电，此电流主要由于本身电阻和开关导线的电感影响而受限。如果开关电流超过了最小电弧保持电流，电弧将继续保持。相反，电弧则消失，电容开始重新充电。开关电压再一次超过开关断电电压，且开关电压降至 V_A。如果电弧不可保持，电容又会开始再次充电。最终所存储的初始能量被消耗掉，电容电压也衰减到 0，使得 $v_{sw} = V_{dc}$。这导致在接触点间形成一个上升（由于电容充电）后又迅速下降（由于开关断开）的电压序列，这就是簇射电弧。随着接触点分离距离的增加，可能会出现辉光放电，可能会保持也可能不会保持，最终形成一个卫星的簇射电弧。每一个簇射电弧的数量和持续时间取决于电路元件值和任何与互联传输线相关的时延。分布电容通过簇射电弧向电源回路反向放电时，电源回路上出现很大的瞬变脉冲电流，这是产生干扰的根本原因。簇射电弧具有明显的频谱分量，因此极有可能造成 EMC 问题。这些电流所在的电路可能产生明显的辐射，进而对其他通信电子设备产生干扰问题。电路产生的辐射信号也可能直接沿着互联线路进行传导，进而产生更麻烦的效应。

二、感性负载的瞬变

现代汽车电气系统内存在大量的感性负载，如各种电动机、电磁阀、继电器、电喇叭等，其线圈在开路瞬间，电流为零的瞬间，电感产生反电动势，其值为 $-Ldi/dt$。因此感性负载都有可能成为一种宽频谱、高能量的瞬变干扰源。

当电感负载开关系统（如电动机、接触器、继电器、定时器等）触点断开时，根据电感的特性可知，电感上的电流不能发生突变消失，为了维持这个电流，电感上会产生一个很高的反向电动势，根据楞次定律可以知道该反向电动势 E：

$$E = \frac{\mathrm{d}\varphi}{\mathrm{d}t} = L\frac{\mathrm{d}i}{\mathrm{d}t} \tag{8-1}$$

式中，φ 为电感中的磁通（$\mathrm{T \cdot m^2}$）；L 为电感（H）；i 为电感中的电流（A）。

随着反电动势向电感寄生电容的反向充电，触点电压升高。当达到一定程度时，触点将被击穿，形成导电通路，电容 C 开始放电，电压开始下降；当电压降到维持触点空气导通以下时，通路断开，又重复上面的过程。这种过程一直重复到由于触点之间的距离增加，电容上的电压不能击穿触点为止。当电容不能通过击穿触点放电时，就通过电感回路放电，直到电感中的能量消耗完为止。电容 C 每次击穿触点向电源回路反向放电时，会在电源回路上形成很大的脉冲电流，由于电源阻抗的存在，这些脉冲电流在电源两端形成了脉冲电压，从而对共用这个电源的其他电路造成影响。该电压的变化与负载的性质、大小以及线路阻抗有关，多以高幅值的负脉冲和随后的低幅值正脉冲出现，其最高峰可达 - 300V，持续时间达 300ms，它不但具有浪涌性质，而且具有丰富的谐波，可能引起电子控制系统的逻辑错误，甚至导致部分敏感器件或固体组件的损坏。同时由于充放电产生的电磁场也可通过空间辐射或耦合方式干扰其他设备正常工作。由于击穿电压的上升时间一般都在纳秒级别，所以干扰的带宽可以达到数百兆赫。

三、功率电子瞬变

（一）功率二极管

功率二极管是以 PN 结为基础的，实际上就是由一个面积较大的 PN 结和两端引线封装组成的。功率二极管可以被看作开关元件，它在正偏时短路、反偏时开路。在实际二极管开断过程中，二极管从一个状态转移到另一个状态不是瞬时的。功率二极管的接通过程如图 8-6 所示。在 t_0 时刻，二极管上的电压从断开状态转向接通状态。接通状态时的电流迅速增加，但首先在二极管上出现了一个相当高的通态电压。在时间间隔 t_f 内，这一电压降到它的稳态值。这一段时间是载荷子进入耗尽区（PN 结）所需要的，电压尖峰就是一个宽带发射。

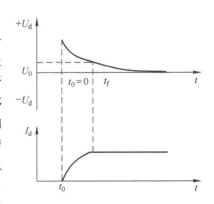

图 8-6　二极管接通时电压和电流波形

二极管在它的关断操作中会发射电磁波，关断电压和关断电流曲线如图 8-7 所示。在 t_0 时刻通态电流下降为 0。与理想的二极管不同，由于在耗尽区以少数载流子形式存储电荷，电流转变为负值。电流都是反向流动，直到载荷子出现之前。储存的载荷子的数量受分布电容影响，分布电容的值一般在产品手册中给出。从图中可以看出，反向电流迅速趋向 0，或者说，趋向反向电流稳态值。反向脉冲电流的幅度、持续时间及形状是二极管特性和电路参数的函数。由于反向电流振幅 I_m 特别高，并且关断时间非常短（通常小于 1s），导线的电感和相连电路中会出现高压跳变，它具有宽频谱。

通过限制浪涌电流的幅度和减小负浪涌电流的转折率都可以部分地减少干扰。限制负载电流的下降率可以减少二极管干扰的影响，因为负载电流的下降率与浪涌电流的大小有关。二极管在关断时的发射可以用并联于整流器的 RC 吸收器有效地减少。

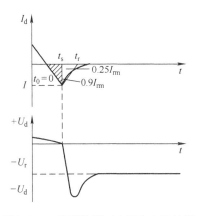

图 8-7 二极管关断时电压和电流波形

（二）晶闸管

晶闸管，是闸流晶体管的简称，是一种具有三个 PN 结的四层结构的大功率半导体器件。晶闸管器件是一种非常重要的功率器件，可用来做高电压和高电流的控制。晶闸管器件主要用在开关方面，使器件从关闭或是阻断的状态转换为开启或是导通的状态，反之亦然。

晶闸管和功率二极管一样，在接通及断开的过程中都要产生高频干扰。但与二极管相反，其高频噪声强度在开通时比在关断时要高得多。晶闸管关断噪声的产生与二极管类似，因此 EMI 强度也类似。晶闸管接通时的电压和电流如图 8-8 所示，触发信号在 t_0 时刻加到控制极，只有在经过了一个给定时间（称为延迟时间）之后，耗尽区才开始导通。随后，晶闸管上的电压迅速趋零，但不是立即完成。阳 – 阴之间的电压快速趋零，从而产生了高频干扰。由于开关时间为 $0.5 \sim 2\mu s$，所以产生的高频声频谱是很宽的。开关时间将随着阴极电压的降低而增加，也与晶闸管的额定电流有关。图 8-9 说明了这一函数的性质。

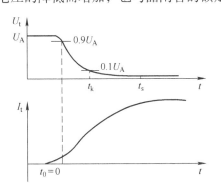

图 8-8 晶闸管接通时电压和电流波形

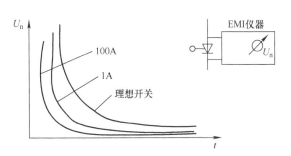

图 8-9 具有不同电流速率时晶闸管的 EMI

（三）功率晶体管

功率晶体管作为大功率半导体开关在汽车电子系统中有很多的应用，作为放大器，应用在电源串联调压电路、音频和超声波放大等领域。

功率晶体管产生的干扰与晶闸管产生的干扰相同。图 8-10a 画出了一个功率晶体管在接通时的电压与电流曲线。功率晶体管的接通时间，尤其是对于功率场效应管，其 t_{on} 明显比晶闸管短。图 8-10b 则画出了功率晶体管在关断时的集 – 射电压和集电极电流。在 t_0 时刻开始关断，集电极电流持续流动一段时间 t_s，称为存储时间。在这段时间内，载荷子将从耗尽层消去。在存储时间过后，集电极电流将降为 0。集电极电流的下降时间主要取决于晶体管的额定功率，所以是相当短的，通常为 $10ns \sim 100\mu s$。所以说功率晶体管产生的 EMI 频谱比晶闸管或整流器产生的 EMI 频谱宽得多。

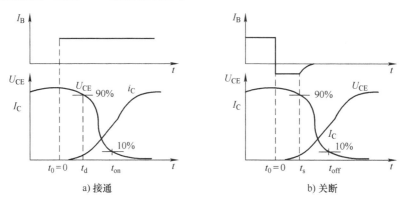

图 8-10　功率晶体管开关过程

四、反射现象

反射现象是指空间电磁波传输时遇到障碍物被反射并与原信号叠加，传输线与负载及源内阻抗不匹配引起的反射等。

1. 空间发射波骚扰

以电视信号的接收为例，接收机的天线除了接收到电视发射天线的直射波外，还可以接收到附近一些高大的建筑物发射的反射波。直接波和反射波的传播路径不同，所以相位不同，对声音信号的影响不大，对图像信号和数字信号会造成干扰，例如电视屏幕上出现重影。引起发射波骚扰的除高大建筑物外，还有大型广告牌、电车、汽车等。

2. 线路上的反射骚扰

线路上由于阻抗不匹配也会引起反射。终端反射系数为

$$\Gamma = \frac{Z_{\mathrm{L}} - Z_{\mathrm{o}}}{Z_{\mathrm{L}} + Z_{\mathrm{o}}} \tag{8-2}$$

式中，Z_{L} 是负载阻抗；Z_{o} 是传输线的特性阻抗。反射波与入射波相位不同，也会形成干扰。

任何信号的传输线（包括焊接线、电路板印制线、双绞线、带状电缆和同轴的电缆等），对一定频率的信号来说，都存在着一定的非纯电阻性的波阻抗，其数值与集成电路的输出阻抗和输入阻抗的数值各不相同，在它们相互连接时，必然存在着一些阻抗的不连续点。当信号通过这些阻抗不连续点时便发生"反射"现象，造成波形畸变，产生反射噪声。较长的传输导线也必然存在着较大的分布电容和杂散电感，信号传输时将有一个延迟，信号频率越高，延迟越明显，造成的反射也越严重，信号波形产生的畸变也就越厉害。这就是"长线传输的反射干扰"。脉冲信号在长线传输时也存在着类似的情况。

反射对信号的影响：反射的结果对模拟正弦信号形成驻波，对数字信号则表现为上升沿、下降沿的振铃、过冲或欠冲。过冲指信号跳变的第一个峰值（或谷值）超过规定值，对于上升沿是指最高电压，对于下降沿是指最低电压。欠冲指信号跳变的下一个谷值（或峰值），即电位没有达到最大及最小转换电平值所期望的幅度。过冲与欠冲有走线过长或者信号切换速度太快两方面的原因。虽然大多数元件接收端有输入保护二极管的保护，但有时

这些过冲电平会远远超过元件的电源电压范围，不但可以形成强烈的电磁干扰，也会对后级输入电路的保护二极管造成损坏甚至失效。对于 TTL 器件来说，"过冲"超过 6V 时，对器件输入端的 P−N 结就有造成损坏的可能。同时，从 −6V→ +3V 的大幅度下降，将会对邻近的平行信号产生严重的串扰，且台阶将造成不必要的延时，给工作电路造成不良的后果。一旦形成振荡，危害就更严重，这种振荡信号将在信号的始端和终端同时直接构成信号噪声，从而形成有效的干扰。

第三节　电磁干扰抑制方法

一、电磁屏蔽

电磁屏蔽（electromagnetic shield）就是对两个空间区域之间进行金属的隔离，以控制电场、磁场和电磁波由一个区域对另一个区域的感应和辐射。具体讲，就是用屏蔽体将元部件、电路、组合件、电缆或整个系统的干扰源包围起来，防止干扰电磁场向外扩散；用屏蔽体将接收电路、设备或系统包围起来，防止它们受到外界电磁场的影响。因为屏蔽体对来自导线、电缆、元部件、电路或系统等外部的干扰电磁波和内部电磁波均起着吸收能量（涡流损耗）、反射能量（电磁波在屏蔽体上的界面反射）和抵消能量（电磁感应在屏蔽层上产生反向电磁场，可抵消部分干扰电磁波）的作用，所以屏蔽体具有减弱干扰的功能。

（一）静电屏蔽原理

在屏蔽罩接地后干扰电流经屏蔽外层流入大地，导体空腔内无其他带电体的情况下，导体内部和导体的内表面上处处皆无电荷，电荷仅仅分布在导体外表面上。所以腔内的场强和导体内部一样，也处处等于零；各点的电势均相等，而且与导体电势相等。因此，如果把空心的导体放在电场中，电场线将垂直地终止于导体的外表面上，而不能穿过导体进入腔内。这样，放在导体空腔中的物体因空腔导体屏蔽了外电场，而不会受到任何外电场的影响。综上所述，空腔导体（不论是否接地）的内部空间不受外电荷和电场的影响；接地的空腔导体，腔外空间不受腔内电荷和电场影响，这种现象称为静电屏蔽，如图 8-11所示。

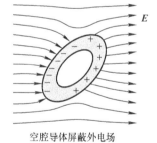

空腔导体屏蔽外电场

图 8-11　两类基本源在空间
所产生的叠加场

静电屏蔽分为外屏蔽和全屏蔽。

空腔导体在外电场中处于静电平衡，其内部的场强总等于零。因此外电场不可能对其内部空间产生任何影响。若空腔导体内有带电体，在静电平衡时，它的内表面将产生等量异号的感生电荷。如果外壳不接地，则外表面会产生与内部带电体等量而同号的感应电荷，此时感应电荷的电场将对外界产生影响，这时空腔导体只能对外电场屏蔽，却不能屏蔽内部带电体对外界的影响，所以称为外屏蔽。如果外壳接地，即使内部有带电体存在，这时内表面感应的电荷与带电体所带的电荷的代数和为零，而外表面产生的感应电荷通过接地线流入大地。外界对壳内无影响，内部带电体对外界的影响也随之而消除，所以这种屏蔽称为全屏蔽。

这里还须注意：

1）实际应用中金属外壳不必严格完全封闭，用金属网罩代替金属壳体也可达到类似的静电屏蔽效果，虽然这种屏蔽并不是完全、彻底的。

2）在静电平衡时，接地线中是无电荷流动的，但是如果被屏蔽的壳内的电荷随时间变化，或者是壳外附近带电体的电荷随时间而变化，就会使接地线中有电流。屏蔽罩也可能出现剩余电荷，这时屏蔽作用又将是不完全和不彻底的。

总之，封闭导体壳不论接地与否，内部电场不受壳外电荷与电场影响；接地封闭导体壳外电场不受壳内电荷的影响。这种现象，称为静电屏蔽。

（二）电磁场屏蔽的原理

电磁场屏蔽是对电场和磁场同时加以屏蔽。在电场屏蔽和磁场屏蔽的基础上，更利于理解电磁场屏蔽。在物理上，对于电磁场辐射源的周围，常分近场与远场两个范围。辐射源周围称近场，距离辐射源大于 $\lambda/2\pi$ 的范围称远场（λ 为波长），如图 8-12 所示。对于近场，若辐射源为高电压小电流，主要考虑的是电场干扰；若辐射源为低电压大电流，则主要考虑磁场干扰。近场电屏蔽的一种方法就是在感应源与受感器之间加一接地良好的金属板，把感应源的寄生电容短接到地，通过抑制寄生电容耦合，达到电场屏蔽的目的。在远场中，由麦克斯韦方程，电场与磁场方向相互垂直，但相位相同，以电磁波的形式在空间向四方辐射能量。其对电路的干扰也是以电磁波能量的辐射形式进行的。不能理解为近场中电场与磁场干扰的叠加。远场区辐射的电磁波可以认为是平面波。

屏蔽体对辐射干扰的抑制能力用屏蔽效能（shielding effectiveness，SE）来衡量，屏蔽效能的定义：没有屏蔽体时，从辐射干扰源传输到空间某一点 P 的场强 $E_1(H_1)$ 和加入屏蔽体后，辐射干扰源传输到空间同一点 P 的场强 $E_2(H_2)$ 之比，用 dB（分贝）表示。

屏蔽效能表达式为 $SE = 20\log_{10}\dfrac{|E_1|}{|E_2|}$（dB）或 $SE = 20\log_{10}\dfrac{|H_1|}{|H_2|}$（dB）。

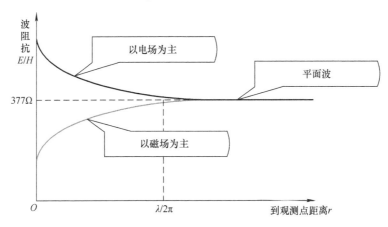

图 8-12　波阻抗与场源距离 r 的关系

（三）磁场屏蔽的原理

磁场屏蔽是为了消除或抑制由于磁场耦合引起的干扰。

静态场的情况：电磁铁或直流线圈产生的磁场均在空间分布磁力线或磁通。磁力线所通过的路径称为磁路。磁力线主要集中在低磁阻（高磁导率）的磁路通过。对磁场的屏蔽主要利用高磁导率的材料,如铁、镍钢等,磁力线将"封闭"在屏蔽体内,起到磁屏蔽作用。

低频交变磁场:磁屏蔽的原理同静磁屏蔽一样,利用高磁导材料作屏蔽体,将磁场约束在屏蔽体材料内;另外,也可以在垂直磁场的方向上设置金属导体环,环中的感应电流将产生方向相反的磁场,抵消部分外加磁场,达到磁场屏蔽的作用。

磁场的屏蔽不同于电场的屏蔽,屏蔽体接地与否不影响磁屏蔽的效果;但磁屏蔽体对电场也起一定的屏蔽作用,因此一般也接地。

高频磁场:高频磁场在屏蔽壳体表面感生电涡流,从而产生反磁场来抵消穿过屏蔽体的原来的磁场,同时增强屏蔽体旁边的磁场,使磁力线绕行而过,起到磁屏蔽作用。

高频磁场主要靠屏蔽壳体上感生的电涡流所产生的反磁场起排斥原磁场的作用。电涡流越大,屏蔽效果越好。应选用良导体材料,频率越大,电涡流也越大,磁屏蔽效果就越好。

(四)屏蔽体的设计

如上所述,电磁屏蔽一般分为两种类型:一类是静电屏蔽,主要用于防止静电场和恒定磁场的影响;另一类是电磁屏蔽,主要用于防止交变电场、交变磁场以及交变电磁场的影响。

静电屏蔽应具有两个基本要点,即完善的屏蔽体和良好的接地。

电磁屏蔽不但要求有良好的接地,而且要求屏蔽体具有良好的导电连续性,对屏蔽体的导电性要求要比静电屏蔽高得多。因而为了满足电磁兼容性要求,常常用高导电性的材料作为屏蔽材料,如铜板、铜箔、铝板、铝箔、钢板或金属镀层、导电涂层。在实际的屏蔽中,电磁屏蔽效能更大程度上依赖于机箱的结构,即导电的连续性。机箱上的接缝、开口等都是电磁波的泄漏源。穿过机箱的电缆也是造成屏蔽效能下降的主要原因。

解决机箱缝隙电磁泄漏的方式是在缝隙处用电磁密封衬垫。电磁密封衬垫是一种导电的弹性材料,它能够保持缝隙处的导电连续性。常见的电磁密封衬垫有导电橡胶、双重导电橡胶、金属编织网套、螺旋管衬垫、定向金属导电橡胶等。机箱上开口的电磁泄漏与开口的形状、辐射源的特性和辐射源到开口处的距离有关。通过设计适当的开口尺寸和辐射源到开口的距离能够改善屏蔽效能。通风口可使用穿孔金属板,只要孔的直径足够小,就能够达到所要求的屏蔽效能。当对通风量的要求高时,必须使用截止波导通风板(蜂窝板),否则不能兼顾屏蔽和通风量的要求。如果对屏蔽要求不高,并且环境条件较好,可以使用铝箔制成的蜂窝板,这种产品的价格低,但强度差,容易损坏。如果对屏蔽的要求高,或环境恶劣(如军用环境),则要使用铜制或钢制蜂窝板,这种产品各方面性能优越,但价格高昂。诸如计算机显示屏等,即要满足视觉需要,又要满足防电磁泄漏要求,通常可在显示屏前加装高性能屏蔽视窗。屏蔽机箱上绝不允许有导线直接穿过。当导线必须穿过机箱时,一定要使用适当的滤波器,或对导线进行适当的屏蔽。

(五)屏蔽技术在汽车上的应用

现代汽车上电子装置大都是电力和电子设备(弱电和强电相互结合的系统),这些设备在工作的同时往往要产生一些电磁能量,从而产生互相之间的电磁干扰。电磁干扰往往造成设备的功能降低甚至丧失,严重时造成设备元器件或软件不可恢复性的损坏,因此在进行设备结构设计时应根据电磁兼容的原理,通过一系列的屏蔽方法避免设备由于电磁干扰造成元器件损坏或软件损坏和数据丢失。干扰影响或破坏其他电子电器设备的正常工作。汽车电子电器系统中,存在着多种形式的电磁干扰源,电磁干扰通过传导和辐射对车载电子设备产生不同程度的干扰。发动机点火系统是汽车电子电器系统中电磁干扰最强的干扰源。曲轴传感器信号是汽车发动机转速判断的重要依据，过度的曲轴信号干扰将导致发动机控制单元计数失效，发动机非正常熄火。汽车内电磁干扰及其产生的影响是重大的，关系到汽车安全可靠性。所以，分析研究发动机点火系统电磁干扰的形成机理，采取切实有效的措施抑制曲轴信号的干扰是尤为重要的。

曲轴信号的干扰主要来自发动机点火系统，点火系统的电磁干扰主要来源于高压点火线、火花塞和点火线圈等几个部件。当次级线圈达到火花塞间隙击穿电压时，火花塞间隙被击穿，储存于火花塞分布电容中的能量迅速释放，放电时间极短，仅数微秒，但形成的放电电流则非常大，可达几十安培，这个过程称为电容放电过程。这一阶段的放电使次级电路的电压和电流形成陡峭的脉冲形式，这种宽带脉冲通过裸露的高压点火线对外辐射电磁波，造成周围环境的电磁干扰。随后，另一部分储存在次级线圈电感中的能量将维持放电，其特点是时间较长，为几毫秒，放电电流为几十毫安，这一过程称为电感放电（火花尾），该电流使气缸内的燃料得到充分燃烧，以保证点火可靠。可见需要抑制的是第一阶段的电容放电电流，该电流为宽带脉冲电流，带宽在 0.15 ~ 1000 MHz 范围，是 30 ~ 300 MHz 甚至更高频无线电的主要干扰源。

由于火花塞高压放电引起的电磁干扰主要是通过高压点火线向外辐射的，因此高压点火线此时成为干扰源的发射天线。天线的辐射功率与天线的激励电流的平方成正比，也就是说高压点火线上的电流越大，对外辐射的功率也就越大，造成的电磁干扰越强。

目前抑制点火系统对曲轴信号电磁干扰的措施有：①改变电磁干扰源（改变发动机点火方式）；②屏蔽点火系统对曲轴信号产生的干扰。对于一个上市车型，如果采用方法①主动降干扰，所需的变更周期和验证周期非常长，不能满足市场的需求。采用方法②被动抑制干扰，改动相对比较简单，且验证周期短，满足短期的市场需求，因此常采用方法②。综合几种被动抑制干扰的方法，发现屏蔽线对抑制曲轴信号电磁干扰效果比较好。

除此之外，CAN 总线的电磁屏蔽也越来越受到重视。控制器局域网（CAN）总线是目前在汽车上应用最广泛的通信协议，CAN 网络的通信介质可以是双绞线、同轴电缆或光纤。由于双绞线比同轴电缆和光纤成本低、易实现，因此在汽车上得到广泛应用。但随着电力电子技术在汽车上的应用，使得车内的电磁环境越来越恶劣，传导干扰和辐射干扰对 CAN 总线正常通信产生很大影响，甚至可能引发严重的交通事故。

CAN 数据总线系统由一系列的网络节点通过总线相互连接组成。当信号在传输线上传输时，因电磁场而对相邻的传输线产生的不期望的干扰电压或电流噪声即为串扰，串扰是由信号线之间的互感耦合或者互容耦合引起的，串扰按产生机理分为电感性耦合和电容性耦合。在汽车实际应用中，非关键设备的通信线缆应优先考虑使用非屏蔽双绞线，既具有一定的抗干扰能力，又可降低成本；对于关键设备的通信线缆应采用屏蔽双绞线，屏蔽层双端接地时要确保两端的接地阻抗相等，避免在屏蔽层—地回路中产生环流。在系统中为了保证 CAN 总线通信的可靠性而使用的 EMC 措施有 LC 滤波器、瞬态抑制二极管、光电隔离等。

二、滤波

实践表明，一个系统即使经过良好的设计并且采用正确的屏蔽与接地措施，也仍然会有不需要的信号或能量传导进入此系统，致使该系统的效能降低，甚至引起系统失灵。滤波是抑制和防护电磁干扰的重要方法之一。

在电磁兼容领域，滤波是指从混有噪声或干扰的信号中提取有用信号分量的一种方法或技术。实现滤波功能的滤波器可以对某一频率范围的传输能量衰减很小，使能量容易通过；而对另一频率范围的传输能量有很大的衰减，从而抑制了能量的传输。因此，采用滤波器可以抑制与有用信号频率不同的成分的干扰，显著减小干扰电平，从而提高接收设备的信噪比。所以，无论是利用滤波器来抑制干扰源和消除干扰耦合，还是用于增强接收设备的抗干扰能力，都是抑制干扰的有效手段。

（一）反射式滤波器

反射式滤波器通常由电抗元件如电感和电容组合构成（理想情况下，这些元件是无耗的），使在滤波器的通带内提供低的串联阻抗和高的并联阻抗，而在滤波器的阻带内提供大的串联阻抗和小的并联阻抗。这种滤波器不是靠消耗能量，而是将不需要的频率成分的能量反射回信号源来达到抑制目的。其种类有四种：低通滤波器、高通滤波器、带通滤波器和带阻滤波器。

1. 低通滤波器

低通滤波器是指低频通过、高频衰减的一种滤波器。它是电磁干扰技术中应用最多的一种滤波器。常用于直流或交流电源线路，对高于市电的频率进行衰减；用于放大器电路和发射机输出电路，让基波信号通过，而谐波和其他乱真信号受到衰减；在数字设备中，用低通滤波器滤除脉冲信号中的高次谐波。所以低通滤波器应该成为我们讨论的重点。低通滤波器按其电路形式又可分为并联电容滤波器、串联电感滤波器及 L 型、π 型滤波器等。

2. 高通滤波器

在降低电磁干扰上，高通滤波器虽然不如低通滤波器应用广泛，但也有用途。特别是这种滤波器一直被用于从信号通道上滤除交流电流频率或抑制特定的低频外界信号。高通滤波器的网络结构与低通滤波器的网络结构具有对称性，高通滤波器可由低通滤波器转换而成。当把低通滤波器转换成具有相同终端和截止频率的高通滤波器时，其转换方法为：

把每个电感 L 转换成数值为 $1/L$ 的电容 C。

把每个电容 C 转换成数值为 $1/C$ 的电感 L。

3. 带通滤波器

带通滤波器是对通带之外的高频及低频干扰能量进行衰减，其基本构成方法是由低通滤波器经过转换而成为带通滤波器。带通滤波器电路结构如图 8-13 所示。带通滤波器并联于干扰线和地之间，以消除电磁干扰信号，达到兼容的目的。

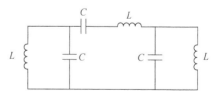

图 8-13　带通滤波器的电路结构

4. 带阻滤波器

带阻滤波器是指用于对特定窄频带（在此频带内可能产生电磁干扰）内的能量进行衰减的一种滤波器，带阻滤波器通常是串联于干扰源与干扰对象之间，带阻滤波器的结构如图 8-14所示。

（二）吸收式滤波器

一般的反射式滤波器的电感和电容都不可能是理想的电感和电容。在电感的匝间存在分布电容，它和电感构成谐振电路。当频率低于谐振频率时，呈电感性；而当频率高于此谐振

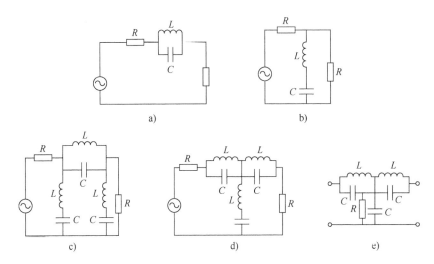

图 8-14　带阻滤波器电路结构图

频率时，又呈电容性。因此，一个实际的反射式滤波器的频率特性往往并不是那么理想。此外，滤波器的输入、输出阻抗与指定的源和负载阻抗的失配又会使能量反射，所以低通滤波器的频率特性有时会出现振荡，有时将一个滤波器接入传输干扰的线路时，实际上将形成干扰电压的增加而不是减少。在这种情况下，可使用吸收式滤波器来抑制不需要的能量，使之转化为热损耗，并保证有用信号的顺利传输。

吸收式滤波器的原理是将不希望有的干扰频率成分的能量损耗在滤波器内（使之转化为热能），而不是反射回去，因此这种滤波器又称为有（损）耗滤波器。

1. 有损耗滤波器

为了消除 LC 型滤波器的频率谐振和要求终端负载阻抗匹配的弊端，使电磁干扰滤波器能在较宽的频率范围内具有较大的衰减，人们根据介电损耗和磁损耗原理研究出一种损耗滤波器。其基本原理是选用具有高损耗系数或高损耗角正切的电介质，把高频电磁能量转换成热能。在 50Ω 测试系统里，具有高损耗系数的电介质的截止频率大于 10MHz。

实际使用中是将铁氧体一类物质制成柔软的磁管，可以在绝缘或非绝缘的导体上滑动，这种磁管称为电磁干扰抑制管。柔软性磁管的磁导率与磁环和磁条相比要低一些。

由于磁管没有饱和特性和谐波特性，所以可以使用在 0 以上的频率范围内。

电磁干扰抑制管可以套在标准电缆上或电线上屏蔽低频电场或磁场，不会引起直流或电源频率损耗。

2. 有源滤波器

用无源元件制造的电磁干扰滤波器有时庞大而笨重，使用晶体管的有源滤波器可以不需要过大的体积和重量就能提供较大值的等效 L 和 C。对低频低阻抗电源电路用有源滤波器更为合适，此滤波器的特点是尺寸小，重量轻，功率大，有效抑制频带宽度。这种滤波器通常有三种类型，如图 8-15 所示。

1）模拟电感线圈的频率特性，给干扰信号一个高阻抗电路，称作有源电感滤波器。

2）模拟电容器的频率特性，将干扰信号短路到地，称为有源电容滤波器。

3）一种能产生与干扰电源幅值同样大小、方向相反的电流，通过高增益反馈电路将电

磁干扰对消掉的电路称为对消滤波器。在交流
电源线中，采用对消干扰技术是最有效的
方法。

（三）电源线电磁干扰滤波器

电源线滤波器是由电感、电容等无源器件
组成的滤波模块，它允许工频 50Hz、60Hz、
400Hz 电流通过，而对于较高频率的电磁干扰
波有很大的衰减。

电源线滤波器为双向可逆器件，既能防止
电网上的电磁干扰通过电源线进入设备，又能
防止设备本身产生的电磁干扰对电网造成污
染，使用电源线滤波器是抑制传导干扰的有效
手段。其电路基本结构如图 8-16 所示。

电源线上呈现的干扰可分为共模和差模两
种，如图 8-17a 所示，其中 I_c 及 I_d 分别为共模
电流和差模电流。如图 8-17b 所示，电源线电
磁干扰滤波器旨在保证电源线上携带的干扰不
进入需由电源线馈电的设备，反之设备上的干
扰也不会进入电源线。大量现代设备及数字电
路均由开关式电源进行馈电，这类电源会产生
电磁噪声，这时必须保证这种射频噪声不会注
入电源线。

电源线电磁干扰滤波器的一种常用结构如
图 8-17c 所示。此处 C_x 和 C_y 为线对线电容器及
线对地电容器，L_1 为绕在共同芯子上有相等绕

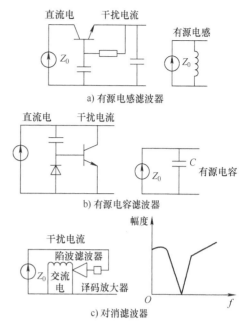

图 8-15　有源电磁干扰滤波器

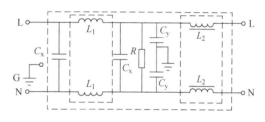

图 8-16　高性能单相电源线滤波器电路基本结构

组的两个电感，L_2 为绕在分开的芯子上的两个分开的电感，L_g 则为任意的接地扼流圈。当直
接地要与射频地保持分离状态时需用接地扼流圈。连在滤波器电路内的两个电感 L_1 的极性应
使电源电流 I_1 在两个电感内反向流动，因此不会衰减。与此类似，由于极性关系，差模电流
I_d 也不会被衰减。另一方面，在两个电感中的共模电流产生的磁场是同相的，因此电流 I'_d 会
被衰减。而且由于两条线中通过的共模电流 I_c 是相等的，因此电容 C_x 对它们不会产生任何影
响。根据这种考虑，共模和差模电磁干扰电流的有效等效电路可表示为图 8-17d 及
图 8-17e。电感 L_1 为共模电感 L_1 的泄漏电感，因为 L_1 两个电感之间无耦合所以不能相消。

（四）信号线电磁干扰滤波器

信号线滤波器的主要作用是解决空间电磁干扰问题，例如设备向空间辐射较强的电磁干
扰，或者设备对空间的电磁干扰敏感等问题。信号线电缆和电源线电缆之间的耦合导致传导
发射在高频超标的现象，就是由于信号线上的高频干扰通过空间耦合到了电源线上造成的。
出现这种现象是因为信号电缆本身就是一条效率很高的辐射和接收天线，它造成的危害
如下：

1）造成很强的超标辐射。机箱内的电磁能量在电缆上感应出共模电压和电流，共模电

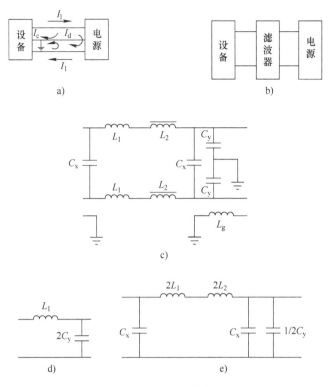

图 8-17　电源线电磁干扰滤波器

流在电缆上流动，产生了共模辐射。这种辐射往往是设备超标辐射的主要原因。

2）设备周围环境空间的电磁能量被电缆接收到后，形成共模电流，沿着导线传进机箱，一方面对与电缆直接连接的电路产生干扰，另一方面借助导线再次辐射，对机箱内的其他电路（没有直接与电缆连接的电路）造成干扰。

3）造成屏蔽体或隔离层被破坏，产生这种作用的原因也是电缆对电磁波的接收和再次辐射，导致电磁能量通过电缆泄漏，从现象上看就是屏蔽体的屏蔽效能降低。

理论和实践均表明：设备上的电缆是电磁兼容上最薄弱的环节之一。信号线滤波器的作用就是解决上述三个方面的问题。下面的结论是十分重要的：

任何穿过屏蔽体或隔离体的导线或电缆都会破坏原有的屏蔽效果或隔离效果，对这些导线，必须采取滤波措施。信号线滤波以共模滤波为主。这是因为电缆上感应的电流一般都是共模形式的，而对信号电缆上传输的差模信号，希望不产生任何影响。

（五）滤波器在汽车上的应用

1. 电源滤波器

强制性的传导发射标准主要体现在电源线上。因此，许多厂家都将用于电源输入端的射频干扰滤波器作为一个独立的器件，开发了各种尺寸、各种电路结构的产品。电源 EMI 滤波器实质上是一个低通滤波器。它毫无衰减地把直流或低频电源功率传送到设备上去，抑制电源高频骚扰进入设备。同时，又阻止了设备产生的骚扰信号进入电源，进而污染电磁环境，危害其他设备。

采用电网噪声滤波器可有效地防止电源因外来噪声干扰而产生误动作。从电源输入端进入的 EMI 噪声，在电源负载电路中会产生感应电压，成为电路产生误动作或干扰电路中传输信号的原因。这些问题同样也可用电源滤波器来加以防止。比如这样一种电源滤波器，主要用于减少汽车电源干扰引起的杂音，用于汽车音响改装，消除汽车内电器对汽车音响电源的干扰，帮助解决汽车音响杂音问题，如图 8-18a 所示。

电源滤波器的作用如下：

1）防止外来电磁噪声干扰电源设备本身控制电路的工作。

2）防止外来电磁噪声干扰电源负载的工作。

3）抑制由其他设备产生的 EMI。

4）抑制由其他设备产生而经过电源传播的 EMI。

电源滤波器按形状可分为一体化式和分立式两种，一体化式是将电感线圈、电容器等封装在金属或塑料外壳中，如图 8-18b 所示；分立式是在印制板上安装电感线圈、电容器等，构成抑制噪声滤波器，如图 8-18c 所示。应用中选择哪种形式的电源滤波器要根据成本、特性、安装空间来确定。一体化式成本高，特性好，安装灵活；分立式成本低，但屏蔽不好。

a) 汽车音响滤波器

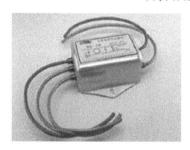

b) 高性能交流电源线滤波器　　　　　c) PCB板安装直流电源线滤波器

图 8-18　电源滤波器

电源滤波器的正确安装方法：

1）为了滤波器的安全可靠工作（散热和滤波效果），除滤波器一定要安装在设备的机架或机壳上外，滤波器的接地点应和设备机壳的接地点取得一致，并尽量缩短滤波器的接地线。若接地点不在一处，那么滤波器的泄漏电流和噪声电流在流经两接地点时，会将噪声引入设备内的其他部分。其次，滤波器的接地线会引入感抗，它能导致滤波器高频衰减特性的变坏。所以，金属外壳的滤波器要直接和设备机壳连接。如外壳喷过漆，则必须刮去漆皮；若金属外壳的滤波器不能直接接地或使用塑封外壳滤波器时，它与设备机壳的接地线应尽可能短。

2）滤波器要安装在设备电源线输入端，连线要尽量短；设备内部电源要安装在滤波器的输出端。若滤波器在设备内的输入线长了，在高频端输入线就会将引入的传导干扰耦合给其他部分。若设备内部电源安装在滤波器的输入端，由于连线过长，也会导致同样的结果。

3）确保滤波器输入线和输出线分离。若滤波器输入、输出线捆扎在一起或相互安装过近，那么由于它们之间的耦合，可能使滤波器的高频衰减降低。若输入、输出线必须接近，都必须采用双绞线或屏蔽线。

4）要将噪声滤波器正确地连接到设备内部的每一单元。若带有单独电源的若干单元安装在一个机壳内，那么必须把每一个单元视为设备的独立部分。每一单元必须连接各自的噪声滤波器，否则在机壳内，这些单元中的每一单元的噪声都会传导给其他单元。

2. 信号滤波器

EMI 信号滤波器是用在各种信号线上的低通滤波器，它的作用是滤除导线上不需要的高频干扰成分。

线路板上的导线是最有效的接收和辐射天线，由于导线的存在，往往会使线路板产生过强的电磁辐射。同时，这些导线又能接收外部的电磁干扰，使电路对干扰很敏感。在导线上使用信号滤波器是一个解决高频电磁干扰辐射和接收很有效的方法。

信号滤波器按安装方式和外形分类，有线路板安装滤波器、贯通滤波器（图 8-19a）和滤波插接器（图 8-19b）三种。

线路板安装滤波器适合于安装在线路板上，具有成本低、安装方便等优点。但线路板安装滤波器的高频效果不是很理想。贯通滤波器适合于安装在屏蔽壳体上，具有很好的高频滤波效果，特别适合于单根的导线穿过屏蔽体。连接器滤波器适合于安装在屏蔽机箱上，具有较好的高频滤波效果，用于多根导线（电缆）穿过屏蔽体。

a) 贯通滤波器

b) 滤波插接器

图 8-19　信号滤波器

从电路形式上分，信号滤波器有单个电容型、单个电感型、L 型、π 型等。滤波器的器件越多，从通带到阻带的过渡带越窄。对于一般的民用设备，使用单个电容型或单个电感型就可以满足要求。

信号滤波器在电子设备中的用途可分为以下几种：

（1）屏蔽壳体上的穿线　屏蔽壳体上不允许有任何导线穿过，屏蔽效能再高的屏蔽体，一旦有导线穿过屏蔽体，屏蔽体的屏蔽效能就会大幅度下降。这是因为导线充当了接收干扰和辐射干扰的天线。当有导线要穿过屏蔽体时，必须使用贯通滤波器，如图 8-20 所示。这样可以将导线接收到的干扰滤除到屏蔽体上，从而避免干扰穿过屏蔽体。

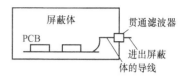

图 8-20　屏蔽体上的贯通滤波器

（2）设备内部的隔离　现代电子设备的体积越来越小，器件的安装密度越来越大。这带来的问题之一是电路间的相互干扰。特别是数字电路与模拟电路之间的干扰、强信号电路与弱信号电路之间的干扰等，已成为影响电子设备指标的重要因素。解决这个问题的唯一途径是对不同类型的电路进行隔离。当不同电路之间没有任何连线时，这种隔离是很容易的，只要按照一般的屏蔽设计技术做就可以了。但当电路之间有互联线时，必须对互联线进行滤波，才能达到真正的隔离。这时要在互联线上使用信号滤波器。

（3）电缆滤波　设备中的电缆是接收干扰和辐射干扰最有效的天线。干扰主要通过电缆进出设备。解决电缆接收和辐射干扰的主要手段有屏蔽和滤波。虽然使用屏蔽电缆能够有效地减小电缆的电磁干扰辐射和接收电磁干扰的能力，但屏蔽电缆的屏蔽效能对屏蔽层的端接方式依赖很大，并且由于屏蔽电缆的屏蔽层是金属编织网构成的，在高频时屏蔽效能较差。为了改善这种状况，在屏蔽电缆的两端使用滤波器是有效的方法。

在安装信号滤波器时要注意以下几点：

1）选用高频特性较好的滤波器件，如三端电容。

2）无论采用什么滤波器，一个良好的接地都是十分必要的。

3）滤波器并排安装，否则已经滤波的和没有滤波的信号之间会发生串扰。当需要滤波器的引线较多时，应使用多级滤波器。

4）滤波器与机箱上电缆接口之间的引线要短，可以加一个隔挡层。

参 考 文 献

[1] 韩利，温旭辉，曾莉莉. 混合动力电动汽车用电机及驱动控制器的电磁兼容设计 [J]. 安全与电磁兼容，2006（1）：81-84.

[2] 王亮. 开关电源变压器屏蔽层抑制共模 EMI 的研究 [J]. 低压电器，2010（15）：35-39.

[3] 孙铁雷，林程，孙逢春，等. 某电动汽车共模骚扰辐射试验与分析 [C] //中国汽车工程学会. 2009 中国汽车工程学会年会论文集. 北京：机械工业出版社，2009.

[4] 孙铁雷，林程，孙逢春. 电动车辆电磁兼容性整车测量与分析 [J]. 安全与电磁兼容，2010（2）：15-18.

[5] 段瑞昌，徐国卿，吴志红. 车用电机驱动器的电磁兼容性设计 [J]. 电工技术，2003（10）：40-42.

[6] 翟丽. 新能源汽车电磁兼容性设计理论与方法 [M]. 北京：机械工业出版社，2023.

第九章

电机转矩脉动与振动噪声

在车用电机驱动系统中，要求电机能够输出平滑的转矩，因为转矩脉动的存在会严重影响电机运行的平稳性，并且会产生振动噪声。所谓转矩脉动，是指在电机转动的过程中，瞬时输出力矩随时间围绕某一平均值上下波动的现象。转矩脉动的存在，使得转子轴发生偏移，不可避免地使气隙磁场分布发生变化，产生不同阶次的谐波，进而使得电驱动系统的整体性能严重恶化。

电机的振动噪声作为反映电机运行平稳性的重要指标，已不只是作为环境污染的噪声源指标，也是电机设计、控制、工艺和装配水平的综合反映。

本章不仅会介绍电机转矩脉动与振动噪声的产生机理，同时也会介绍与振动噪声相关的测试设备与测试规范。

第一节　电机的转矩脉动

对于车用驱动电机，电机大部分时间工作在非额定甚至空载状态下，此时转矩脉动将造成电机不平稳运行，尤其对于低速低负载运行，电机转矩脉动将尤为突出。引起电机转矩脉动的因素较多，概括起来包括以下几个方面：互转矩、齿槽转矩、铁心磁路饱和及摩擦转矩等。因此，减小电机的转矩脉动亦应从以上几个方面开展。

一、转矩脉动的产生机理

（1）互转矩　互转矩是由转子电流或永磁体和定子电流之间的相互感应引起的，这是电机转矩产生的主要来源，具有最大的直流分量。转子磁场和定子电流波形之间的不匹配会引起力矩的凹陷从而产生转矩纹波。有些互转矩纹波来源于使用梯形波驱动永磁同步电机或者使用正弦波驱动无刷直流电机，波形的相移或延迟、较低的 PWM 分辨率以及较低的 PWM 频率造成的电流谐波等。

（2）齿槽转矩　转矩脉动的一个主要来源是齿槽转矩，它是由定子齿与永磁体交互影响产生的，即使电机绕组不通电也是存在的，这部分脉动在电机轻载运行时表现得尤为明显。对于齿槽转矩引起的转矩脉动，国内外专家学者已经进行了大量深入系统的研究，这部分脉动的削弱大都是从引起齿槽转矩的本源——电机本体结构设计的角度出发进行的，主要包括调整永磁体极弧系数，定、转子铁心开辅助槽，采用不等厚永磁体，转子铁心做成不同心圆，永磁体磁极偏移，改变永磁体充磁方向，永磁体斜极，非均匀分布定子槽等方法。

（3）铁心磁路饱和　当铁心饱和时，会使磁场正弦分布的顶部变得平坦，在磁场分布中加大了三次谐波的分量，从而导致转矩脉动。

（4）摩擦转矩　摩擦转矩并不总是轴向对称的，因为电机内部的轴承可能存在偏心。通过它们每个机械频率一次的变化和随方向而改变的正负变化，可以将这些转矩纹波从齿槽转矩中区分出来。

此外，对于永磁电机，由于转子的凸极特性而造成的磁阻转矩也会造成电机的转矩脉动。

二、转矩脉动的抑制方法

由反电动势谐波和定子电流谐波所产生的互转矩纹波是转矩脉动的一个重要来源。互转矩纹波的抑制可以通过电机本体优化设计减小反电动势的谐波含量，或通过改进控制策略提高逆变器输出电流的正弦性来实现。逆变器输出电流的谐波成分主要由管压降、死区时间等非线性因素产生。目前，专家学者已提出大量方法减少这类谐波，如：谐波注入法，即通过加入谐波电压抑制电流的低次谐波；迭代学习法，通过不断调整交轴电流分量实现谐波抑制；采用时间补偿法对死区时间进行补偿；重复控制法，这种方法能够抑制给定次数电流谐波以及其整数倍谐波。对于反电动势谐波含量的抑制主要通过本体设计进行，可以通过改进转子侧或定子侧的结构设计实现。

齿槽转矩是转矩脉动的主要来源之一，当前已被广泛应用在工程上的减小齿槽转矩的方法主要有以下几种：

（1）分数槽绕组　电机定子槽数与极数的不同组合会影响电机的很多性能，绕组分布会发生相应变化，研究表明采用分数槽绕组，即电机每极每相槽数为分数时能够极大地减小电机的齿槽转矩。这种方法能够有效减小齿槽转矩主次谐波幅值，其幅值与极、槽数的最大公约数成正比，最大公约数越小，齿槽转矩就越小，采用集中式分数槽绕组（图9-1）时还能减少元件的使用数量，绕组端部长度变短，节省材料成本，并能同时减小电机铜耗。但采用这种方法需考虑其他影响因素，避免

图9-1　分数槽集中绕组

出现绕组不对称以及不平衡磁拉力。选取槽配合时应该满足以下要求：①定子槽数 z 必须为绕组相数的整数倍，以使每相具有相同的槽数；②当定子槽数 z 为偶数时，与极对数 p 的关系需满足 $z = 2p \pm 2k$，其中 k 为任意正整数；③当 z 为奇数时，需满足 $z = 2p \pm (2k - 1)$。目前在小功率永磁电机中经过试验比较，经典的槽配合有 6 槽 4 极、9 槽 8 极、12 槽 10 极等，这些槽配合电机齿槽转矩较小，同时综合性能较为优越。

（2）斜槽或斜极　大量的相关研究表明采用定子斜槽（图9-2）或永磁体斜极的方法能够有效减小齿槽转矩。从理论上可以证明当斜槽或斜极距离为一个齿距是可以完全消除齿槽转矩的，但在实际中却由于端部的齿槽转矩无法抵消而难以做到完全消除。使用这种方法会使电机的加工难度变大，尤其是使用定子斜槽时端部线圈会变长，这会加大铜耗，并且斜槽或斜极漏感和杂散损耗会加大，降低电机的效率，下线难度也变大，生产效率变低，但目前已有工艺将自动下线应用于斜槽定子。对于永磁体斜极，直接采用整块永磁体斜极会造成材料极大浪费，目前多采用分段斜极的方法，即将永磁体沿轴向分为几段，使各段偏移角度

相加为一个齿距，此方法一般无法被用于内置式永磁电机。但采用斜槽或斜极的方法不可避免地会使电机的基波反电动势减小，影响电机的平均输出转矩，并且这种方法使电机轴向不对称，产生不平衡磁拉力，严重时会损坏负载运行电机的轴承。

（3）辅助槽 在电机定子或转子表面开辅助槽会影响电机气隙磁场的分布，同时虚槽的出现使极槽配合发生了改变，这两个因素均会对电机的齿槽转矩产生较大影响。辅助槽可以开在定子齿上或转子表面，甚至双边开槽，还可以在永磁体表面开辅助槽，如图9-3所示。辅助槽个数、形状、槽口宽度、深度不同均会使齿槽转矩有所变化。

图9-2　定子斜槽

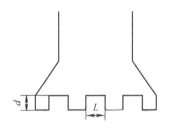

图9-3　定子齿辅助槽

第二节　电机的振动噪声

电机的振动噪声按照GB/T 10069.1—2006《旋转电机噪声测定方法及限值　第1部分：旋转电机噪声测定方法》技术要求和测试方法进行测试。

一、电机振动噪声的组成

（一）电磁噪声

电磁噪声是电动汽车噪声的主要成分，它通过磁轭向外传播。气隙磁波作用在定子铁心齿上，产生径向和切向磁力两个分量，使定子铁心产生振动变形的径向分量是电磁噪声的主要来源，使齿根部弯曲产生局部变形的切向分量是电磁噪声的次要来源。当径向电磁力波与定子的固有频率接近时，就会引起共振，使振动与噪声大大增强。电机在运行时，气隙磁场是一个旋转的力波，其产生的电磁力是交变的。气隙磁场中除了主磁通外，还有很多次的谐波分量，它们的频率往往与齿、槽数成倍数关系。因此电磁噪声中除2倍于电源频率的主磁通引起的噪声外，主要是谐波磁通产生的频率较高的噪声。产生电磁噪声的其他原因有：

（1）铁心饱和的影响 当铁心饱和时，会使磁场正弦分布的顶部变得平坦，在磁场分布中加大3次谐波的分量，使电磁噪声增加。

（2）开口槽的影响 定、转子槽都是开口的，气隙磁导在旋转时是变化和波动的。气隙磁场中出现了很多在基波磁势作用下产生的"槽开口波"，它们与气隙和槽开口大小有关，气隙越小，槽口越宽，幅值越大。

（3）磁通振荡噪声 在直流电机中，由于电枢齿距与补偿绕组节距选择和配合不当，以及主磁极极弧宽度与电枢齿距配合不当，都将产生电磁噪声。这主要是磁通在电枢和极靴表面的横向振荡，以及极靴边侧磁通在电枢表面横向振荡的结果，与电机负荷及转速有关。这种噪声有时表现为很强烈的嗡嗡声。低速电机因开口槽而产生类似锤击的声音。

（4）气隙动态偏心　气隙偏心造成磁导沿圆周产生周期性变化，从而使基波磁势增加了一个谐波分量。

（二）机械噪声

机械噪声主要是指电机运转时产生的轴承噪声，转子系统不平衡力产生的振动及噪声。机械噪声是任何运动件无法避免的噪声，在汽车电机中，它与电磁噪声紧密相关。因为一旦有结构振动，就会影响电磁场；同时由于电磁力的存在也会改变结构件的振动频率和幅值。机械噪声一般随转速和负载电流的增大而增大，在高速情况下成为电机噪声的主要部分，包括轴承、电刷和结构共振引起的噪声。

电机中采用的轴承有滚动轴承和滑动轴承两种。滑动轴承一般用于微型电机和小型电机，噪声相对较低；滚动轴承可靠性高、维护简单、承载大，但其运行噪声较大，常成为电机的主要噪声源。转子动平衡不好是产生机械噪声最常见的原因，其频率和旋转频率相同，是低频噪声。安装不良，定、转子部件固有频率和旋转频率一致时也会产生机械噪声。转子的振动和轴承的振动往往是通过端盖传递到底座和支承上，但当端盖的轴向刚性较差时，端盖受激而产生轴向振动和噪声。

二、电机振动噪声的研究

电动汽车作为新的清洁能源车辆，在近年得到了大力发展，其驱动电机系统也得到了快速的发展。但电动汽车的特性决定了其驱动电机系统特性应具有宽的调速范围以满足高车速和超车等要求；低速输出大转矩，以适应车辆的起动、加速、负荷爬坡、频繁起停等复杂工况，从而区别于传统的工业电机系统。对电动汽车驱动电机系统的噪声测量及频谱分析研究鲜见报道。目前，国内主要有清华大学的郑泽东等通过扩展卡尔曼（Kalman）滤波器考虑永磁同步驱动电机系统噪声和测量噪声的影响的研究和徐蕴婕等基于数字信号处理（digtal signal processor，DSP）的全数字永磁驱动电机推进系统的研究；上海交通大学的胡明惠等对驱动电机轨迹跟踪过程中的非线性高斯噪声采用基于粒子滤波的前馈控制器进行了研究，王正华等研究了 SPWM 载波对驱动电机振动和噪声的影响，严莉等对汽车电机噪声在线检测技术进行了研究；哈尔滨工业大学的代颖从电磁力波和驱动电机结构固有模态的分析方面，进行了感应驱动电机电磁噪声的研究。国外也主要是围绕电磁噪声进行研究。

传统的噪声测试需要在专门的消声室或空旷的空间来进行，电动汽车驱动电机需要在电动车辆动力驱动系统测试台架上来进行。而电动车辆动力驱动系统测试台架由于体积大和安装困难等因素，使得很难将其建在消声室内，即便将台架建立在消声室内，台架和测功机如何相连才能减少或避免噪声泄漏也将成为一大难题，并且台架运行时对驱动电机噪声的影响也很难消除，同时建立消声室造价比较高，所以如何在普通实验室里快捷有效地对电动汽车驱动电机系统进行噪声测试就显得格外重要。

三、噪声测量方法

声学理论的发展已有两千多年的历史，但声学的实用测量起步却较晚。直到 20 世纪初，无线电技术和电子仪器的发展为声学测量技术的发展提供了良机，1915 年，E. C. Wenter 设计了第一个电容传声器，使得声波可以转化为电压信号进行测量分析。高性能的测量传声器、频谱分析仪和声级记录器实现了噪声信号的声压级测量、频谱分析和信号特性的自动记录，使得声学测量技术获得了迅速发展，各种模拟仪器如声级计、倍频程滤波器应运而生。计算机技术和大规模集成电路的发展，进一步提高了声学测量的准确度和速度，数字技术的应用实现了频谱的实时分析。

由于传声器只能感受声压，而声源（或声场）的其他特性只能根据声压的测量结果进行计算，测量的准确度和速度都不能令人满意。同时为了排除测试环境的影响，在现代科技发展的基础上，一些先进的测量技术和方法如声强测量法、声全息测量法、声阵列测量法、声模态分析法、相关分析法和偏相干分析法等获得了充分的发展。

（一）声强测量法

由声学原理可知，单位时间内通过垂直于声传播方向上面积 S 的平均声能称为平均声能流量或称为平均声功率 W。通过垂直于声传播方向单位面积上的平均声能流量，称为平均声能流量密度或声强 I。瞬时声强是瞬时声压及瞬时质点速度的乘积，所以声强测量法就是通过同时测量出这两个瞬时量，然后进行相乘得到。

声强本身是一个矢量，有大小、方向，可以描述声的能量场。用声强法测定噪声源的声功率原理提出较早，但长期以来由于声强的测量很困难，所以并未获得广泛的应用。用传声器测量声压的问题早已解决，所以问题主要集中在实测质点速度上。质点速度的测量一般采用的是间接测量法，R. H. Bolt 首次应用双传声器测量材料的声阻抗，而 T. J. Schultz 应用 Bolt 的双传声器原理，处理两个传声器的声压信号，得到质点速度，从而开始了质点速度的间接测量法。到 20 世纪 70 年代随着数字信号处理技术的快速发展，通过把双传声器测到的信号由时域转换到频域，计算其互功率谱的虚部就可以得到声强，在此基础上，不少商品化的声强测量系统也开始出现在市场上。声强测量具有许多优点，可用来判断噪声源的位置，求噪声发射功率；同时，也可以不需要消声室、混响室等特殊声学环境进行声源的声功率、材料的吸声系数和透射系数等的测量，因而近年来声强测量技术获得了快速发展。

声强测量法也正越来越多地应用到噪声源的识别，利用测得的噪声辐射面的声强值，做出声强的矢量图、等高线图和三维声强分布图，形象地表示出被测辐射面各部位的噪声辐射分布，从而可以直接识别出主要噪声辐射位置。

（二）声全息测量法

声全息是指用二维面上测得的声压信息来计算三维空间的声场特征。传统的声全息是在远场进行测量的，由于测量信号漏掉了衰减波分量，致使分辨率不高。近场声全息能够捕获近场衰减波分量，分辨率比传统的声全息高。声全息能够用于重建三维空间的声压场、振速场、声强矢量场，能够预测声源的辐射声功率及远场指向性，分离与识别具有相干特性的多噪声源，还有助于对结构振动和噪声的有效控制。对于空气中或者水下结构的振动及声辐射特性的研究，声全息技术不失为一种极为有效的测量方法。

经过二十多年的发展，近场声全息技术已发展成为噪声源识别和声场可视化问题研究的重要技术。近场声全息技术的核心是全息变换算法。自 Williams 等人于 1980 年首先提出采用近场空间 Fourier 变换法实现声场全息变换以来，已经有许多方法相继被采用，并都取得了一定的效果，如在空间 Fourier 变换法基础上发展的基于 K – 空间滤波法、Wiener 滤波法、反复算法以及统计最优法的近场声全息技术，还有不受源面和全息面形状限制的基于边界元法的近场声全息技术，以及最近提出的基于 Helmholtz 最小二乘法的近场声全息技术和基于分布源边界点法的近场声全息技术。它们都能有效地实现声场的全息变换，但也各有优缺点：基于空间 Fourier 变换法的近场声全息技术虽然原理简单，但是要求测量面和源面都为规则形状（如平面、柱面、球面和椭球面等）；基于边界元法的近场声全息技术虽说可以对任意形状的振源进行分析，但计算量大，而且其中存在的奇异积分处理和特征波数处解的非唯一性处理相当麻烦；基于 Helmholtz 最小二乘法的近场声全息技术是将振源辐射分解成有限个模态的正交球面波的叠加，而随着分解数目的增加计算量急剧上升，而且对于非球形结构体，其计算精度也受到影响；基于分布源边界点法的近场声全息技术是在边界元法基础上发展起来的一种新型的近场声全息技术，它只需要对振动边界进行结点离散，并通过特解源来构造源面与场点之间的传递关系，其计算量小、精度高而且计算稳定性好，但边界离散仍是必需的，而且对其特解源的位置选取也需相当谨慎。

近场声全息主要适用于稳态声场的分析，但是该方法也可以用于分析瞬态声场。在国外，B&K、Sensound、LMS 公司的软件中都有相应的瞬态分析功能，由于成本太高，国内目前采用较少，因为做瞬态分析需要同步测量，因而需要大的测量阵列（如 $16 \times 16 = 256$ 通道）和后续处理设备，而普通的声全息只需要小的阵列扫描测量。后处理算法也有一定的关系，因为算法的快慢决定了瞬态分析的快慢（注：此处的瞬态不可能是完全的瞬态，而是连续的很短的时间段），目前用于瞬态分析的算法主要是 FFT 法。如果不用实时分析，可以通过大的测量阵列连续采集数据再进行离线分析，但是阵列的数据采样必须是同步的。

（三）声阵列测量法

所谓传声器阵列就是多个在空间确定位置上排列的一组传声器，由这个阵列测量出空间中的声场信号，经过特殊的数据处理，就可以得到更多的有关声源的信息。

通过传声器阵列对空间信号场进行接收和处理，从而提取阵列所接收的信号及其特征信息，同时抑制干扰或不感兴趣的信息，这种处理方式称为阵列信号处理。阵列信号处理是信号处理领域内的一个重要分支，在近 40 年来得到迅速发展，其应用涉及雷达、通信、声呐、地震和勘探等众多军事及国民经济领域。

阵列信号处理与一般的信号处理方式不同，因为其阵列是按一定方式布置在空间不同位置上的传感器组，主要利用信号的空域特性来增强信号及有效提取信号空域信息。因此，阵列信号处理也常称为空域信号处理。与传统的单个定向传感器相比，阵列信号处理具有灵活的波束控制、高的信号增益、高的抗干扰能力及空间分辨能力等特点，因而受到了人们的极大关注，同时与此相关的研究工作不断发展与深入，其应用范围也不断扩大。

基于传声器阵列的噪声测试可用于具有嘈杂背景的环境，进行稳态声源、非稳态声源和运动声源的分析。与传统的阵列信号处理相比，主要有以下几种不同：

1）传统的阵列信号处理一般是有一个调制载波的窄带信号，如通信信号和雷达信号等，而阵列传声器处理的信号没有载波，其频率分布大部分集中在 $300 \sim 3000\mathrm{Hz}$ 之间，是一个多频宽带信号。

2）传统的阵列处理技术一般处理的信号为平稳或准平稳信号，而传声器阵列处理的信号通常为非平稳信号。

3）传统的阵列处理一般采用远场模型，而传声器阵列处理要根据不同的情况选择远场模型或者近场模型。

4）在传统的阵列处理中，噪声一般为高斯噪声（包括白噪声、色噪声），与信源无关。在传声器阵列处理中噪声既有高斯噪声，也有非高斯噪声（如室内的空调风机的噪声，打字机发出的干扰噪声，碎纸机的声音，突然出现的电话铃声等），这些噪声可能和信源无关，也有可能相关。

综上所述，以上三种方法都可以进行噪声源识别，但是基于声强的噪声测试由于测试时间比较长，所以只限于稳定工况；基于声全息的声源识别目前也主要用于稳定工况和限于理论算法的研究；声阵列测量法是目前最强的声源识别系统，可用于稳态声源、非稳态声源和移动声源，基于传声器阵列的研究更多应用于水声和雷达等领域。

四、基于传声器阵列声场分析的系统试验

振动噪声试验可以在交流电力测功机电机驱动系统测试平台上进行，平台采用单路传动设计，通过模块配置可适应不同车型电动车辆电传动的综合测试。电动车辆动力驱动系统测试平台原理图以及主要构成模块如图9-4所示。

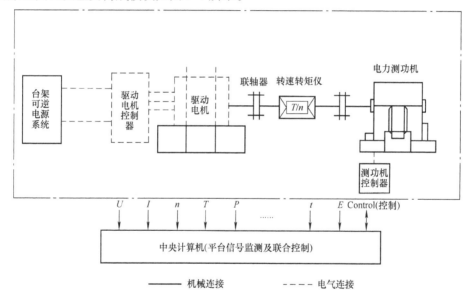

图9-4 交流电力测功机电机驱动系统测试平台

被测试驱动电机、转速转矩仪和电力测功机之间采用弹性联轴器顺序连接以传递动力。台架可逆电源、驱动电机控制器与驱动电机之间采用电气连接，测功机控制器与测功机之间也是电气连接，用以实现对测功机的控制。中央计算机完成测试平台各种信号的采集和测试平台的控制。台架可逆电源系统作为车载电池的模拟器，为驱动电机提供直流电，同时可将驱动电机的发电回收。由电力测功机实现负载的施加，同时模拟惯性负载。电力测功机也可以反拖被测试驱动电机，实现发电特性的测试。测功机采用交流电力测功机，该系统由负载部分、测试部分、控制部分、操作及安全部分、计算机仿真部分以及相关电缆及配件组成。

噪声测试分析系统包括硬件部分和软件部分。硬件部分即传声器阵列系统和数据采集设备，其中北京理工大学电动车辆国家工程实验室所采用的传声器阵列系统及数据采集设备如图9-5所示，具体由27个传声器组成，传声器型号为MPA201，其频率响应范围为20Hz～20kHz，开路灵敏度为50mV/Pa（250Hz），使用温度范围为 – 35 ～ 80℃，温度系数为

-0.01dB/K（250Hz）。将这 27 个传声器安装在固定装置上，组成一个水平方向与垂直方向分别为 15 个和 12 个传声器的"十"字形平面传声器阵列。传声器之间等间距为 0.1m。软件部分包括采样数据格式转换模块和自制的基于传声器阵列的声场分析系统。

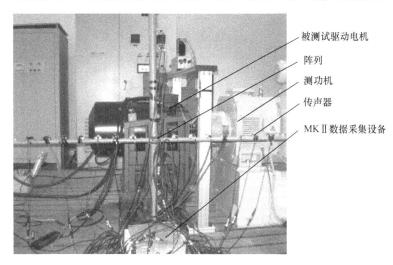

被测试驱动电机

阵列

测功机

传声器

MKⅡ数据采集设备

图 9-5　阵列系统及数据采集设备

MKⅡ数据采集设备为 27 通道 MKⅡ数据采集前端，7 个 ICP 模块，27 通道 ICP/电压输入，采样率为 102.4kHz。信号通过数据采集前端，最后在 PC 机上利用自编程序进行分析和计算。分析主要包括驱动电机噪声信号的时域分析、频域分析和噪声声场重建分布。对驱动电机在不同工况、不同测试条件下，进行稳态运行时的噪声分析。

测量前，需对传声器测量通道的相位和增益进行校正，以便保证测量误差小于 1dB。测试时探头高度正对着驱动电机中心位置，水平距离 1m。驱动电机稳态运行后取 10s 内的数据。

进行驱动电机在不同工况下的噪声试验，选取驱动电机运行过程中几种典型工况分别进行测试，分别是：低速低转矩、低速高转矩、额定转速转矩、高速低转矩、高速高转矩。同时为剔除背景噪声的影响，应先使测功机运行，而驱动电机不转动进行环境背景噪声测试，其中用声级计测量背景噪声。通过 PAK 软件模块将数据转换为 MATLAB 可调用的格式。通过自编程序进行分析，可以分别得出整个驱动电机系统在不同运行工况下的噪声源定位图。

参 考 文 献

［1］崔康宁，于慎波，窦汝桐，等. 永磁同步电机转矩脉动和振动噪声抑制［J］. 微电机，2020，53（10）：11 - 16.

［2］吴长江. 永磁同步电机转矩脉动抑制及其相关性能优化研究［D］. 合肥：合肥工业大学，2018.

［3］舒波夫. 电机的噪声和振动［M］. 沈官秋，译. 北京：机械工业出版社，1980.

［4］全国旋转电机标准化技术委员会. 旋转电机噪声测定方法及限值　第 1 部分：旋转电机噪声测定方法：GB/T 10069.1—2006［S］. 北京：中国标准出版社，2006.

［5］王再宙. 基于声阵列测量分析的电动汽车驱动电机噪声研究［D］. 北京：北京理工大学，2008.

［6］代颖. 电动汽车驱动用感应电机电磁噪声的研究［D］. 哈尔滨：哈尔滨工业大学，2007.

第十章

驱动电机系统试验

在驱动系统的测试过程中，既要对驱动调速电机进行相应的测试，又要对电机控制系统进行相应的测试，同时，为了配合整车的需求，更多的测试工作将针对驱动系统——包括驱动调速电机和电机控制系统进行。

不同于一般工业电机的测试，在电传动车辆驱动系统的测试中，更多地关注驱动系统的性能特性以及工况特性，所以驱动系统的测试一般都需要在专门的测试平台上结合规定的测试程序进行，图 10-1 所示是一般的测试台架布置示意图。

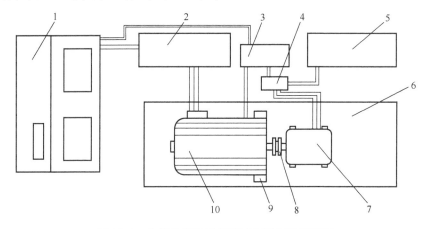

图 10-1　电传动驱动系统测试台架布置示意图

1—测功机及电源柜控制平台　2—测功机控制电源柜　3—信号采集柜　4—被测电机控制单元
5—被测电机整流/逆变电源柜　6—平台　7—被测试电机　8—柔性联轴器　9—转速转矩传感器　10—测功机

本章不仅会介绍驱动系统的试验方法和规范，同时也会介绍相关的测试设备要求。

在下面的介绍中，带下标 mtr 的参数表示是驱动调速电机的参数，例如 T_{mtr} 表示驱动调速电机输出转矩，带下标 tra 的参数表示电机控制器的参数，例如 u_{a-tra} 表示电机控制器 a 相电压，带下标 dyn 表示是测功机参数，例如 n_{dyn} 表示测功机转速，带下标 sys 表示是驱动调速电机和电机控制系统的参数，例如 η_{sys} 表示驱动电机和控制系统的总体效率。

第一节　试验标准与内容

驱动电机系统试验按照 GB/T 18488.2—2015《电动汽车用驱动电机系统　第 2 部分：试验方法》技术要求和测试方法进行。

标准规定，驱动电机系统的试验项目主要包括：一般性试验项目、温升试验、输入输出特性试验、安全性试验、环境适应性试验和可靠性试验。

一、一般性试验项目

1. 外观

以目测为主，对于具有明确要求的技术参数，如紧固件的连接强度等，应辅以力矩扳手等必要的工具。

2. 外形和安装尺寸

根据系统的外形和安装尺寸要求，以及尺寸范围，选择满足测量精度要求的游标卡尺、螺旋测微器等量具进行测量。

3. 质量

采用满足测量精度要求的衡器量取驱动电机和驱动电机控制器的质量，衡器测量误差不超过被试样品标称质量的±2%。

4. 控制器壳体机械强度

通过在电机控制器壳体的3个方向上按照标准规定施加相应压力，检查壳体是否有明显的塑性变形。

5. 液冷系统冷却回路密封性能

通过对液冷系统回路施加压力，检查是否有明显可见的液滴或表面潮湿。

6. 驱动电机定子绕组冷态直流电阻

试验方法将在本章第六节介绍。

7. 绝缘电阻

绝缘电阻试验应分别在被试样品实际冷状态和热状态下进行。

8. 耐电压

耐电压的测试包括驱动电机绕组的匝间冲击耐电压、绕组对机壳的工频耐电压、绕组对温度传感器的工频耐电压以及驱动电机控制的工频耐电压。

9. 超速

超速试验可根据具体情况选用被试驱动电机空载自转或原动机（测功机）拖动法。超速试验后应仔细检查驱动电机的转动部分是否有损坏或产生有害的变形，是否出现紧固件松动及其他不允许的现象。

二、安全性试验

安全性试验项目包括安全接地检查、控制器保护功能及驱动电机控制器支撑电容放电时间。对于电容放电时间，其又包括被动放电时间和主动放电时间。

对于被动放电时间，试验时，直流母线电压应设定为最高工作电压，电压稳定后，立即切断直流供电电源，同时利用电气测量仪表测取驱动电机控制器支撑电容两端的开路电压。试验期间，驱动电机控制器不参与任何工作，记录支撑电容开路电压从切断时刻直至下降到60V经过的时间，此数值即为驱动电机控制支撑电容的被动放电时间。

对于主动放电时间，其测试对象为具有主动放电功能的驱动电机控制。其试验方法与被动放电时间的测试方法相似，但切断直流供电电源后，驱动电机控制器参与放电过程。

三、环境适应性试验

1. 低温试验

进行低温贮存试验时，将驱动电机及其控制器正确连接，按照标准规定放入低温箱内，使箱内温度降至 −40℃，并保持 2h，试验过程中，驱动电机系统处于非通电状态，对于液冷式驱动电机系统，不通入冷却液。低温贮存 2h 后，按照标准规定测试其绝缘电阻，并且检查其能否正常空载起动。试验结束后，按照标准规定将驱动电机系统恢复常态，将直流母线电压设定为额定电压，驱动电机工作于持续转矩、持续功率条件下，检查系统能否正常工作。

2. 高温试验

进行高温贮存试验时，将驱动电机及其控制器放入高温箱内，按照标准规定，使箱内温度升至 85℃，并保持 2h，试验过程中，驱动电机系统处于非通电状态，对于液冷式驱动电机及驱动电机控制器，不通入冷却液。高温贮存 2h 后，检查驱动电机轴承内的油脂是否有外溢，同时复测绝缘电阻。按照标准规定将驱动电机系统恢复常态后，将直流母线电压设定为额定电压，驱动电机工作于持续转矩、持续功率条件下，检查系统能否正常工作。

进行高温工作试验时，在高温箱内，按照标准要求设置高温箱内的试验环境温度，驱动电机控制器直流母线工作电压设定为额定电压，驱动电机工作于持续转矩、持续功率条件下，检查驱动电机系统能否正常工作 2h。

3. 湿热试验

将驱动电机及其控制器放入温度为（40±2）℃、相对湿度为 90%～95% 的试验环境条件下，保持 48h，试验过程中，驱动电机系统处于非通电状态。48h 后复测绝缘电阻，试验结束恢复常态后，将直流母线工作电压设定为额定电压，驱动电机工作于持续转矩、持续功率条件下，检查系统能否正常工作。

4. 耐振动

试验时，将被试样品固定在振动试验台上并处于正常安装位置，在不工作状态下进行试验，同时应将与产品连接的软管、插接器或其他附件安装并固定好。振动试验完成后，检查零部件是否损坏，紧固件是否松脱。恢复常态后，检查系统能否正常工作。

对于环境适应性试验，除以上试验项目外，还包括防水防尘、盐雾及电磁兼容性等试验，相关试验标准中已做了明确说明，此处不再赘述。

此外，对于温升试验、输入输出特性试验，其具体试验方法将在后文展开详细的介绍。

第二节　驱动系统测试基础

电机驱动系统中基本物理量主要包括电压、电流、电功率、功率因数、频率、转速、转矩、电机磁场和电机直流电阻等。在电传动驱动系统中，电压和电流都是非正弦的物理量，其测试难度较大。传统的交流电工测量仪表大多是专门为测量工频正弦信号而设计制造的，用于测量非正弦电量时，会产生较大的误差。

对于电压、电流等电量物理量可以直接采用相应的测试仪表进行，而对于转速、转矩等非电量物理量的测量，一般要借助于传感器将非电量转换为可测量的电量，然后用电测量的方法实现非电量的测量，其转换一般原理如图 10-2 所示。

非电量 → 传感器 → 测量电路 → 数据显示或处理

图 10-2　非电量转换为电量

　　在驱动系统的测量中，测量仪表的正确选用非常重要，测量电压、电流有效值可采用磁电式仪表或能读出有效值的其他仪表，包括数字式仪表。试验时，采用的电气测量仪器、仪表准确度应不低于 0.5 级（兆欧表除外），直流分流器准确度应不低于 0.2 级。数字式转速测量仪的准确度应不低于 0.1% ±1 个字；转矩测量仪及测功机的准确度应不低于 1%（直测效率时应不低于 0.5%），温度计的误差在 ±1℃ 以内。同时选择仪表时，应使测量值位于 20% ~95% 仪表量程范围内。

一、谐波分析

　　随着电力电子器件和自动控制技术的不断发展，目前在电传动车辆中，驱动调速电机一般采用异步电机或者同步电机，直流电机由于体积庞大、维护成本高、可靠性较差，其应用已经逐渐减少。而对于异步电机和同步电机的调速，现在主要是采用大功率电力电子器件，采用变频调速的方法进行，由于电力电子变流技术在电机调速与控制系统中的广泛应用，电力电子变流装置产生的电压、电流高次谐波将使供电系统的电压和电流波形发生畸变，因此要对非正弦的电压、电流等进行谐波分析。

　　图 10-3 是一种典型的电力电子驱动的结构图，图 10-4 是 PWM 载波信号的产生方法。图 10-5 是三相电压的输出波形，从图中可见，驱动调速电机输入电压和电流包含了大量的高次谐波成分，对其分析不能使用常规的工频正弦电压电流分析方法。

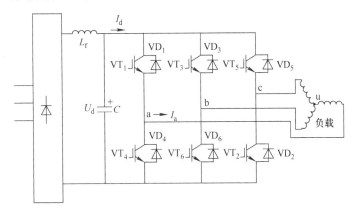

图 10-3　电力电子驱动结构图

　　由驱动结构图可见，电机驱动系统的输出就是驱动调速电机的输入，所以在以下讨论中，这两组物理量具有同等的地位，为方便起见，所有两者相同的物理量将以驱动调速电机为研究对象。

二、谐波表示法

　　所谓谐波分析是指利用傅里叶级数将非正弦周期变化的电压、电流、磁动势等分解成为

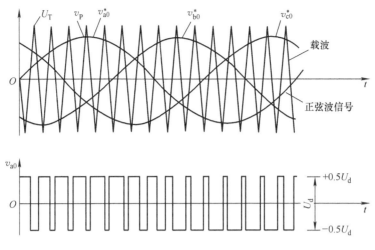

图 10-4　PWM 载波信号波形图

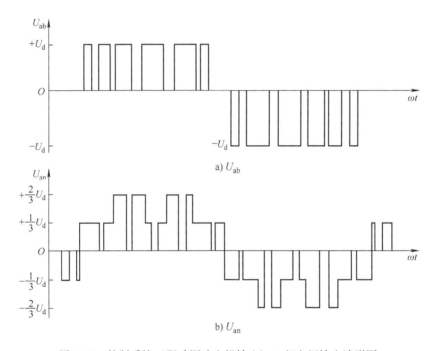

图 10-5　控制系统（驱动调速电机输入）三相电压输出波形图

一系列不同频率的正弦量之和，然后对各频率正弦量单独作用的情况进行分析计算，最后应用叠加原理把所得的结果叠加起来，以便对驱动系统性能做出评价。

一般来说，任何周期波形都可以被展开为傅里叶级数，即

$$f(x) = a_0 + \sum_{n=1}^{\infty} \left(\alpha_n \cos \frac{n\pi x}{L} + b_n \sin \frac{n\pi x}{L} \right) \tag{10-1}$$

式中，第一项 a_0 称为 $f(x)$ 的恒定分量；第二项中，$n=1$ 时称为 $f(x)$ 的基波分量，$n \geq 1$ 时称为相应次数的谐波分量，统称为高次谐波。系数 a_0、a_n 和 b_n 按照以下公式计算：

$$a_0 = \frac{1}{2\pi} \int_{-\pi}^{\pi} f(x) \, dx \tag{10-2}$$

$$a_n = \frac{1}{\pi} \int_{-\pi}^{\pi} f(x) \cos nx \, dx \qquad (10\text{-}3)$$

$$b_n = \frac{1}{\pi} \int_{-\pi}^{\pi} f(x) \sin nx \, dx \qquad (10\text{-}4)$$

三、驱动系统谐波特性

1. 对称性

由于旋转电机的结构对称性，电机中的周期函数通常也具有对称性。当周期函数以直角坐标系的纵轴为对称时，它是一个偶函数，用傅里叶级数分解时，只含有偶函数分量（即余弦分量和恒定分量），而不含有奇函数分量（即正弦分量）；反之，当周期函数以原点为对称时，它是一个奇函数，用傅里叶级数分解时，只含有奇函数分量，而不含有偶函数分量。

2. 相序性

在一个平衡的三相系统中，频率谐波分量只能是完全正序的，或完全负序的，或者完全零序，这一点可以从相电压的傅里叶级数展开得到：

$$v_a(t) = V_1 \cos(\omega_0 t) + V_2 \cos(2\omega_0 t) + V_3 \cos(3\omega_0 t) + V_4 \cos(4\omega_0 t) + V_5 \cos(5\omega_0 t) +$$
$$V_6 \cos(6\omega_0 t) + V_7 \cos(7\omega_0 t) + \cdots$$

$$v_b(t) = V_1 \cos(\omega_0 t - 120°) +$$
$$V_2 \cos(2\omega_0 t - 240°) +$$
$$V_3 \cos(3\omega_0 t - 360°) + V_4 \cos(4\omega_0 t - 480°) + V_5 \cos(5\omega_0 t - 600°) +$$
$$V_6 \cos(6\omega_0 t - 720°) + V_7 \cos(7\omega_0 t - 840°) + \cdots$$
$$= V_1 \cos(\omega_0 t - 120°) +$$
$$V_2 \cos(2\omega_0 t + 120°) +$$
$$V_3 \cos(3\omega_0 t) + V_4 \cos(4\omega_0 t - 120°) + V_5 \cos(5\omega_0 t + 120°) +$$
$$V_6 \cos(6\omega_0 t) + V_7 \cos(7\omega_0 t - 120°) + \cdots$$

$$v_c(t) = V_1 \cos(\omega_0 t + 120°) +$$
$$V_2 \cos(2\omega_0 t + 240°) +$$
$$V_3 \cos(3\omega_0 t + 360°) + V_4 \cos(4\omega_0 t + 480°) + V_5 \cos(5\omega_0 t + 600°) +$$
$$V_6 \cos(6\omega_0 t + 720°) + V_7 \cos(7\omega_0 t + 840°) + \cdots$$
$$= V_1 \cos(\omega_0 t + 120°) +$$
$$V_2 \cos(2\omega_0 t - 120°) +$$
$$V_3 \cos(3\omega_0 t) + V_4 \cos(4\omega_0 t + 120°) + V_5 \cos(5\omega_0 t - 120°) +$$
$$V_6 \cos(6\omega_0 t) + V_7 \cos(7\omega_0 t + 120°) + \cdots$$

从而相电压总的有效值为

$$V_{ph\,rms} = \sqrt{\frac{1}{2} \sum_{h=1} V_h^2} = \sqrt{\sum_{h=1} V_{h_{rms}}^2} \qquad (10\text{-}5)$$

对于通常驱动电机的星形联结方式，就有

$$v_{ab} = v_a(t) - v_b(t)$$
$$= \sqrt{3}\big[V_1\cos(\omega_0 + 30°) + V_2\cos(2\omega_0 - 30°) + V_4\cos(4\omega_0 + 30°) +$$
$$V_5\cos(5\omega_0 - 30°) + V_7\cos(7\omega_0 + 30°) + \cdots \big]$$

这表明在线电压中 3 倍数次谐波消失了。因此线电压的有效值为

$$V_{Lh_{rms}} = \sqrt{\frac{3}{2}\sum_{h=1}V_h^2} = \sqrt{3\sum_{h=1}V_{h_{rms}}^2}, \quad h \neq 3n(3\text{ 的倍数}) \tag{10-6}$$

上式表明:

1) 基波以及 4 次、7 次、……谐波是正序的。

2) 2 次、5 次、8 次、……谐波是负序的。

3) 3 倍数次(3 次、6 次、9 次、……)谐波是零序的。

3. 独立性

平衡电力系统中的线性网络对不同谐波的响应是相互独立的,即对各次谐波分别建立等效电路并求解电流和电压,然后将各个谐波分量相加即得到总的响应。

谐波畸变的度量方法为,将一个畸变的周期电流或者电压波形展开为傅里叶级数:

$$i(t) = \sum_{h=1}^{\infty} I_h\cos(h\omega_0 t + \phi_h) \tag{10-7}$$
$$v(t) = \sum_{h=1}^{\infty} V_h\cos(h\omega_0 t + \theta_h) \tag{10-8}$$

式中,I_h 是第 h 次谐波峰值电流;V_h 是第 h 次谐波峰值电压;ϕ_h 是第 h 次谐波电流相位;θ_h 是第 h 次谐波电压相位;ω_0 是基波角频率,$\omega_0 = 2\pi f_0$,f_0 是基本频率。

第三节 电压和电流测量

一、电压与电流的有效值

在驱动系统测试过程中,需要对驱动调速电机和电机控制系统进行性能测试,其中比较重要的一个方面就是测试电机和控制系统的电压、电流以及输入输出功率,因此,电压和电流的测量最重要的技术是对于其有效值的计算,根据驱动系统结构图可以知道,控制系统的输出电压和电流与驱动调速电机的输入电压和电流是同一个物理量,所以在下面的讨论中不再进行区分。根据有效值的一般公式定义:

$$F_{rms}^2 = \frac{1}{T}\int_0^T f^2(t)\,dt = \frac{1}{2}\sum_{h=1}F_h^2 = \sum_{h=1}F_{h_{rms}}^2 \tag{10-9}$$

从而电压有效值见下式:

$$V_{rms} = \sqrt{\sum_{h=1}^{\infty} V_{h_{rms}}^2}$$

电流有效值见下式:

$$I_{rms} = \sqrt{\sum_{h=1}^{\infty} I_{h_{rms}}^2}$$

式中,$V_{h_{rms}}$ 和 $I_{h_{rms}}$ 为第 h 次谐波的电压有效值和电流有效值,即电压(电流)总的有效值等于各次谐波的有效值的代数和。

对于非正弦的电压、电流有效值的测量可以有两种方法，即以软件为基础的嵌入式测试法和以硬件为基础的自动测试系统。自动测试系统响应速度快，但是其成本高，可扩展性较低，适应性较差，同时随着高性能 AD 转化芯片的不断发展，嵌入式芯片处理速度的进一步提高，使得嵌入式测试法得到了较为广泛的应用。

如果交流电压 u（或者电流 i）在一个周期 T 内分成间隔为 Δt 的 N 个子区间，当 Δt 足够小时，积分运算就可以准确地用下式中的求和运算来代替：

$$U_{\text{rms}} = \sqrt{\frac{1}{T} \sum_{m=1}^{N} u_m^2 \Delta t}$$

式中，u_m 为 $t = (m-1)\Delta t$ 时的电压值。

同样，测试电流有

$$I_{\text{rms}} = \sqrt{\frac{1}{T} \sum_{m=1}^{N} i_m^2 \Delta t}$$

式中，i_m 为 $t = (m-1)\Delta t$ 时的电流值。

根据以上两式，当被测电压和电流信号由模拟量输入电路后，由 AD 转换器将模拟量转换为数字量，然后由嵌入式系统进行计数，嵌入式系统根据在一个周期 T 内采集到的 N 个离散值，来计算电压和电流的有效值。可以看出，上述方法测得的电压和电流有效值为近似计算值，测量的准确度主要受 AD 转换器的转换速度和转换精度的影响。

二、电压和电流的畸变因数

电压畸变因数也称为电压总谐波畸变率 THD_V：

$$\text{THD}_V = \frac{1}{V_1} \sqrt{\sum_{h=2}^{\infty} V_h^2} = \sqrt{\left(\frac{V_{\text{rms}}}{V_{\text{rms}}^1}\right)^2 - 1} \tag{10-10}$$

式中，V_1 是基波电压峰值。

电流畸变因数（CDF）也称为电流总谐波畸变率 THD_I：

$$\text{THD}_I = \frac{1}{I_1} \sqrt{\sum_{h=2}^{\infty} I_h^2} = \sqrt{\left(\frac{I_{\text{rms}}}{I_{\text{rms}}^1}\right)^2 - 1} \tag{10-11}$$

式中，I_1 是基波电流峰值。

从而电压和电流有效值可以表示为

$$V_{\text{rms}} = \sqrt{\sum_{h=1}^{\infty} V_{h_{\text{rms}}}^2} = V_{1_{\text{rms}}} \sqrt{1 + \text{THD}_V^2} \tag{10-12}$$

和

$$I_{\text{rms}} = \sqrt{\sum_{h=1}^{\infty} I_{h_{\text{rms}}}^2} = I_{1_{\text{rms}}} \sqrt{1 + \text{THD}_I^2} \tag{10-13}$$

第四节　电驱动功率计算

驱动系统作为电传动系统的动力单元，一般来说，其能量流如图 10-6 所示。

车辆在整车行驶时，能量由车载能源供给（一般为直流电源），通过电机控制系统逆变为三相（或多相）交流驱动电压和电流，从而驱动调速电机输出转矩驱动车辆行驶；在制

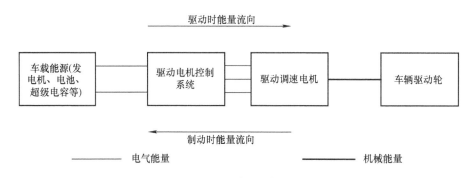

图 10-6　驱动系统能量流

动等情况下，在车辆自身的惯性或者坡道势能的驱动下，驱动调速电机将转换工作模式，由电动模式转换为发电模式，从而驱动电机控制系统将其三相（或多相）电压和电流整流为直流电反馈到车载能源中。在对驱动系统的测试中（如图 10-1 所示测试平台），车载能源由测试平台的整流/逆变电源代替，而车辆驱动轮（负载）则由测功机代替。

为了进行系统和部件的性能测试，在此要对三个功率进行计算，包括驱动系统输入功率（也是驱动电机控制系统输入功率和车载能源供给功率），这部分功率作为系统总的能量来源，用 P_{isys} 表示；驱动电机控制系统输出功率（驱动调速电机输入功率），这部分功率作为驱动系统内部的功率交换，用 P_{otra}（或者 P_{imtr}）表示；驱动系统输出功率（也是驱动电机输出功率和车辆驱动功率），用 P_{osys} 表示。同时，在测试过程中有三个效率是最需要关注的，包括驱动电机控制系统效率 η_{tra}、驱动电机效率 η_{mtr} 和驱动系统效率 η_{sys}。

效率计算公式如下：

$$\eta_{\mathrm{tra}} = P_{\mathrm{otra}}/P_{\mathrm{isys}}$$

$$\eta_{\mathrm{mtr}} = P_{\mathrm{osys}}/P_{\mathrm{otra}}$$

$$\eta_{\mathrm{sys}} = P_{\mathrm{osys}}/P_{\mathrm{isys}}$$

即

$$\eta_{\mathrm{sys}} = \eta_{\mathrm{tra}}\eta_{\mathrm{mtr}}$$

由于驱动系统输入为直流，输出为驱动电机的转速和转矩，从而这两个功率的计算比较简单，可以直接通过通用的计算公式获得：

$$P_{\mathrm{isys}} = U_{\mathrm{rms_{DC}}}I_{\mathrm{rms_{DC}}}$$

式中，$U_{\mathrm{rms_{DC}}}$ 是车载直流电源的电压有效值；$I_{\mathrm{rms_{DC}}}$ 是车载直流电源的电流有效值。

$$P_{\mathrm{osys}} = \frac{n_{\mathrm{mtr}}T_{\mathrm{mtr}}}{9549}$$

式中，n_{mtr} 和 T_{mtr} 分别为驱动调速电机输出转速和转矩。

由于驱动电机控制系统的输出为非正弦的信号，所以对于 P_{otra}（或者 P_{imtr}）的测量必须采用对非正弦信号的计算方法。

通常，非正弦电流的有功功率和无功功率分别定义为其基波和各高次谐波的有功功率和无功功率之和，即

$$P = \frac{1}{T}\int_0^T p(t)\,\mathrm{d}t = \frac{1}{2}\sum_{h=1}^{\infty} V_h I_h \cos(\theta_h - \phi_h) = m\sum_{h=1}^{\infty} V_{h_{\mathrm{rms}}} I_{h_{\mathrm{rms}}} \cos(\theta_h - \phi_h)$$

$$(10\text{-}14)$$

无功功率的平均值计算如下：

$$Q = \frac{1}{2} \sum_{h=1}^{\infty} V_h I_h \sin(\theta_h - \phi_h) = m \sum_{h=1}^{\infty} V_{h_{rms}} I_{h_{rms}} \sin(\theta_h - \phi_h) \tag{10-15}$$

式中，$V_{h_{rms}}$、$I_{h_{rms}}$、θ_h、ϕ_h 分别是每相第 h 次谐波的电压、电流有效值和其对应的相位；m 为电机相数。

对于非正弦供电的电机输入有功功率的测量也可以采用嵌入式计算法和自动测量法。

交流电机的瞬时电功率为电压、电流的瞬时值的乘积，即

$$P(t) = mu(t)i(t) \tag{10-16}$$

其平均功率为瞬时功率在一个周期内的平均值，即

$$P = \frac{m}{T} \int_0^T p(t)\,\mathrm{d}t = \frac{m}{T} \int_0^T ui\,\mathrm{d}t \tag{10-17}$$

在使用嵌入式系统进行测量时，采集电压和电流的离散值，当采样时间 Δt 足够小时，上式的积分可以用下式的求和来近似：

$$P = \frac{m}{T} \sum_{j=1}^{N} u_j i_j \Delta t \tag{10-18}$$

式中，u_j、i_j 为第 j 个采样点的电压和电流离散值；N 为一个周期内的采样点数。

当采样时间相等时，有 $\Delta t = T/N$，所以平均有功功率计算公式可以表示为：

$$P = \frac{m}{N} \sum_{j=1}^{N} u_j i_j \tag{10-19}$$

可见，平均有功功率的测量也可转换为对电压、电流信号的离散值的采样，对每一个采样点的乘法运算、累加运算和平均值运算可以由嵌入式系统软件实现。

1. 视在功率

$$S = V_{rms} I_{rms} = \sqrt{\sum_{h=1}^{\infty} V_{h_{rms}}^2 I_{h_{rms}}^2} = V_{1_{rms}} I_{1_{rms}} \sqrt{1 + \mathrm{THD}_V^2} \sqrt{1 + \mathrm{THD}_I^2}$$
$$= S_1 \sqrt{1 + \mathrm{THD}_V^2} \sqrt{1 + \mathrm{THD}_I^2} \tag{10-20}$$

在此定义 S_1 为基频的视在功率。

畸变功率：当有谐波存在时，视在功率 S 不仅仅是由有功功率 P 和无功功率 Q 构成，同时还包括畸变功率 D（伏安值）：

$$D_2 = S_2 - (P_2 + Q_2)$$

2. 功率因数

功率因数是有功功率对视在功率的比值，即

$$\mathrm{pf} = \frac{Q}{S} = \frac{P}{S_1 \sqrt{1 + \mathrm{THD}_V^2} \sqrt{1 + \mathrm{THD}_I^2}} = \mathrm{pf}_{disp} \mathrm{pf}_{dist} \tag{10-21}$$

定义位移功率因数：

$$\mathrm{pf}_{disp} = \frac{P}{S_1}$$

定义畸变功率因数：

$$\mathrm{pf}_{dist} = \frac{P}{\sqrt{1 + \mathrm{THD}_V^2} \sqrt{1 + \mathrm{THD}_I^2}} = \frac{V_{1_{rms}} I_{1_{rms}}}{V_{rms} I_{rms}} = \frac{S_1}{S}$$

第五节 电机转速与转矩测试

电机转速一般指电机转子的每分钟转数，它是电机运行中的一个非常重要的对外表现参数，对电机转速的测量有日光灯测速法、闪频测速法、光电数字测速法、转速转矩仪法等方法，而前两种方法现在一般采用较少，光电数字测速法由于其测量范围广、准确度高、可测瞬时转速、非接触等优点得到了较为广泛的应用，在台架试验测试中，目前较为流行的做法是采用转速转矩仪，同时对转速和转矩进行测量，从而可以方便地得到电机输出/输入功率。

一、电机转速测试

光电转速测量根据光电转速传感器的不同，可以分为投射式和反射式两种。

投射式光电传感器原理示意图如图10-7所示。在被测试电机轴上安装一个测试盘（齿圆盘或者孔圆盘），圆盘上有 Z 个均匀齿槽或者圆孔，一般 Z 为60或者60的整数倍。当光束通过槽部或者小孔时，投射到光敏二极管上产生电信号，当光束被齿部或者无孔部分挡住，光敏二极管无信号，从而光敏二极管产生的脉冲信号的频率正比于电机转速。

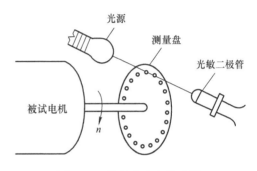

图 10-7 投射式光电传感器

一种反射式光电转速传感器的原理示意图如图10-8所示，由光源5发出光线通过透镜1成为平行光线后，经过半透膜6反射并穿过透镜2，聚焦在被测轴的标记上，当光束射在白块上时产生反射光，经过透镜2变成平行光，其中穿过半透膜的光线，经透镜3聚焦在光敏二极管上产生脉冲信号，光敏二极管产生的脉冲信号频率正比于电机转速。

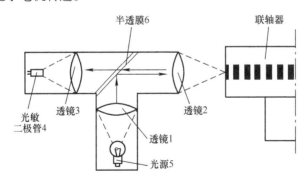

图 10-8 反射式光电转速传感器

使用转速转矩仪的测量将结合转矩测量进行叙述。

二、转矩测试

转矩是驱动调速电机对外表现的最重要的参数，准确测量转矩对于驱动系统特性的研究非常重要。

测量转矩的常用方法有测功机法、校正过的直流电机法、转矩仪法。现代的转矩仪一般同时能够测量转速，所以又称为转速转矩仪，其信号能够方便引入数采设备中，从而实现测试自动化和数据处理的实时性，目前得到了较为广泛的应用。但是如果测功机的测量信号能够对外开放，可以引入数采系统中，那么基于测功机的转矩测量将是更加紧凑的方法。

（一）测功机法

测功机是根据力的平衡原理设计的。目前常用的测功机有电涡流测功机、磁粉测功机和电力测功机等。由于电涡流测功机和磁粉测功机只能被动测量被测电机性能，而不能够实现对被测系统的反向拖动，无法实现驱动系统的工况，所以电力测功机在电传动系统测试中得到了广泛的应用。

从原理上说，电力测功机就是一台电机（直流或者交流），但与普通电机不同的是，电力测功机的定子受到转矩作用后，可以偏转一定的角度，用杠杆装置对定子施加平衡力矩，并由测力计指示轴上转矩的大小。当被测电机作为电动机运行的时候，电力测功机就作为发电机运行；当被测电机作为发电机运行的时候，电力测功机就作为电动机运行，从而实现对电传动驱动系统的全面工况的测试。

（二）转速转矩仪法

目前独立的数字式转速转矩仪已经得到了广泛的应用，主要有相位差式和应力式两种。

1. 相位差式转速转矩仪

相位差式转速转矩仪工作原理如图10-9所示。

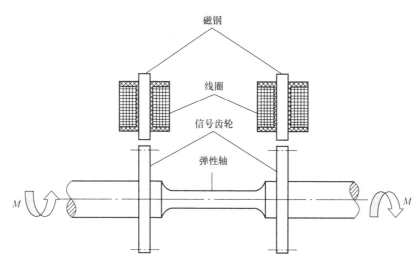

图 10-9　相位差式转速转矩仪原理图

在一根弹性轴的两端安装有两只信号齿轮，在两齿轮的上方各装有一组信号线圈，在信号线圈内均装有磁钢，与信号齿轮组成磁电信号发生器。当信号齿轮随弹性轴转动时，由于信号齿轮的齿顶及齿谷交替周期性地扫过磁钢的底部，使气隙磁导产生周期性的变化，线圈内部的磁通量亦产生周期性变化，使线圈中感生出近似正弦波的交流电信号。这两组交流电信号的频率相同且与轴的转速成正比，因此可以用来测量转速。这两组交流电信号之间的相位与其安装的相对位置及弹性轴所传递转矩的大小及方向有关。当弹性轴不受扭时，两组交流电信号之间的相位差只与信号线圈及齿轮的安装相对位置有关，这一相位差一般称为初始相位差，在设计制造时，使其相差半个齿距左右，即两组交流电信号之间的初始相位差在180°左右。在弹性轴受扭时，将产生扭转变形，使两组交流电信号之间的相位差发生变化，在弹性变形范围内，相位差变化的绝对值与转矩的大小成正比。把这两组交流电信号用专用屏蔽电缆线送入计算机转矩仪或通过具有其测量功能的转矩卡送入计算机，即可得到转矩、转速及功率的精确值。

图 10-10 是国内某型号转速转矩传感器机械结构图。其结构与图 10-9 所示工作原理图差别较大，其中，为了提高测量精度及信号幅值，两端的信号发生器是由安装在弹性轴上的外齿轮、安装在套筒内的内齿轮、固定在机座内的导磁环、磁钢、线圈及导磁支架组成封闭的磁路。其外形如图 10-11 所示。

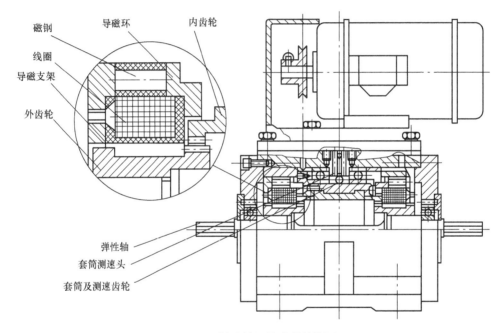

图 10-10　转速转矩传感器结构图

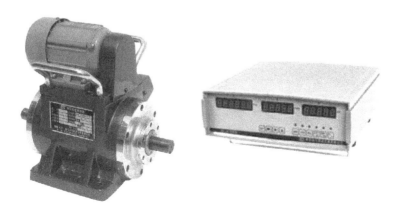

图 10-11　转速转矩传感器外形图

2. 应变片式转速转矩仪

该转矩传感器的检测敏感元件是电阻应变桥。将专用的测扭应变片用应变胶粘贴在被测弹性轴上以组成应变电桥，只要向应变电桥提供电源即可测得该弹性轴受扭的电信号，然后将该应变信号放大，再经过压/频转换变成与扭应变成正比的频率信号。传感器的能源输入及信号输出是由两组带间隙的特殊环形旋转变压器承担的，因此可实现能源及信号的无接触传递。该应变传感器测量原理如图 10-12 所示。

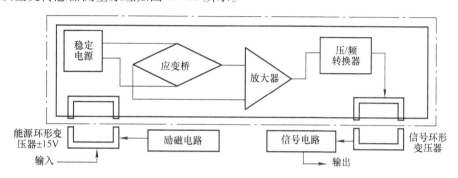

图 10-12　应变片式转速转矩仪测量原理

在一段特制的弹性轴上粘贴专用的测扭应变片并组成电桥，以形成基础扭矩传感器，然后在轴上再固定能源环形旋转变压器的次级线圈、轴上印刷电路板和信号环旋转变压器的初级线圈。电路板上包含整流稳压电源、仪表放大电路及 V/F 变换电路。在传感器的外壳上固定着励磁电路、能源环形旋转变压器的初级线圈、信号环形变压器的次级线圈及信号处理电路。传感器电路部分在工作时，由外部电源向传感器提供 ±15V 电源，励磁电路中的晶体振荡器产生 400Hz 的方波，经过 TDA2003 功率放大即产生交流励磁功率电源，通过能源环形旋转变压器从静止的初级线圈 T_1 传递至旋转的次级线圈 T_2，然后将得到的交流电源通过轴上的整流、滤波电路处理后变成 ±5V 的直流电源。再将该电源作为运算放大器 AD822 的工作电源，并由基准电源 AD589 与双运放 AD822 组成高精度稳压电源，以产生 ±4.5V 的精密直流电源，该电源既可作为应变电桥电源，又可作为仪表放大器及 V/F 变换器的工作电源。当弹性轴受扭时，应变桥检测到的毫伏级应变信号通过仪表放大器 AD620 将其放大成 $1.5V \pm 1V$ 的强信号，再通过 V/F 变换器 LM331 变换成频率信号，此信号通过信号环形旋转变压器，从旋转轴传递至静止的次级线圈，再经过传感器外壳上的信号处理电路滤波、整形即可得到与弹性轴承受的扭矩成正比的频率信号输出。

第六节　电机直流电阻

电机绕组的直流电阻不仅仅直接影响电机运行损耗，同时其准确测量在对电机进行温升分析时也有重要的意义。目前对于电传动车辆所应用的驱动调速电机而言，其绕组直流电阻一般范围为 $10 \sim 200\mathrm{m\Omega}$。对于这样的小电阻，可以采用伏安法、双臂电桥等测量方式。

一、伏安法

采用直流恒流源测量微小电阻，其测量思路是：由直流恒流源电流通过小电阻，在电阻上产生压降，该电压信号反映电阻值，并经信号调理后进行信号采集以计算得到电阻值。如果直流恒流源的电流较小，对于微电阻的测量，信号电压会淹没在噪声中而无法提取，所以恒流源的电流值要足够大。接着进行信号调理中的信号放大和信号滤波处理等抗干扰设计，然后进行信号采集和 A/D 转换，最后输出测量结果。

图 10-13 为恒流源测量小电阻流程图。恒流源在小电阻测量中很重要，恒流源的准确度决定了测量准确度。为了达到测量的准确度，恒流源的元器件选择非常重要，元器件一般要求高精度和较好的温度稳定性。

当使用自动检测装置、数字式微欧计等仪器测量绕组的直流电阻时，通过被测绕组的试验电流应不超过其额定电流的 10%，通电时间不超过 1min。

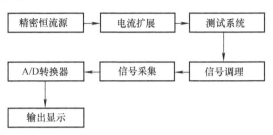

图 10-13　恒流源测量小电阻流程图

二、电桥法

使用电桥测量时，每一电阻应测量三次，每次应在电桥平衡破坏后重新进行测量，每次读数与三次读取数据的平均值之差应在平均值的 ±0.5% 范围内，取其平均值作为电阻的实际测量值。如绕组的直流电阻在 1Ω 以下时，应采用有效数不低于 4 位的双臂电桥测量。

电桥是用比较法测量物理量的电磁学基本测量仪器，电桥的种类很多，测量中等阻值（$10 \sim 1 \times 10^6 \Omega$）的电阻要用惠斯通单臂电桥进行测量；若要测量更大阻值的电阻，一般采用大电阻电桥或兆欧表；而要测量阻值较小的电阻，一般采用双臂电桥（开尔文电桥）。电桥准确度高、稳定性好，所以被广泛用于电磁测量、自动调节和自动控制中。惠斯通单臂电桥是最基本的直流单臂电桥。

1. 惠斯通电桥的线路原理

最简单、最常用的直流电桥的电路原理如图 10-14 所示。把四个电阻 R_1、R_2、R_0 和 R_x 联成四边形，每一边叫作电桥的臂。在四边形的一对角 A 和 C 之间接上直流电源 E，在另一对角 B、D 之间联接检流计，所谓"桥"即指对角线 BD，它的作用是把 B 和 D 两端点用检流计联接起来，直接比较这两点电位的高低。当 B、D 两点电位相等时，检流计中无电流通过，即 $I_g = 0$，电桥达到了平衡，即

$$V_{AB} = V_{AD}, \ I_{AB}R_x = I_{AD}R_1$$
$$V_{BC} = V_{DC}, \ I_{AB}R_0 = I_{AD}R_2$$

则有

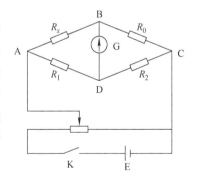

图 10-14　直流电桥的电路原理图

$$\frac{R_x}{R_0} = \frac{R_1}{R_2}$$

此式即为电桥的平衡条件。若 R_1、R_2 为已知电阻，R_0 为可调电阻，则

$$R_x = \frac{R_1}{R_2}R_0 = KR_0 \tag{10-22}$$

这样，就把待测电阻的阻值用三个标准电阻表示出来，从而使测量准确。式中 $\dfrac{R_1}{R_2} = K$ 称为比例臂的倍率，简称为比率臂或比率，R_0 则称为比较臂。

由式（10-22）可以看出，调节电桥平衡有两种方法：①取比率臂 K 不变，调节比较臂 R_0；②取比较臂 R_0 不变，调节比率臂 K。实验证明方法①有效可行，准确度高。

用电桥测电阻容易达到较高的准确度，这是因为：

1）电桥的实质是把未知电阻和标准电阻相比较，而制造精度较高的标准电阻并不困难。因此，用电桥测电阻时，只要检流计足够灵敏，且选用标准电阻作桥臂，则待测电阻可以达到其他三臂的标准电阻具有的准确度。

2）电桥电路中的检流计只用来判断有无电流通过，并不需要读出电流的数值，所以只要选用高灵敏度的检流计即可。

电桥的缺点主要是操作较麻烦，且不能测量非线性电阻。

2. 电桥的灵敏度

电桥灵敏度的定义为

$$S = \dfrac{\Delta n}{\dfrac{\Delta R_0}{R_0}}$$

电桥平衡后，将 R_0 改变 ΔR_0，检流计指针偏转 Δn 格，它反映了电桥对电阻相对变化量的分辨能力。如果一个很小的 ΔR_0 能引起较大的 Δn 偏转，电桥的灵敏度就高，电桥的平衡就能够判断得更精细，实验中可据此测出所用电桥的灵敏度。

在电桥偏离平衡时，应用基尔霍夫定律，可以推出电桥的灵敏度为

$$S = \dfrac{S_i E}{(R_1 + R_2 + R_x + R_0) + \left(2 + \dfrac{R_2}{R_1} + \dfrac{R_x}{R_0}\right)R_g} \tag{10-23}$$

式中，S_i 为检流计的灵敏度；R_g 为检流计内阻；E 为电源的电压。

由式（10-23）可知，适当提高电源电压 E，选择灵敏度高、内阻小的检流计，适当减小桥臂电阻（$R_1 + R_2 + R_x + R_0$），尽量把桥臂配制成均匀状态（如四臂电阻相等）使 $2 + R_2/R_1 + R_x/R_0$ 值最小，对提高电桥灵敏度都有作用。实际上，还有许多其他因素制约，如与桥路电阻之和成反比等等，上述提高灵敏度的方法应根据具体情况灵活应用。

三、用非平衡电桥测动态电阻

非平衡电桥的内部电路图如图 10-15 所示。

将 1、2、3 端短路，8、9 端短路，待测电阻 R_x 接在 7、8 两端，毫伏表当作检流计，当毫伏表指零，即构成非平衡电桥；此时，$R_x = (R_1/R_2)R_3$。此处的 R_x 用专用电阻。

固定 R_1、R_2、R_3，当 R_x 随温度变化时，毫伏表显示非零值，R_x 的改变数值可由毫伏表的示数求得，因此可用非平衡电桥测量动态电阻。

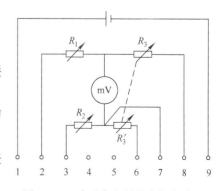

图 10-15　非平衡电桥的内部电路图

测量时，水浴锅内加入适量清水，先不接通电源，取 $R_1 = R_2 = 110\Omega$，在室温下调节 R_3，使毫伏表尽量指零，此时，$R_{x0} = R_3$，记下室温、R_{x0} 及毫伏表读数；然后接通水浴电源，使水浴锅内待测电阻加热，以改变其温度，当温度达到一定值后，记录温度和相应的毫伏表读数；继续加热，测定下一组温度的数据，每隔 $10℃$ 测一组数据，直到温度为 $90℃$ 为止。以 T 为横坐标，ΔV 为纵坐标，用坐标纸作图。

保持 R_1、R_2、R_3 数值不变，将 R_x 换成电阻箱，调节电阻箱，记下毫伏表读数；然后每增加 5Ω，记录下毫伏表读数，直到电阻为 140Ω 为止。

以 R 为横坐标，ΔV 为纵坐标，在同一张坐标纸上以适当的比例（ΔV 按同一比例）作图。由此确定 $\Delta V - T$ 图上的每一点所对应的 R 值：通过该点做水平线，与 $\Delta V - R$ 曲线的交点对应的 R 即为所求值。

开尔文直流双臂电桥是精确测量低电阻阻值的常用测量仪器，其原理如图 10-16 所示。图中 R_x 为待测电阻，标准电阻 R_s、R_1、R_2、R_3、R_4 为比例臂电阻，r、r_1、r_2、r_3、r_4 为导线附加电阻。在测量过程中电流端 C_1、C_2、C_3、C_4 串联在电源支路中，电压端 P_1、P_2、P_3、P_4 分别串入 R_1、R_2、R_3、R_4 比例臂支路中，调节 R_s 使得检流计中无电流通过，电桥达到平衡，A 和 B 两点电势相等，根据基尔霍夫第二定律列方程组，解得

$$R_x = \frac{R_1 + r_1}{R_2 + r_2}R_s + \frac{r(R_4 + r_4)}{r + (R_3 + r_3) + (R_4 + r_4)}\left(\frac{R_1 + r_1}{R_2 + r_2} - \frac{R_3 + r_3}{R_4 + r_4}\right) \tag{10-24}$$

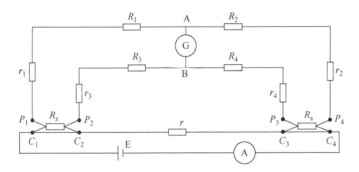

图 10-16　开尔文直流双臂电桥

1）当 $r_1 \ll R_1$、$r_2 \ll R_2$、$r_3 \ll R_3$、$r_4 \ll R_4$ 时，式（10-24）可写成

$$R_x = \frac{R_1}{R_2}R_s + \frac{rR_4}{r + R_3 + R_4}\left(\frac{R_1}{R_2} - \frac{R_3}{R_4}\right) \tag{10-25}$$

2）如果电桥满足条件：$R_1/R_2 = R_3/R_4 = k$，并在测量过程中保持不变，则式（10-25）中第 2 项为零，有

$$R_x = \frac{R_1}{R_2}R_s \tag{10-26}$$

以上几种方法能够比较准确地测试牵引电机绕组电阻，在实际测试工作中都得到了较多应用，但是如后文所述，由于伏安法中绕组压降和电流可以方便测量，同时电流能够很好的得到调控，所以在电传动系统的自动测试系统中，伏安法以及由其演变而来的大电流注入法

得到了更多的应用。

第七节　系统性能测试

一、电机连续额定特性试验

该测试主要为了验证和测量驱动系统的额定转速及以下的恒额定转矩特性和额定转速及以上的恒额定功率特性，被测试牵引电机及其控制器采用与实际车辆上相同的冷却方式，为控制器施加额定电压，为牵引电机施加额定电压和额定电流，并施加额定负载。牵引电机在额定转速和额定转矩条件下连续运行，达到热平衡后进行连续工作特性曲线的测试。

测试电机转速小于额定转速的恒转矩特性和大于额定转速的恒功率特性，整个电机及其控制器转矩 - 转速特性曲线上的测量点不少于 10 点。使用前面所叙述的转速和转矩测量方法，从而得到系统的连续转速 - 转矩特性，图 10-17 为一个典型驱动系统的连续工作特性图。

控制器母线输入额定直流电压，测试牵引电机及其控制器在各个转速点可以输出的最大转矩。

测试过程中，在各个转速点牵引电机能够输出的最大稳定转矩作为有效最大输出转矩。

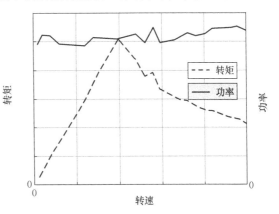

图 10-17　电驱动系统连续工作特性图

在额定转速以下各点测试得到的最大输出转矩形成短时最大转矩输出曲线，在额定转速以上测试得到的最大输出转矩形成最大过载功率曲线。

对于规定的最大过载转矩及其对应的转速与持续时间、最大过载功率及其转速与持续时间，应经过至少 2 次的试验加以验证。

二、高效区测试

该测试主要为了得到驱动系统（如果需要，可以对电机控制系统和驱动电机同样进行该项测试）的整体效率分布，从而确定系统的高效区间。被测试牵引电机及其控制器采用与实际车辆上相同的冷却方式，为控制器施加额定电压，为牵引电机施加额定电压和额定电流，并施加额定负载。驱动系统达到热平衡后，测试确定电机及其控制器的整体效率大于或等于 80% 的效率特性范围区域，并拟合整体效率 MAP 图，整体效率 MAP 图不少于 5 条等效率特性曲线。图 10-18 是一个电驱动系统的 MAP 分布图。

三、驱动调速电机温度和温升测量

驱动系统在运行过程中，驱动电机的定子和转子绕组中因为通过电流而产生了损耗，铁心中因为磁通的交变而产生了磁滞损耗和涡流损耗，转子的机械旋转等机械摩擦会产生摩擦

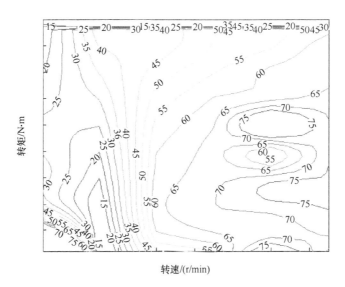

图 10-18　电驱动系统的 MAP 分布图

损耗，电机的谐波磁场和漏磁场还会引起附加损耗，这些损耗都会转换为热能，使电机各部分的温度升高。电机控制系统主要采用大功率开关器件，例如 IGBT 等，这些开关器件在通过较大的电压和电流的时候，会产生压降损耗和开关损耗，这些损耗也将转换为热量，使控制系统的温度升高，但是在目前电传动驱动系统中，驱动系统的控制系统都有着良好的温度控制功能，如果控制系统温度超过限定值，温度保护电路就会将某些反馈信号提供给控制系统的控制软件，从而强制控制电路降低工作强度，所以在驱动系统的温度测量中主要将对驱动调速电机进行。

　　电机某一发热部件的温度与冷却介质温度之差称为该部件的温升。当电机达到热稳定状态时，电机的温度将不再增加，这时损耗产生的热量将全部散发到冷却介质中，电机的温升也将会稳定在一定的数值上。电机在额定状态下长期运行而达到热稳定时，电机各部分温升的允许温度限值称为温升限值。电机绕组的温升限值主要取决于电机绝缘结构所能允许的极限温度和冷却介质温度，其关系为：

$$温升限值 = 极限温度 - 最高冷却介质温度 - 热点裕度$$

　　绕组的热点裕度是指额定负载时绕组最热点的稳定温度与绕组平均温度之差。

　　目前对于电机温升的测量主要有三种方法，即电阻法、检温计法和温度计法。其中检温计法和温度计法需要在电机发热部位预置测温装置，这两种方法只适合于实验室或者小批量的电驱动系统测定，不适用大批量或者系统测试应用，因此电阻法是在实际测试中应用最为广泛的方法。

（一）电阻法

　　根据电机发热理论，可以认为牵引电机内部各点温度瞬时值保持相同，同时其外表面散热速度也相同。当电机绕组在不同的温升 ΔT 条件下，其温度变化规律也随之不同：当温升 $\Delta T < 30K$ 时，温升变化遵从牛顿定律，即热量增长率或损失速率与温升的一次方成正比；当温升 $\Delta T > 50K$ 时，温升变化遵从杜龙－佩蒂特定律，即热量增长率或者损失速率与温升的 5/4 次方成正比。因此，电机温度变化规律如下所示：

电机温升所遵循的热平衡方程：

$$\frac{\mathrm{d}T}{\mathrm{d}t} + \frac{1}{\alpha}(T - T_s) = \Delta P \qquad \Delta T < 30\mathrm{K} \tag{10-27}$$

$$\frac{\mathrm{d}T}{\mathrm{d}t} + \frac{1}{\alpha}(T - T_s)^{\frac{5}{4}} = \Delta P \qquad \Delta T > 50\mathrm{K} \tag{10-28}$$

电机冷却所遵循的热平衡方程：

$$\frac{\mathrm{d}T}{\mathrm{d}t} + \frac{1}{\alpha}(T - T_s) = 0 \qquad \Delta T < 30\mathrm{K} \tag{10-29}$$

$$\frac{\mathrm{d}T}{\mathrm{d}t} + \frac{1}{\alpha}(T - T_s)^{\frac{5}{4}} = 0 \qquad \Delta T > 50\mathrm{K} \tag{10-30}$$

式中，T 为电机 t 时刻的温度值；α 是比例常数；T_s 是初始时刻的电机绕组冷却介质温度。对于不同的过程，初时时刻意义并不相同：对于温升过程，初始时刻是指电机开始运行时的时刻；对于冷却过程，初始时刻是指电机停止运转的时刻。

为了能够实现通过测量电机绕组的电阻变化来计算电机温升，对于电动车辆牵引电机的绕组电阻值的测试都是在对牵引电机进行了相应的工况工作之后，使电机停止运转，从而对电阻进行测试的方式，即对于电机电阻的测试过程是电机冷却的过程。所以，为了进行牵引电机温升的计算，应该采取方程（10-29）和方程（10-30）。

金属导体的电阻与其本身的温度基本保持线性比例关系：

$$R = R_a[1 + \beta_a(T - T_a)] \tag{10-31}$$

式中，R 为金属导体在温度为 T 时的电阻值；T_a 为开始时刻的导体冷却介质或者环境的温度；R_a 为温度为 T_a 时的导体电阻值；β_a 为温度为 T 时的金属电阻温度系数，与温度的关系为：

$$\beta_a = \frac{\beta}{1 + \beta T_a} \tag{10-32}$$

式中，β 是金属导体的电阻温度系数，电机绕组大部分为铜绕组和铝绕组，对于铜绕组 $\beta = 0.00425 \frac{1}{℃}$，对于铝绕组 $\beta = 0.00439 \frac{1}{℃}$。

由方程（10-29）和方程（10-30）可以得到电机冷却过程温度变化方程：

$$T = \mathrm{e}^{\left[\ln(T_0 - T_s) - \frac{t}{\alpha}\right]} + T_s \qquad \Delta T < 30\mathrm{K} \tag{10-33}$$

$$T = \left[\frac{t}{4\alpha} + (T_0 - T_s)^{-\frac{1}{4}}\right]^{-4} + T_s \qquad \Delta T > 50\mathrm{K} \tag{10-34}$$

在电机冷却初时刻 $t_0 = 0$ 时，设定牵引电机绕组温度为 T_0，对应的导体电阻值为 R_0，则由方程（10-31）～方程（10-34）可以得到电机温升计算公式：

$$\Delta T = T_0 - T_s = \frac{(R_0 - R_a)(1 + \beta T_a)}{R_a \beta} + (T_a - T_s) \tag{10-35}$$

即不论 $\Delta T < 30\mathrm{K}$ 还是 $\Delta T > 50\mathrm{K}$，电机温升计算公式都是一致的。

对于不同材质的电机绕组则有不同的具体计算公式：

铜导线绕组电机：

$$\Delta T = T_0 - T_s = \frac{R_0 - R_a}{R_a}(235 + T_a) + (T_a - T_s) \tag{10-36}$$

铝导线绕组电机:

$$\Delta T = T_0 - T_s = \frac{R_0 - R_a}{R_a}(228 + T_a) + (T_a - T_s) \qquad (10\text{-}37)$$

从以上公式可以知道,参数 R_a、T_a 以及 T_s 都是可以直接测的数据,而 R_0 则无法得到,因此测试的主要工作是能够得到精确的电机停机时刻的电机绕组电阻值。

直接测试零秒电阻 R_0 存在困难,由于电机回路主要是由电感性线路构成,同时存在电容,这些器件特性会在测量时引起信号振荡,造成测试偏差。因此,测量工作应该在回路停机稳定之后进行,所以,就不可能在 "0" 时刻获得电机绕组的电阻值,只能依靠 "0" 时刻以后的数据进行数据拟合或者插值从而得到 $t = 0$ 时的电机绕组电阻值 R_0。为了推导 R 尽可能准确,要求对于电机绕组电阻值的测试应该尽可能迅速。

由方程(10-31)~方程(10-34)可以得到关于电机绕组电阻的方程:

$$R = R_a\left\{1 + \frac{\beta}{1 + \beta T_a}\left\{e^{\left[\ln(T_0 - T_s) - \frac{1}{\alpha}\right]} + (T_s - T_a)\right\}\right\} \qquad \Delta T < 30\text{K} \qquad (10\text{-}38)$$

$$R = R_a\left\{1 + \frac{\beta}{1 + \beta T_a}\left\{\left[\frac{t}{4\alpha} + (T_0 - T_s)^{-\frac{1}{4}}\right]^{-4} + (T_s - T_a)\right\}\right\} \qquad \Delta T < 50\text{K} \qquad (10\text{-}39)$$

在测试过程中,可以得到对于不同时刻 t 的电机绕组电阻值 R,为了进行拟合计算,将方程(10-38)和方程(10-39)整理如下:

$$\ln\left\{\frac{[R - R_a - R_a(T_s - T_a)](1 + \beta T_a)}{\beta R_a}\right\} = \ln(T_0 - T_s) - \frac{t}{\alpha} \qquad \Delta T < 30\text{K} \qquad (10\text{-}40)$$

$$\left[\frac{(R - R_a)(1 + \beta T_a) - \beta R(T_s - T_a)}{\beta R_a}\right]^{-\frac{1}{4}} = (T_0 - T_s)^{-\frac{1}{4}} + \frac{t}{4\alpha} \qquad \Delta T > 50\text{K} \qquad (10\text{-}41)$$

令以上两个方程表示为一次线性方式:

$$y = A + Bt \qquad \Delta T < 30\text{K} \qquad (10\text{-}42)$$

$$y' = A' + B't \qquad \Delta T > 50\text{K} \qquad (10\text{-}43)$$

式中,

$$y = \ln\left\{\frac{[R - R_a - R_a(T_s - T_a)](1 + \beta T_a)}{\beta R_a}\right\}; \ A = \ln(T_0 - T_s); \ B = \frac{1}{\alpha}$$

$$y' = \left[\frac{(R - R_a)(1 + \beta T_a) - \beta R(T_s - T_a)}{\beta R_a}\right]^{-\frac{1}{4}}; \ A' = (T_0 - T_s)^{-\frac{1}{4}}; \ B' = \frac{1}{4\alpha}$$

从而由方程(10-42)和方程(10-43),根据测试得到的数据 (t_i, y_i) 可以计算初时刻 $t = 0$ 时的初时电阻 R_0,从而得到电机的温升。

所以使用电阻法测试的关键在于准确测量电机绕组的阻值以及对于电机停止工作时刻电阻的准确计算。

(二) 检温计法

使用该方法时,应该在电机制造过程中将检温计埋置在需要检测温度的部位,检温计应该适当分布于电机绕组中,数量不能少于 6 个。检温计主要有热电阻、热电偶和半导体热敏电阻等。

1. 热电偶测温基本原理

将两种不同材料的导体或半导体 A 和 B 焊接起来,构成一个闭合回路,图 10-19 是一种热电偶的结构形式。当导体 A 和 B 的两个接触点 1 和 2 之间存在温差时，两者之间便产生电动势，因而在回路中形成一个电流，这种现象称为热电效应，热电偶就是利用这一效应来工作的。

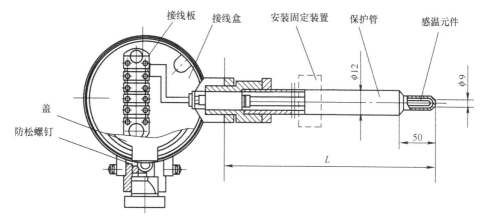

图 10-19　热电偶结构图

2. 热电偶的种类及结构形式

（1）热电偶的种类　常用热电偶可分为标准热电偶和非标准热电偶两大类。标准热电偶是指国家标准规定了其热电势与温度的关系、允许误差、并有统一的标准分度表的热电偶，它有与其配套的显示仪表可供选用。非标准化热电偶在使用范围或数量级上均不及标准化热电偶，一般也没有统一的分度表，主要用于某些特殊场合的测量。我国从 1988 年 1 月 1 日起，热电偶和热电阻全部按 IEC 国际标准生产，并指定 S、B、E、K、R、J、T 七种标准化热电偶为我国统一设计型热电偶。

（2）热电偶的结构形式　为了保证热电偶可靠、稳定地工作，对它的结构要求如下：

1）组成热电偶的两个热电极的焊接必须牢固。

2）两个热电极彼此之间应很好地绝缘，以防短路。

3）补偿导线与热电偶自由端的连接要方便可靠。

4）保护套管应能保证热电极与有害介质充分隔离。

3. 热电偶冷端的温度补偿

由于热电偶的材料一般都比较贵重（特别是采用贵金属时），而测温点到仪表的距离都很远，为了节省热电偶材料，降低成本，通常采用补偿导线把热电偶的冷端（自由端）延伸到温度比较稳定的控制室内，连接到仪表端子上。必须指出，热电偶补偿导线只起到延伸热电极的作用，使热电偶的冷端移动到控制室的仪表端子上，它本身并不能消除冷端温度变化对测温的影响，不起补偿作用。因此，还需采用其他修正方法来补偿冷端温度 $t_0 \neq 0℃$ 时对测温的影响。在使用热电偶补偿导线时必须注意型号相配，极性不能接错，补偿导线与热电偶连接端的温度不能超过 100℃。

第八节　驱动系统自动测试系统

为尽可能地减少人工操作，满足国家 863 计划电动汽车重大专项中研发的不同类型电机驱动系统常规试验性能测试的需求，保证电机驱动系统测试结果的准确度，为电机驱动系统综合性能评价研究提供精确的数据，保证对电机驱动系统的各项性能做出全面、准确的评估，基于以"测试任务"为中心的软件框架，通过系列化和标准化模块，开发了集数据采集、数据处理、测试报告生成的电机驱动系统常规试验性能自动测试系统。

一、系统总体方案

根据实验室现有的测试设备和测试条件，在充分运用现有仪器设备的基础上，结合相关国家电机测试标准以及课题依托单位制定的《电动汽车重大专项电机及其控制器试验规范》和《电动汽车重大专项电机及其控制器技术规范》，制定了如图 10-20 所示的自动测试系统总体方案结构图。

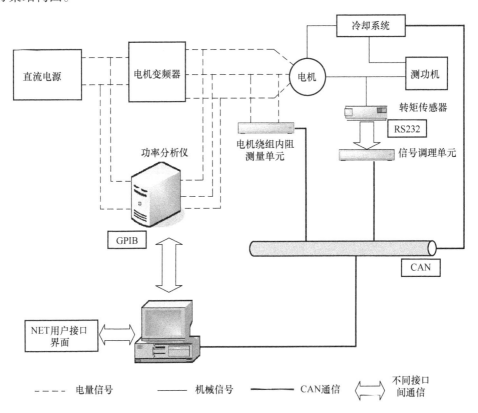

图 10-20 自动测试系统总体方案结构图

（一）抗干扰设计

由于测试过程中存在电机噪声、控制器高频干扰、测试台架振动等不确定因素，因此有效的抗干扰设计对保证采集系统的精度起到积极作用。本系统主要从硬件电路、传输通道、软件设计、程序运行控制方面进行了抗干扰设计。

1. 硬件电路的抗干扰措施

硬件电路的抗干扰措施主要是指在原理设计过程中所采取的抗干扰措施和在设计电路板时所采取的抗干扰措施。主要包括以下措施：

1）单点接地和多点接地。在低频电路中，信号的工作频率小于 1MHz 时，它的布线和元器件的电感影响较小，而接地电路形成的环流对于干扰影响较大，因而屏蔽线采用单点接地；当信号工作频率小于 10MHz 时，地线阻抗变得很大，此时应尽量降低地线阻抗，采用多点接地法；当工作频率在 1～10MHz 之间时，如果用单点接地，其地线长度不应超过波长的 1/20，否则宜采用多点接地法。整个系统的电源地，即电源中线为悬浮处理。

2）数字、模拟电路分开。电路板上即有高速逻辑电路，又有线性电路，应使它们尽量分开，而两者的地线不要相混，分别与电源端地线相连。要尽量加大线性电路的接地面积。

3）电源线的布置除了要根据电流的大小，尽量加粗导体宽度外，采取使电源线、地线的走向与数据传递的方向一致，将有助于增强抗噪声能力。

4）配置去耦电容。电源输入端跨接 10～100μF 的电解电容器；在每个芯片的电源线与地线之间加旁路滤波电容，并尽量靠近芯片，电容的大小一般取 0.01～0.1μF；对于抗噪声能力弱、关断时电流变化大的器件和 ROM、RAM 存储器件，在芯片的电源线（VCC）和地线（GND）间直接接入去耦电容；在"RESET"端配以 0.01μF 去耦电容；按键、继电器、接触器等零部件在操作时均会产生较大火花，利用 RC 电路加以吸收。

2. 传输通道的抗干扰措施

1）对模拟输入信号进行滤波处理。

2）脉冲信号在传输线上传输时会出现延时、畸变、衰减及通道干扰。为了保证长线传输的可靠性，采用光电耦合隔离等措施。

3）外部信号引入采用双绞线传输，传输线一端接地。双绞线的抗干扰作用是屏蔽与平衡的综合，能使各个小环路的电磁感应相互抵消。

3. 软件的抗干扰设计

对于实时数据采集系统，为了消除传感器通道中的干扰信号，在硬件措施上常采取有源或无源 RLC 网络，构成模拟滤波器对信号实现频率滤波。同样，运用 CPU 的运算、控制功能也可以实现频率滤波，完成模拟滤波器类似的功能，这就是数字滤波。在一般数据采集系统中，人们常采用一些简单的数值、逻辑运算处理来达到滤波的效果。本系统采用算术平均值法对一点数据连续采样多次，计算其平均值，以其平均值作为该点采样结果。这种方法可以减少系统的随机干扰对采集结果的影响。

（二）控制状态失常的软件对策

在开关量控制系统中，如果干扰进入系统，会影响各种控制条件、造成控制输出失误，或直接影响输出信号造成控制失误。为了确保系统安全可以采取下述措施：①软件冗余。对于条件控制系统，对控制条件的一次采样、处理控制输出改为循环地采样，处理控制输出。这种方法对于惯性较大的控制系统具有良好的抗偶然因素干扰作用；②设置当前输出状态寄存单元。当干扰侵入输出通道造成输出状态破坏时，系统能及时查询寄存单元的输出状态信息，及时纠正输出状态；③设自检程序。在计算机内的特定部位或某些内存单元设状态标志，在开机后，运行中不断循环测试，以保证系统中信息存储、传输、运算的高可靠性。

为了防止系统受到干扰后致使 PC 值改变造成程序飞出以及数据区及工作寄存器中的数据破坏，主要可以采取以下策略：①设置监视跟踪定时器。使用定时中断来监视程序运行状态。定时器的定时时间稍大于主程序正常运行一个循环的时间，而在主程序运行过程中执行一次定时器时间常数刷新操作，这样只要程序正常运行，定时器不会出现定时中断，而当程序失常，不能刷新定时器时间常数而导致定时中断，利用定时中断服务程序将系统复位；②设置软件陷阱。当 PC 失控，造成程序"乱发"而不断进入非程序区，只要在非程序区设置拦截措施，使程序进入陷阱，然后使程序进入初始状态。

二、电机绕组自动测试系统

基于电阻法的绕组温升计算必须在温升试验达到热稳定的时间后，尽快使被测电机断能停转测其断能瞬间电阻值直接计算绕组温升。由于电机回路主要是由电感性线路构成，同时存在电容，这些器件特性会在测量时引起信号振荡，造成测试偏差。因此，测量工作应该在回路停机稳定之后进行，不可能在电机断能瞬间即"0"时刻获得电机绕组的电阻值，只能依靠"0"时刻以后的数据进行数据拟合或者插值从而得到零时刻的电机绕组阻值。同时，电机绕组一般为毫欧级，其阻值仅为几十或几百毫欧，利用一般检测仪表测量其阻值大小十分困难。现有高精度电阻仪可实现毫欧级电阻的精确测量，但只能是人工测量，测量过程中存在一定的延时，测得第一点的电阻值耗时较长，容易影响测量精度导致测试失效。因此，为了更快捷、有效地完成绕组测试，设计电机绕组自动测量电路，实现对电机绕组阻值的快速准确测量。

（一）绕组自动测试系统方案

本系统基于直流恒流源法，实现毫欧级电机绕组内阻的自动化测量，分辨率要求达到 $0.1m\Omega$。图 10-21 为电机绕组内阻自动测量示意图，R_0 为消除电机绕组残压的电阻，I 为 5A 恒流源，U_0、U_1 分别为残压值和反映电机绕组热态电阻值的电压值。当 DSP 数据采集系统检测到电机转速为 0 时，以此时刻作为电机的"近似 0 时刻"，接着 DSP 控制继电器 1 和 2 断开电机控制器与电机的连接线路，闭合继电器 3 以消除绕组的残压。当 DSP 检测到残压值为 0 的信号时，断开继电器 3，闭合继电器 4，进行电机绕组内阻值的测量。根据一系列测量得到的电阻值，推算"0 时刻"的电机绕组热态电阻，再根据温升计算公式，计算出电机的温升特性。

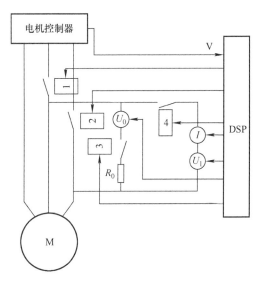

图 10-21　电机绕组内阻自动测量示意图

（二）测试程序设计

电动汽车电机绕组温升自动测试平台的主程序流程如图 10-22 和图 10-23 所示。

图 10-22 和图 10-23 中，CAN 发送消息 1 给 PC 表明单片机 XC164CS 已经检测到电机停止运行，命令 LabVIEW 将此时的时间 t_0 保存下来用于计算温升测试时间。CAN 发送消息 2 给 PC 表明残压已经消除完毕，命令单片机 XC164CS 开始采集电机绕组内阻的数值，并以 1s 为间隔将数据以数组的形式保存在单片机 XC164CS RAM 中。CAN 发送消息 3 给 PC 表明绕组内阻检测时间 5min 测试过程已经完成，继而将此刻的时间保存下来。运用单片机 C 语言与 LabVIEW G 语言混合编程，使得控制算法容易实现，缩短了开发周期，提高了工作效率。

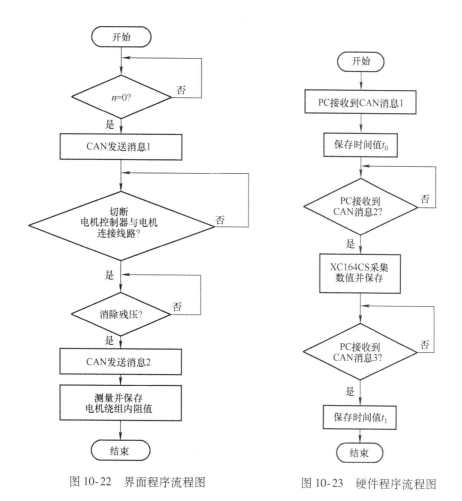

图 10-22　界面程序流程图　　　　图 10-23　硬件程序流程图

（三）人机界面设计

数据显示板如图 10-24 所示。虚拟仪器前面板的界面类似于实际仪表的操作界面，其特点是用虚拟仪表取代真实的物理仪表，通过虚拟仪表可以对各个采样点及计算数据进行实时跟踪显示、处理并存储。

1. 显示部分

该部分主要包括测试条件和绕组内阻值随时间变化的曲线。从电动汽车电机绕组内阻曲线图中，可观察到当前内阻阻值在整个测试过程中的变化趋势。电动汽车电机绕组内阻曲线显示的纵坐标代表内阻值，而横坐标则反映内阻值随时间的变化规律。冷态电阻、初始冷却液温度、末了冷却液温度等数值显示在界面上有助于计算出电机绕组值。转速值和转矩值表明了测试条件。

2. 数据处理部分

该部分运用平均算法，即在数据采集过程中有一个软件滤波的设置。在数据采集过程中，程序将 10 个采样点数据进行平均，再将这个平均值显示在 PC 界面上，使采集到的数据尽可能地接近实际真值。另外在试验过程中，不能从零时刻采集电机绕组内阻数据，并且数据是离散的，因而需要采取曲线拟合技术和差值技术以得到光滑准确的曲线。LabVIEW

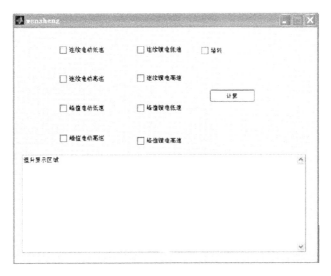

图 10-24　温升测试界面

分析软件库中提供了多种线性和非线性的曲线拟合算法。利用 LabVIEW 分析软件库中提供的曲线拟合算法可以剔除错误数据、填充丢失的采样点、进行差值和外推等。

3. 出错信息部分

该部分为了随时方便检查编程过程中的问题。这是 LabVIEW 的一项辅助功能，检查程序编写是否有误，各个模块之间数据的传输是否顺畅，各个模块的参数设置是否合理，这样就可以通过它来时刻提醒在程序设计过程中出现的问题。

4. 数据存储部分

该部分主要是数据存储模块和数据再现模块在主程序中的体现，便于在离线状态下对采集数据进行分析。

（四）恒流电源设计

直流恒流源法要求设计一个恒流电源 I_c，利用 $R = U/I_c$ 计算电阻。由于电机绕组内阻的阻值非常小，一般只有几十毫欧，最高阻值不会超过 $200\mathrm{m\Omega}$。如果恒流源电流比较小，则电阻的端电压可能与干扰信号比如白噪声的幅值级别相同，白噪声对被检信号的干扰是巨大的，会造成测试结果的失效。所以本系统中设计恒流源要考虑其输出电流尽量大些。根据功率公式 $P = I^2R$，电阻通过电流时必然要消耗功率，从而以热的方式散发出来，而温升计算公式的条件是这时电机处于自然散热的过程，那么如果电流值太大势必会影响电机的温升特性考核。

恒流源在小电阻测量中很重要，恒流源的准确度决定了测量准确度。为了提高测量的准确度，设计了反激式高频开关恒流源，图 10-25 为恒流源电路原理图。

电源采用光耦 TL431 型反馈电路，输出直流电流为 5A，可在 AC85 ~ 265V 输入电压范围内自动稳压。交流电源经整流滤波后产生一个宽范围的直流脉动电压，输入变压器初级线圈的一端和 TOP227 的漏极，变压器初级线圈的另一端接 TOP227 的源极。VR1 和 D1 用来抑制开关尖峰，减小变压器漏感引起的漏极电压冲击，以保护 TOP227。D2、D3、D4、D5 用作输出整流管，再经过 LC 滤波电路，在输出端得到一个稳定的电流。辅助绕组两端电压

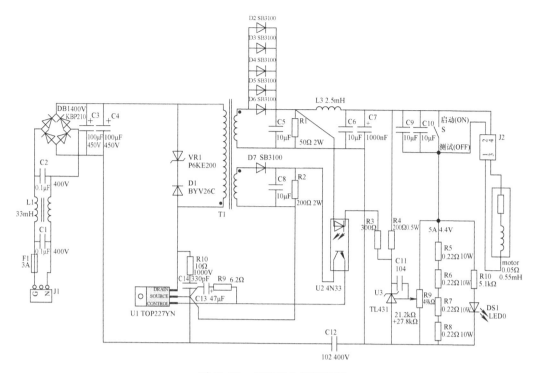

图 10-25　恒流源电路原理图

经 D7、C8 整流滤波，得到 TOP227 所需的偏置电压。TL431 并联稳压器内部集成了一个 2.5V 的精密基准电压、运算放大器和驱动器，作次级基准误差放大器用。输出电压经分压取样后与 TL431 的内部基准电压相比较，控制光耦的输入电流，光耦 U2 不仅对输入、输出起隔离作用，而且通过控制 TOP227 控制极电流 IC 的大小，来控制输出脉冲宽度，达到稳压的目的。图 10-26 为直流恒流源实物。

图 10-26　直流恒流源实物

三、信号采集系统

根据实际的测试精度需要和相关国家标准的测试要求，自动测试系统的基本性能应该满足以下要求：

1）数据采集速率：100kHz。由于机械惯性的作用，DSP 系统所采集的转速和转矩信号变化速率不可能太快，数据采集速率能够达到 100kHz 已经完全可以满足系统的要求。

2）精度：与转速/转矩传感器的精度保持一致。

3）连续数据采集时间：不少于 30min。

4）总线通信：要求数据能够实时发送，将检测信号实时发送到上位机。

（一）转速转矩频率信号采集

转速转矩频率信号的采集工作只需计算该信号在单位周期内的脉冲数，该功能是由 DSP 控制器的捕获单元模块实现，捕获单元当检测到输入引脚上的跳变（上升沿、下降沿或上升下降沿）时，所选的通用定时器的计数值被捕获并存入一个 2 级深的 FIFO 栈中，然后将 FIFO 栈中的捕获值及时读出存储并进行相关数值计算。本系统中需采集的频率信号只有转速转矩传感器输出的转速频率信号和转矩频率信号，幅值都为 5V。

DSP2407 为 3.3V 供电，控制器捕获单元的捕获引脚要求信号输入的电平最好不超过 3.3V。所以设计降压电路，即两组频率信号输入各连接一个电阻和稳压二极管组成的串联电路，稳压二极管的正端与电源地连接，型号为 IN5988 的稳压二极管反向电压为 3.3V，则幅值为 5V 的频率信号经转换电路转变为幅值是 3.3V 的频率信号。

由于以频率信号的上升沿为触发信号，每一次触发都会引发一次捕捉中断的产生，如果以一次捕捉的时间长度作为频率信号的周期，则在外部干扰的影响下，如果一次采集错误就会产生严重计算错误。为此在程序中设定平均算法，在计算中采集 50 次周期信号，然后进行几何平均的计算方式，试验证明该计算方式是有效的。

（二）模拟电压信号采集

电机绕组电阻的自动测量电路需要测量模拟电压信号的电压值 U，再根据欧姆定律 $R = U/I_C$，计算得到电阻值 R。电压采集精度和恒流电源 I_C 的设计精度直接影响电阻值 R 的测量精度，见式（10-44）。

$$x = (a + b)/(1 - a) \tag{10-44}$$

式中，x 为电阻值精度；a 为恒流电源 I_C 的设计精度；b 为采集电压精度。系统中除需要高精度的恒流电源外，还需针对模拟电压信号易受干扰的特点，采取信号放大、滤波、电流环传输技术和双绞线传输技术提高模拟电压信号的采集精确度。

本系统中采集的电机绕组端电压信号是模拟电压信号，需要经 DSP 控制器的 A/D 转换模块转换为数字信号，数值计算公式见式（10-45）。

$$V_{dig} = 1023 \frac{V_{ana} - V_{REFLO}}{V_{REFHI} - V_{REFLO}} \tag{10-45}$$

需要注意的问题有：①A/D 转换模块一定要有高精度的参考电压（参考低电压 V_{REFLO} 和参考高电压 V_{REFHI}），其中 $0 < V_{REFHI} \leqslant V_{CCA} = 3.3V$，$0 \leqslant V_{REFLO} < V_{REFHI}$；②转换模块的转换通道输入的电平应不低于 V_{REFLO}，同时不超过 V_{REFHI}。

A/D 转换器的参考电压应十分稳定，其精度要求非常高。图 10-27 为 A/D 参考电压原理图，型号为 ADR421BR 的集成稳压器的输入电压可为 4.5 ~ 18V，输出稳定电压为 2.5V，输出电流最大为 10mA，输出电压精度为 0.04%，属于小电流高精度的稳压器，该输出稳压源能够很好地满足 A/D 模块的参考电压设计要求。

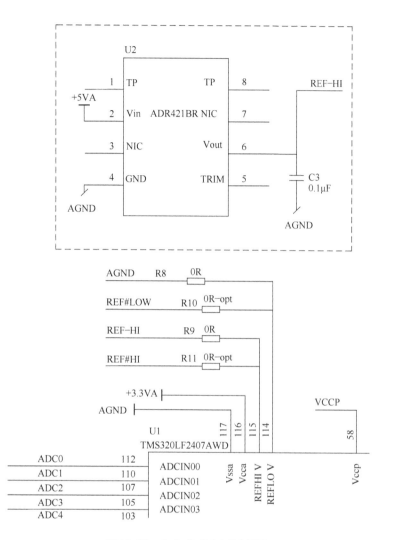

图 10-27　A/D 参考电压原理图

　　另外，输入模拟电压信号除了要满足上述已经分析的其电平应不低于 V_{REFLO}、同时不超过 V_{REFHI} 的极值限制外，设计还要考虑到模拟电压信号易受干扰的特性，设计信号调理电路以保证模拟信号的准确性。电机绕组测量电路中的端电压信号是低电压模拟信号，更容易受干扰信号的干扰影响，尤其需要设计信号硬件处理电路增强信号的抗干扰性，进而利用软件滤波处理技术保证信号的准确度。图 10-28 为模拟信号滤波原理图。

四、CAN 模块

　　频率信号（电机的转速转矩信号）和模拟电压信号（反映电机绕组电阻的阻值）经 DSP 控制器转换为数据信号，利用 CAN 总线传输到上位机进行计算处理。数据传输是利用 DSP 自带的 CAN 控制器模块实现，采用 CAN 总线通信方式，CAN 控制器模块必须通过 CAN 驱动芯片才能与其他的 CAN 控制器进行通信，图 10-29 为 CAN 驱动电路原理图。

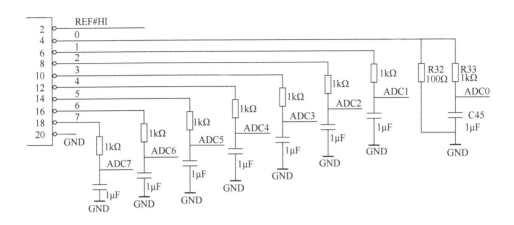

图 10-28　模拟信号滤波原理图

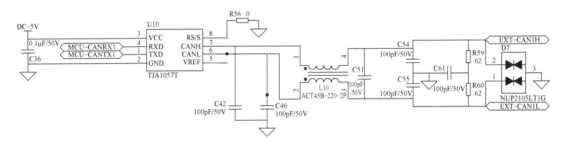

图 10-29　CAN 驱动电路原理图

五、I/O 模块控制信号

　　DSP 控制器的 I/O 模块用来输出测试系统的控制信号。电机绕组内阻自动测量电路由一系列的继电器实现，输出的高低电平信号可控制这些继电器的开启/关闭状态。但是，由于 DSP 控制器 I/O 的输出电流一般只有 8mA，而继电器需要的工作电流是 20mA，DSP 控制器 I/O 的输出电流不能带动继电器工作，因此本系统设计利用非门芯片 74HC04 和 5V 电源加以解决。用 +5V 电源供电，非门芯片 74HC04 的输出控制信号特点是：高电平时，电压是 5V，电流可达大概 500mA，能够很好地满足继电器的工作功率要求，5V 电源采用了光电隔离技术，以增强系统的抗干扰性能，并设计 RC 回路进行滤波处理。

六、系统软件的实现

（一）底层软件

　　底层软件即 DSP 控制器的软件，是在底层硬件设计的基础上编写微控制器的执行程序以实现底层系统的所有功能，实现的工作包括：运用 A/D 转换模块实现一个模拟信号的信号采集，然后数据以 CAN 总线方式输出；运用捕获单元模块实现两个频率信号的信号采集，并以 CAN 总线方式输出数据；接收上位机的控制命令，然后控制输入输出端口的电平高低

从而实现对电阻测量电路的控制。图 10-30 为底层软件功能框图。图 10-31 为主程序的流
程图。

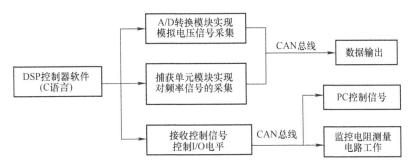

图 10-30　底层软件功能框图

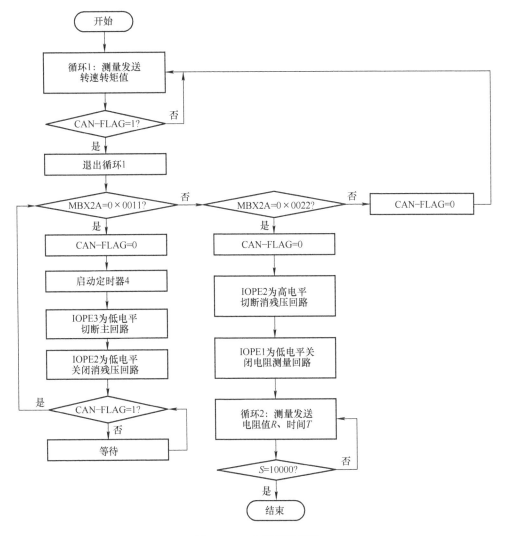

图 10-31　主程序流程图

（二）多线程技术的应用

测试系统的数据采集牵涉到软件与硬件的互动操作，计算机和外部设备间有高速大量的数据交换，因此数据采集任务将极大地占用 CPU 时间，耗费系统资源。如果数据采集部分与系统主控程序处于同一线程之中，当采集程序发生问题，可能直接导致系统崩溃。因此，系统应用了多线程技术来解决这一问题。多线程对于基于 PC 机的数据采集和仪器 I/O 应用提供了极大的便利，使界面动作可能和硬件通信同时运行，同时减小了测试过程中彼此间的相互影响。

本系统将主控模块作为程序的主线程，数据采集程序在需要时作为另一个线程通过定时器启动，二者通过变量进行数据交换。定时器产生线程是多线程技术中的一种，当定时器事件触发，对应的事件处理函数开始执行时，系统产生一个独立线程，函数处理完毕返回时，该线程结束。由于主线程与数据采集线程并发运行，用户可以对采集过程进行监控，随时停止采集线程执行，在采集数据同时还可进行其他操作，增强了系统的稳定性与灵活性。

（三）系统数据管理

系统的数据包括三部分：第一部分为电机驱动系统的信息与铭牌参数，包括电机类型、额定电压、电流、功率、频率、极对数、定子绕组接法等设计参数，这些数据是试验工况的参考，是进行数据处理时必要的参数；第二部分为电机驱动系统测试环境与测试项目列表，包括测试地点、测试人员、具体测试项目以及测试过程中的异常现象，这些数据测试完成后将形成一个详细的测试日志，为用户提供一个测试的整体进度与状态的描述；第三部分为电机驱动系统各测试项目的测试数据。因为各测试项目的数据结构不同以及考虑到自动生成测试报告时数据调用的便利，所以必须利用试验项目列表进行数据的保存。各测试项目数据以测试项目名称为保存文件的前缀名，其整体特征由项目列表记录，并与其形成一对一的类似主表与明细表的联系。

系统的开发目标是实现电机驱动系统从测试开始、测试数据采集到测试报告报表生成的自动化过程。因此，系统的数据管理功能主要包括测试电机每个测试项目原始记录数据的存储和读取，对测试计算结果数据的存取，对测试数据文件和报表文件的查询和备份等。电机驱动系统自动测试的数据管理有如下特点：

1）主要实现不同测试项目测试数据和结果数据的保存和读取功能，不需要对数据进行复杂的检索，不允许对原始测试数据进行修改。

2）对于电机铭牌参数数据、结果处理相关数据这些需要在测试项目的数据处理过程中进行快速传递的关联数据，系统将其作为全局变量，采用结构体的数据类型记录和保存，满足不同测试项目快速传递关联数据的要求。对于其他数据而言，不同测试项目的数据是相互独立的，测试项目之间不需要数据共享，也不存在多个应用程序的并发访问。

3）测试数据和测试项目一一对应，不存在数据冗余现象。

4）不同测试项目相关数据的结构并不相同，若采取数据库技术管理数据，保存数据需要大量不同的字段，每个字段的长度和类型也不一样，不能体现数据库技术数据共享性的优点。文件系统则可以直接对任意数据结构的数据进行方便快速的存取。

结合上述分析，系统的数据并不存在数据冗余，整个测试系统并不要求数据有很强的共享性，也不要求数据与程序具有较强的独立性。系统数据管理的主要任务是实现对数据的存取和对数据文件的管理，测试相关数据的数据结构互不相同使得数据库管理实现起来极为不便，数据库管理还有着实现难度大、开发周期长的缺点，因而系统没有采用数据库系统，而使用文件系统来帮助实现系统的数据管理功能。

每个被测电机以该电机的型号为名称，保存在指定的路径，不同测试项目的数据以该测试项目名称为文件名，保存为 .txt 格式。用户可以方便地对该文件进行查询和备份。

七、自动报表的实现

当被测电机完成全部的测试项目后，需要自动生成完整的测试报告，测试报告要填写原始记录数据、结果数据，插入数据表格和特性曲线图片文件。因此，在实现自动报表时，要保证开发环境能够与外部的应用程序进行数据交换。目前，可以通过动态连接库（dynamic link library，DLL）、动态数据交换（dynamic data exchange，DDE）和 ActiveX 技术实现与外部代码或其他计算机应用软件的接口连接。

本系统依据测试规范中各测试项目的要求，为不同类型的电机驱动系统依据测试规范中各测试项目的要求设计了统一的 Excel 报表模板文件，在数据处理结束后，利用 MATLAB 中的 ActiveX 技术，启动 Excel 作为 MATLAB 的 Active 自动化服务器，自动启动 Excel 测试报告模板，完成自动报表功能。

（一）程序总体结构

传统测试软件由于各厂家在仪器驱动程序规范上不统一，主要以"测试资源"为中心，开发人员不仅要完成仪器的驱动控制，还要掌握测试原理，精力很难集中到测试功能的实现上。本系统考虑到测试电机类型的多样性和测试项目的统一性，通过配置文件实现了以"测试任务"为中心测试软件设计，有效地实现资源共享和代码重用，简化了软件开发过程，实现"测试任务"的现场组态，图 10-32 为软件的总体设计方案图。

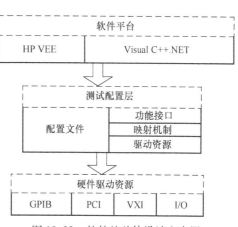

图 10-32　软件的总体设计方案图

模型中增加了以配置文件为核心的测试配置层，包括功能接口、映射机制和硬件驱动资源三部分。其中功能接口将测试系统中仪器的相似测试功能以模块的形式统一起来，以接口函数库的形式供给上层开发平台调用，是实现面向测试任务的基础。开发人员编程时可以不关心具体的仪器控制过程，而把精力放在面向测试任务的测试功能实现上。映射机制作为测控服务层的调度中心，规定了测试功能接口与底层硬件驱动程序进行通信的机制管理与测试资源之间的信息映射关系。硬件驱动资源是厂家提供的驱动程序库，是硬件模块的上层支持库，它直接与硬件模块通信，提供底层软件控制服务，完成相应的功能调用。测控服务层的三层结构通过配置文件进行信息映射和交换，配置文件作为信息存储中心完成硬件设备的管理、测试任务的组合设定和测试资源的分配等功能。图 10-33 为配置文件的内部实现。

（二）具体功能界面

整个测试系统的功能集成于统一的操作界面，实现完善的可视化管理，图 10-34 为测试系统主界面。在此界面上主要是通过菜单的方式来实现相应的功能设定：样品标称参数记录，例如电机的额定转速、额定转矩、额定电压、额定电流等；选择测试仪器，包括功率分

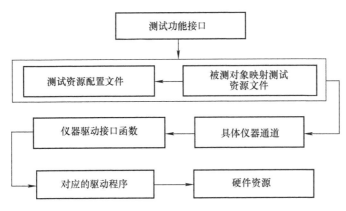

图 10-33　配置文件的内部实现

析仪、转速/转矩传感器、测功机的选定；系统设置，包括 CAN 参数设定和功率分析仪连接设置；测试项目选择；测试数据自动处理命令。

图 10-35 为系统初始化界面，包括仪器选择和初始化，仪器的选择可以根据测试的不同需要来选择不同量程的测试仪器。初始化包括功率分析仪的设置及 CAN 总线的初始化，功率分析仪的设置主要通过 GPIB 总线设置功率分析仪各通道的量程范围并且选择需要实时监测的参数，CAN 总线的初始化包括屏蔽码、定时器 0、定时器 1，正确的初始化才能保证与信号调理板的正常通信，传输转矩、转速信号。

图 10-34　测试系统主界面

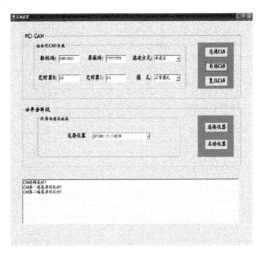

图 10-35　系统初始化界面

图 10-36 为稳态性能测试界面，包括连续工作特性下的温升测试、峰值工作特性下的温升测试、堵转特性下的温升测试和连续工作特性测试。系统具有实时监测功能，可以对测试过程中电机的电信号、机械信号实时监测，根据需要记录测试数据。图 10-37 为动态性能测试界面，主要记录动态阶跃响应的超调量、稳定时间。

测试数据的处理是通过 PC 软件内部调用自编的 MATLAB 程序实现的。图 10-38 为自动生成测试报告界面。自动生成测试报告流程包括试验原始数据的导入、坏点的剔出、数据的分析处理、自动报表的生成四大环节。图 10-39 为程序流程图。

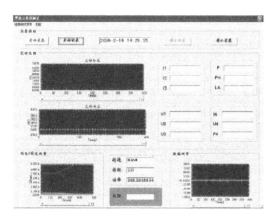

图 10-36　稳态性能测试界面

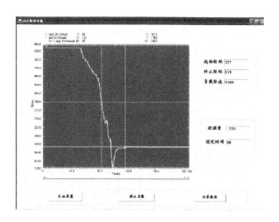

图 10-37　动态性能测试界面

图 10-38　自动生成测试报告界面

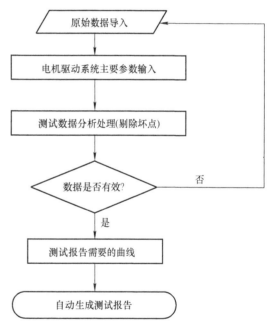

图 10-39　程序流程图

参 考 文 献

［1］王益全，张炳义. 电机测试技术［M］. 北京：科学出版社，2008.

［2］武建文，李德成. 电机现代测试技术［M］. 北京：机械工业出版社，2006.

［3］全国汽车标准化技术委员会. 电动汽车用驱动电机系统　第 1 部分：技术条件：GB/T 18488.1—2015
　　［S］. 北京：中国标准出版社，2015.

［4］全国汽车标准化技术委员会. 电动汽车用驱动电机系统　第 2 部分：试验方法：GB/T 18488.2—2015
　　［S］. 北京：中国标准出版社，2015.

［5］才家刚. 电机试验手册［M］. 北京：中国电力出版社，1998.

［6］唐岚，李涵武. 汽车测试技术［M］. 北京：机械工业出版社，2006.

［7］施吕费尔. 电测技术［M］. 殳伟群，译. 北京：电子工业出版社，2005.

［8］吴正毅. 测试技术与测试信号处理［M］. 北京：清华大学出版社，1991.

［9］叶辉萍. 电动汽车电机驱动系统的自动测试研究［D］. 北京：北京理工大学，2006.

［10］高雷. 电动汽车电机驱动系统特性参数测试及综合信号处理研究［D］. 北京：北京理工大学，2007.

［11］戴鹏飞，王胜开，王格芳，等. 测试工程与 LabVIEW 应用［M］. 北京：电子工业出版社，2006.